普通高等学校运动训练专业教材

运动营养学

国家体育总局科教司　组编
张蕴琨　金其贯　主编

中国教育出版传媒集团
高等教育出版社·北京

内容简介

本书为国家体育总局科教司组织编写的运动员文化教育统编教材，也是普通高等学校运动训练专业系列教材之一，同时也是国家体育总局体育专业教材建设与在线学习平台项目建设的"运动营养学"在线课程的配套教材。全书详细阐述了运动营养学知识、功能以及运用营养学理论指导运动实践的方法，包括运动营养学导论、营养素与运动、能量平衡与运动、平衡膳食与运动、运动营养补充剂、运动训练与比赛的合理营养、特殊环境下运动的合理营养、人体营养评价与食品安全等章节内容。

本教材为新形态教材，链接了大量的拓展资源和教学视频。本书根据优秀运动员和普通高等学校运动训练专业学生的学习需求编写，同时也适用于体育院校各专业的学生使用，还可作为教练员、健身指导者的参考书。

图书在版编目（CIP）数据

运动营养学 / 张蕴琨，金其贯主编 ；国家体育总局科教司组编. -- 北京 ：高等教育出版社，2019.8（2024.12重印）
ISBN 978-7-04-052158-0

Ⅰ.①运… Ⅱ.①张… ②金… ③国… Ⅲ.①体育卫生－营养学－高等学校－教材 Ⅳ.①G804.32

中国版本图书馆CIP数据核字(2019)第126361号

运动营养学
Yundong Yingyangxue

策划编辑	易星辛	责任编辑	范 峰	特约编辑	汪 鹂	封面设计	李小璐
版式设计	童 丹	插图绘制	于 博	责任校对	刘娟娟	责任印制	刘思涵

出版发行	高等教育出版社	网　　址	http://www.hep.edu.cn
社　　址	北京市西城区德外大街4号		http://www.hep.com.cn
邮政编码	100120	网上订购	http://www.hepmall.com.cn
印　　刷	高教社（天津）印务有限公司		http://www.hepmall.com
开　　本	787mm×960mm　1/16		http://www.hepmall.cn
印　　张	19		
字　　数	350千字	版　　次	2019年8月第1版
购书热线	010-58581118	印　　次	2024年12月第9次印刷
咨询电话	400-810-0598	定　　价	36.50元

本书如有缺页、倒页、脱页等质量问题，请到所购图书销售部门联系调换
版权所有　侵权必究
物 料 号　52158-00

编委会

主　编：
　　张蕴琨（南京体育学院　教授）
　　金其贯（扬州大学　教授）

成　员：
　　王　茹（上海体育学院　教授）
　　隋　波（山东体育学院　教授）
　　徐　凯（南京体育学院　副教授）
　　白宝丰（南京体育学院　副教授）
　　张　媛（南京体育学院　副教授）
　　刘秀娟（南京体育学院　副教授）
　　胡玉龙（扬州大学　副教授）
　　张念云（南京体育学院　讲师）
　　张海信（淮南师范学院　讲师）

前言

党的二十大报告指出，推进健康中国建设。健康是促进人的全面发展的必然要求，是经济社会发展的基础条件，是民族昌盛和国家富强的重要标志，也是广大人民群众的共同追求。营养是人类健康、发育和延续生命的物质基础。营养和运动作为健康促进的两大基本要素，日益受到人们的关注，也成为运动科学的研究热点。

运动营养学是运用营养学的基本原理和方法，研究人体在体育运动过程中的营养需要及其与运动能力、机能适应和恢复之间关系的一门科学。学习和运用运动营养学知识，一方面可以科学地指导运动员在训练、比赛的不同阶段的合理营养，对提高竞技运动能力、促进体能恢复、预防运动损伤具有重要意义；另一方面还可以对不同健身人群体育锻炼的合理营养策略进行指导与干预，增强体质、预防疾病，促进健康水平不断提升。

近年来，运动营养学的学科研究发展迅速，新成果不断出现，其在竞技体育运动及大众健身中的应用价值日益凸显，竞技体育成绩的重大突破与大众健身的科学实践都需要充足合理的营养支持。如何将运动营养学的知识理论有效应用于竞技体育与大众健身实践是本学科发展的关键环节。

本教材以科学性、实用性和创新性为宗旨，提炼营养学学科的知识精华，同时结合体育的学科特点，将营养知识与体育科学有机融合，具有以下特点：

（1）体系创新。本教材试图突破以往营养学与运动营养学叠加的局限，每一章节在介绍传统营养学知识的同时注重穿插运动营养的特色内容，如营养素与运动、能量平衡与运动、平衡膳食与运动等，使营养学与运动元素相互渗透与交融，从而构建起新的教材体系。

（2）特色凸显。本教材内容既强调针对性，介绍了大量竞技运动营养的经典内容与最新成果，如运动员的平衡膳食，不同项目运动员训练、比赛期的营养措施等，同时也兼顾到大众健身人群的合理营养需求，如健身运动中的能量平衡、不同健身人群的营养策略等。此外，根据不同项目运动员与健身者的营养特点，还编制了大量的食谱，为学生理解与运用营养知识提供了有益的参考。

（3）内容实用。在教材内容选编方面，精选知识点，做到难度适宜，通俗易懂，并在理论知识中穿插实践环节，要求学生掌握实操技能，如能量需要量的计算、食谱编制、膳食调查等。每章还设有即测即练，注重培养学生运用知识分析、解决实际问题的能力。

（4）体例生动。各章节均包含思维导图、案例分析、知识拓展及知识延伸等部分，形式多样，增加了教材的趣味性与互动性。思维导图逻辑性强，在展现本章知识要点的同时，注重培养学生的发散思维能力；案例分析可使学生对所学理论知识举一反三、触类旁通，真正做到学以致用；知识拓展及知识延伸部分拓宽了教材的知识面，深化了对有关知识点的理解。

本教材与配套在线课程一体化研发，内容呈现方式新颖、生动，每章节的重要知识点均配有在线学习视频及课后习题，使得线上线下有机结合。

全书由张蕴琨教授、金其贯教授担任主编。编写分工如下：第一章，张蕴琨、张媛；第二章，胡玉龙、金其贯；第三章，王茹、张海信；第四章，徐凯、张念云；第五章，金其贯、白宝丰；第六章，白宝丰、徐凯；第七章，隋波、张蕴琨；第八章，徐凯、刘秀娟。全书最后由张蕴琨教授、金其贯教授统稿。

本教材根据优秀运动员与运动训练专业学生的需求编写，同时也适用于体育院校各专业的学生使用，还可作为教练员、健身指导者的参考书。

在本教材的编写过程中，参阅了许多专家学者的文献，并得到了兄弟院校的大力支持，在此深表谢意。

书中缺点和不足希望广大读者予以批评指正，我们将在今后的教学中不断修正和充实提高。

编 者

2019 年 3 月

目录

第一章　运动营养学导论　/　1
　　第一节　营养学概述　/　2
　　第二节　运动营养学概述　/　9
　　第三节　学习运动营养学的意义和方法　/　17

第二章　营养素与运动　/　21
　　第一节　糖类与运动　/　22
　　第二节　脂类与运动　/　31
　　第三节　蛋白质与运动　/　35
　　第四节　维生素与运动　/　42
　　第五节　矿物质与运动　/　58
　　第六节　水与运动　/　68

第三章　能量平衡与运动　/　75
　　第一节　运动时的能量来源与消耗　/　76
　　第二节　运动时的能量需要量及参考摄入量　/　89
　　第三节　运动时的能量平衡与体重　/　97

第四章　平衡膳食与运动　/　115
　　第一节　食物的营养价值　/　116
　　第二节　膳食结构与膳食指南　/　128
　　第三节　健身人群的平衡膳食　/　135
　　第四节　运动员的平衡膳食　/　137
　　第五节　食谱的编制　/　143

第五章　运动营养补充剂　/　151

第一节 运动营养补充剂的概念及其使用原则 / 152
第二节 增加肌肉蛋白质合成代谢的运动营养补充剂 / 154
第三节 快速补充能量或促进能量代谢的运动营养补充剂 / 158
第四节 预防损伤、延缓疲劳和促进体能恢复的运动营养补充剂 / 163
第五节 运动饮料 / 165

第六章　运动训练和比赛的合理营养 / 171

第一节 健身运动者锻炼期的合理营养 / 172
第二节 运动员训练期的合理营养 / 184
第三节 运动员比赛期的营养 / 208
第四节 过度训练综合征的营养干预 / 215
第五节 运动性贫血的营养干预 / 218

第七章　特殊环境下运动的合理营养 / 223

第一节 高原训练的营养 / 224
第二节 高温环境下训练的营养 / 235
第三节 低温环境下训练的营养 / 244
第四节 运动者旅行中的营养措施 / 250

第八章　人体营养评价与食品安全 / 255

第一节 膳食营养调查 / 256
第二节 人体测量 / 270
第三节 营养状况的生化评定 / 273
第四节 营养缺乏的临床评价 / 280
第五节 食品安全与运动 / 283

主要参考文献 / 291

第一章

运动营养学导论

▶ **本章导语**

本章从营养学的概念、特点及分类入手，介绍了营养学的研究范畴、学科特点及营养与健康的重要关系。在此基础上，进一步阐述了运动营养学的概念、研究对象、研究内容及运动中合理营养的意义。此外，还分别从国内外运动营养学的发展简史、主要研究内容以及当前研究热点介绍了运动营养学的研究现状。最后明确了学习运动营养学的任务、意义以及学习方法。

▶ **学习目标**

1. 掌握营养学、运动营养学的基本概念和研究内容与特点，深入理解运动营养学在全民健身与竞技体育领域的重要地位，了解运动营养学对不同人群进行体育锻炼或运动训练的指导意义。

2. 熟悉运动营养学的发展简史及国内外当前的研究热点，激发学生学习与研究运动营养学的兴趣，启发学生从营养学的角度积极思考实际问题，将运动营养学的理论知识应用于体育实践中，了解学习运动营养学课程的重要性及学习方法。

本章思维导图

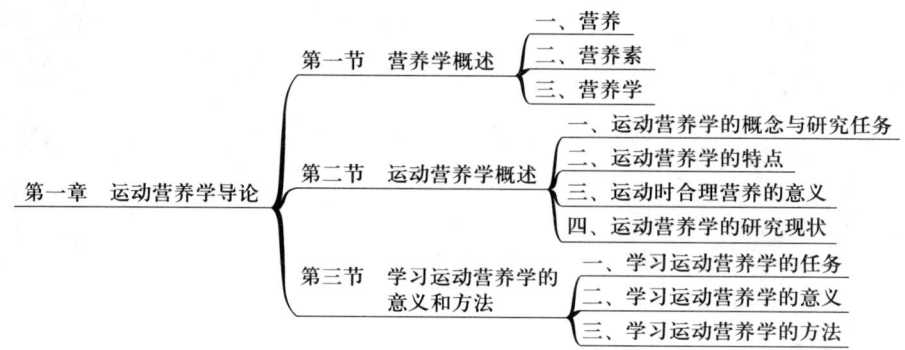

第一节 营养学概述

一、营养

(一)营养的概念

营养(nutrition)是指人体从外界环境摄取食物,经过消化、吸收和代谢,利用其有益物质,供给能量,构成和更新身体组织,以及调节生理功能的全过程。"营"指谋求,"养"指养生,"营养"就是滋养或被滋养的行为,其含义为谋求养身。人们的日常生活与营养息息相关,不同食物营养价值的优劣,每日三餐食物的选择与搭配,不同人群的膳食需求等生活中常见的问题均离不开营养。

(二)营养与健康

营养与人类的生命和健康息息相关。健康是促进人的全面发展的必然要求,是经济社会发展的基础条件。在经济迅猛发展和人民物质生活水平日益提高的现代社会,人们对健康越来越重视,而增强体质、提高健康水平则离不开科学的锻炼与合理的营养。《"健康中国2030"规划纲要》明确提出:遵循"健康优先"的原则,即把健康摆在优先发展的战略地位,立足国情,将促进健康的理念融入公共政策制定实施的全过程,加快形成有利于健康的生活方式、生态环境和经济社会发展模式,实现健康与经济社会良性协调发

"营养与健康"知识点精讲

展。其中在第二篇第五章"塑造自主自律的健康行为"中明确提出"引导合理膳食",即制定实施国民营养计划,深入开展食物(农产品、食品)营养功能评价研究,全面普及膳食营养知识,发布适合不同人群特点的膳食指南,引导居民形成科学的膳食习惯,推进健康饮食文化建设。建立健全居民营养监测制度,对重点区域、重点人群实施营养干预,重点解决微量营养素缺乏、部分人群油脂等高热能食物摄入过多等问题,逐步解决居民营养不足与过剩并存问题。到 2030 年实现以下目标:人均预期寿命达到 79 岁,重大慢性病过早死亡率下降 30%,居民健康素养水平提升至 30%,经常参加体育锻炼人数由 2014 年的 3.6 亿人增加到 5.3 亿人等(表 1-1)。

▶ 表 1-1 2030 年的主要健康指标

健康指标	标准
人均预期寿命	达到 79 岁(2020 年人均预期寿命达到 77.3 岁)
重大慢性病过早死亡率	较 2015 年下降 30%
个人卫生支出占卫生总费用的比重	降至 25% 左右(目前 29.3%)
婴儿死亡率	5%(目前 8.1%)
5 岁以下儿童死亡率	6%(目前 10.7%)
孕产妇死亡率	12/100 000(目前 20.1/100 000)
居民健康素养水平	提升至 30%
经常参加体育锻炼人数	5.3 亿人(2014 年为 3.6 亿人)

世界卫生组织指出健康四大基石是合理膳食、适量运动、戒烟限酒、心理平衡。人体每天需要从膳食中获取各种营养物质,以维持其生存、健康和社会生活。如果营养素长期不足或过多就可能发生相应的营养缺乏或过剩,从而对机体造成危害。合理营养与平衡膳食对维持身体健康意义重大。

1. 合理营养是优生优育的重要手段

大量研究证明,营养和激素环境,尤其营养素和氧的供给是胎儿生长的主要决定因素,孕期不同时期营养将影响胎儿不同组织和器官的发育。如孕早期营养不良将会造成出生婴儿低体重,但比例正常;孕后期营养不良将影响出生婴儿的体格比例,而对出生体重无影响。孕后期胎儿营养不良,血流重新分配,大量流向头部以保证脑的发育,可导致肝脏发育不良,从而导致出生后肝脏调节系统异常。因此，孕中、晚期的能量和营养素摄入不足，可导致胎儿宫内发育迟缓，不仅会引起早产和低出生体重，而且会大大增加成年后糖脂代谢异常的风险，引起高血压、冠心病、2型糖尿病等慢性病的发生。因此，合理营养是优生优育的重要手段。

2. 合理营养是促进生长发育的根本保证

在婴幼儿时期，营养不良不仅妨碍人的正常发育，而且在很大程度上影响智力发育，关系到国家人力资源的综合素质。如儿童时期蛋白质—能量营养不良可使智商降低15分，使劳动生产力损失10%。我国正处在社会经济快速发展的关键时期，人口素质的高低对于科技、经济的发展水平极为重要。因此，合理营养是促进儿童少年生长发育、体能与智能全面发展的基本保障。由于儿童少年机体代谢旺盛，健身锻炼过程中合理营养是促进其生长发育和身体素质发展的前提条件。

3. 合理营养是延缓衰老、延长寿命的有效途径

随着年龄的增加，机体组织和器官将发生衰老，而营养与机体的衰老有着密切的关系，如在膳食中糖摄入过多，不仅会增加热量的摄入，使机体衰老加速，而且多余的糖可转化为脂肪，造成肥胖，进而引发高血压、糖尿病等各种疾病。适当控制糖和热量的摄入，增加抗氧化维生素和钙、铁、锌、硒等微量元素的摄入，有助于防止和改善代谢失调，可以显著地延缓机体衰老的速度。因此，合理营养是减慢衰老、增强中老年人体质、促进中老年人健康、延长人类寿命的有效途径。

4. 合理营养是预防和治疗慢性疾病的重要方法

癌症、心脑血管疾病、糖尿病、肥胖症等是几类严重危害人体健康的慢性病，它们的发生也与营养密切相关，采用营养干预措施具有一定的预防效果。如减少食盐的摄入可以降低患高血压的风险，多吃蔬菜、水果具有预防癌症的功效，增加膳食纤维的摄入可以控制肥胖、预防糖尿病、减少心血管病的发生等。

《国民营养计划（2017—2030年）》六项重大行动

二、营养素

"营养素的概念与种类"知识点精讲

（一）营养素的概念和种类

营养素（nutrient）是食物中经过摄取、消化、吸收和代谢，能够维持生命活动的物质，主要包括蛋白质、脂类、糖类、维生素、水和矿物质等，它们是维持机体生长发育、组织更新及修复的必需成分，是机体细胞生长、发育、修复和维持身体各种生理功能所需要的原材料，是人体新陈代谢的物质

基础。其中，糖类、脂类和蛋白质在体内代谢后能产生能量，故称为产能营养素或能量营养素，而维生素、水和矿物质在体内代谢不能产生能量，故称为非产能营养素或非能量营养素。

（二）宏量营养素和微量营养素

人体最主要的营养素有糖类、蛋白质、脂类、水、矿物质和维生素等，其中，糖类、脂肪、蛋白质和水在平衡膳食中需要量较大，称为宏量营养素（macronutrient）或常量营养素，而维生素和矿物质在平衡膳食中仅需少量，称为微量营养素（micronutrient）。

（三）必需营养素

在人体生命活动所需要的营养物质中，有一部分营养素可以在体内由其他食物成分转换生成，不一定需要从食物中直接获得，称为"非必需营养素"，如丙氨酸、胆固醇、三酰甘油酯（甘油三酯）等；而有一些营养素不能在体内合成，必须从食物中获得，称为"必需营养素"，如8种必需氨基酸、α-亚麻酸、亚油酸等。

1. 必需营养素的标准

（1）必需营养素是人体生长发育、健康和存活所必需的。

（2）必需营养素在食物中缺乏或比例不当可造成人体特异性缺乏病，甚至死亡。

（3）必需营养素缺乏所引起的生长不良或缺乏病只有补充该营养素或前体物质才可以预防。

（4）人体生长发育状况和缺乏症与必需营养素摄入量密切相关。

（5）体内不能合成，但是身体中某些重要功能所需要的。

如今已经确认的人体必需营养素有41种（表1-2），如果任何一种必需营养素供给不足，就会出现相关的营养缺乏病。

▶ 表1-2 人体必需营养素

氨基酸 （8种）	脂肪酸 （2种）	糖类 （1种）	常量元素 （7种）	微量元素 （8种）	维生素 （14种）	水 （1种）
亮氨酸	亚油酸	葡萄糖	钾	硒	维生素A	水
异亮氨酸	α-亚麻酸		钠	碘	维生素D	

续表

氨基酸 （8种）	脂肪酸 （2种）	糖类 （1种）	常量元素 （7种）	微量元素 （8种）	维生素 （14种）	水 （1种）
赖氨酸			钙	铜	维生素 E	
蛋氨酸			镁	钼	维生素 K	
苯丙氨酸			硫	铬	维生素 B_1	
苏氨酸			磷	钴	维生素 B_2	
色氨酸			氯	铁	维生素 B_6	
缬氨酸				锌	烟酸	
					泛酸	
					叶酸	
					维生素 B_{12}	
					生物素	
					胆碱	
					维生素 C	

资料来源：王琳，方子龙. 运动膳食与营养［M］. 北京：北京体育大学出版社，2016.

2. 影响必需营养素需要量的因素

机体对必需营养素的需要量主要受到下列因素的影响：

（1）其前体物质或影响其吸收和利用的营养素的数量。如果食物中必需营养素的前体物质充足，机体就可以利用这些前体物质合成必需营养素，从而减少其需要量。如色氨酸是烟酸的前体物质，如果食物中色氨酸充足，则烟酸的需要量就可减少。

（2）其他相关营养素的不平衡或比例不当。

（3）一些遗传缺陷。

（4）药物使用引起的营养素利用受损。

知识拓展

中国居民膳食营养素参考摄入量的主要指标

膳食营养素参考摄入量（DRIs，dietary reference intakes）是为了保证

人体合理摄入营养素，避免缺乏和过量，在推荐膳食营养素供给（RDA，recommended dietary allowance）的基础上发展起来的每日平均膳食营养素摄入量的一组参考值。随着营养学研究的深入发展，DRIs主要内容也逐渐增加。初期包括4个指标（平均需要量、推荐摄入量、适宜摄入量、可耐受最高摄入量），2013年修订版增加了与慢性非传染性疾病有关的三个指标（宏量营养素可接收范围、预防非传染性慢性病的建议摄入量、特定建议值）。

平均需要量（EAR, estimated average requirement）：指某一特定性别、年龄及生理状况群体中个体对某营养素需要量的平均值。

推荐摄入量（RNI, recommended nutrient intake）：指可以满足某一特定性别、年龄及生理状况群体中绝大多数个体（97%~98%）需要量的某种营养素摄入水平。

适量摄入量（AI, adequate intake）：指通过观察或实验获得的健康群体某种营养素的摄入量。

可耐受最高摄入量（UL, tolerable upper intake level）：指平均每日摄入营养素的最高限量。

宏量营养素可接受范围（AMDR, acceptable macronutrient distribution ranges）：指脂肪、蛋白质和碳水化合物理想的摄入量范围，该范围可以提供这些必需营养素的需要，并且有利于降低慢性病的发生危险，常用占能量摄入量的百分比表示。

预防非传染性慢性病的建议摄入量（PI-NCD, proposed intakes for preventing non-communicable chronic diseases）：指以非传染性慢性病的一级预防为目标，提出的必需营养素的每日摄入量。

特定建议值（SPL, specific proposed levels）：指专用于营养素以外的其他食物成分，一个人每日膳食中这些食物成分的摄入量达到这个建议水平时，有利于维护人体健康。

三、营养学

（一）营养学的概念

营养学（nutriology）是研究人体营养规律以及改善措施的科学，其主要研究食物与机体的相互作用，以及食物营养成分在机体里分布、运输、消化、代谢等。远在2 000多年前，我国《黄帝内经》即提出"五谷为养、五果为助、五畜为益、五菜为充"的饮食模式，这是古人根据实践经验加以总结而形成的古代朴素的营养学说，迄今仍为国内外营养学家所称道。现代营

"营养学的概念及特点"知识点精讲

养学起源于18世纪末期,19世纪到20世纪初是发现和研究各种营养素的鼎盛时期。目前,营养学可分为基础营养学、食物营养学、人群营养学、公共营养学和临床营养学等。

知识拓展

营养素、非营养素和抗营养素的区别

营养素:是指食物中可给人体提供能量,构成机体和组织修复以及具有生理调节功能的化学成分。凡是能维持人体健康以及提供生长、发育和劳动所需要的各种物质统称为营养素。人体所必需的营养素有蛋白质、脂类、糖类、维生素、水和无机盐(矿物质)6类,还包含许多非必需营养素。

非营养素:是指存在于植物类草药、食物中,具有与营养素不一致的化学结构,溶于水或酒精等媒介中,对人体产生综合性、系统性、整体性、协调性调节健康的活性成分。

抗营养素:是指在营养学领域,出现对抗人体吸收营养元素的成分。对抗方式包括减少有效成分吸收、降低营养成分质量、排泄过度营养元素、转化营养成分为有害物质、抑制营养成分发挥作用等。

《黄帝内经》中四大营养饮食法则

(二)营养学的特点

营养学与人的生长发育、生理功能、工作效率、生活质量和健康长寿密切相关,是一门综合性学科,属于自然科学范畴,具有以下主要特点:

1. 社会性

从宏观上讲,营养学与国家的食物生产和经济水平密切相关。2017年7月国务院办公厅印发的《国民营养计划(2017—2030年)》指出:营养是人类维持生命、生长发育和健康的重要物质基础,国民营养事关国民素质提高和经济社会发展。营养学可以影响国家的食物生产、分配及食品加工政策,改善国民体质,促进社会经济发展。

2. 应用性

从局部看,营养学可以指导集体、家庭和个人的合理饮食,是一门应用性较强的学科,可应用于临床医学、公共卫生、大众健身、慢病防治、体育科学等不同领域。运用营养学理论可为一个人或一个群体科学确定能量及营养素的需求,合理制订和安排科学的膳食计划,确保吃动平衡,促进身体健康。

3. 针对性

营养问题存在很大的个体差异,不同人群物质代谢特点不同,对营养的需求也不尽相同。儿童少年代谢旺盛，孕产妇营养关系到自身及胎儿健康，老年人新陈代谢能力减弱，超重、肥胖人群的减、控体重等问题均需要运用营养学知识有针对性地合理安排，制订科学的膳食计划。

第二节　运动营养学概述

一、运动营养学的概念与研究任务

（一）运动营养学的概念

运动营养学（sports nutriology）是运用营养学的基本原理和方法研究人体在体育运动过程中的营养需要及其与运动能力、机能适应和恢复之间关系的一门科学，它是营养学的一个分支，是营养学在体育实践中的具体应用。

"运动营养学概念与特点"知识点精讲

（二）运动营养学的研究对象和任务

运动营养学的研究对象涉及运动员、健身运动者及追求健康生活方式的普通人群。运动与营养的关系密不可分，无论是竞技体育，还是大众健身、增肌减脂，都离不开运动营养。

运动营养学的研究任务主要包括运动员在不同训练或比赛情况下的营养需要与干预措施，也包括普通人在健身锻炼中的营养问题。通俗地说，运动营养学是一门研究人在运动前、运动中和运动后"吃"的学问。不仅要研究"吃什么，为什么吃"，还要研究"怎么吃"，即研究不同人群和个体运动时的能量消耗、各种营养素的平衡摄入、食物摄入体内后的代谢变化与作用以及营养补充剂的合理补充与运动能力的关系。此外，运动营养学的另一个重要内容是"吃得怎么样"，即定期检测、调查、分析评价不同人群的营养状态以及其营养状态与运动需求是否相适应，提出改善方案与措施，进一步体现运动营养工作的指导与服务功能。

二、运动营养学的特点

运动营养学的研究范畴决定了其成为运动人群改善生理功能、提高运动能力、防病保健和治病康复中的一门重要学科，其具有以下特点：

(一)普适性

运动过程中体内的代谢明显加强,机体会发生一系列的生理性变化:中枢神经系统活动紧张,内分泌机能提高,酶系统活跃,新陈代谢旺盛,单位时间内能量消耗比安静状态下高数倍,体内的糖、脂肪被大量分解供能,蛋白质代谢加快,大量维生素、无机盐参与分解代谢,这些变化使机体对各种营养物质的消耗与需求增多。运动营养学的学科知识和理论适用于参与运动的不同人群,具有很强的普适性。

(二)差异性

营养膳食的科学性要求运动营养的应用必须"有的放矢"。在竞技体育及大众健身领域,不同的运动项目、环境、目的、年龄和性别,其营养干预不同。

1. 不同运动项目

举重、标枪、铁饼等力量型运动项目的运动员,由于肌肉内蛋白质增长的需求,膳食以优质蛋白质及维生素补充为主,蛋白质的热量应占总热量的15%,并增加蔬菜、水果的摄入量,以提高体内的碱储备。而马拉松、长跑、长距离自行车、长距离游泳和滑雪等耐力型运动项目,由于运动时间长、项目总能量消耗大,运动中以无间歇、运动强度小为主要特点,因此,在饮食中应供给足够的糖,以增加体内的糖原储备,同时膳食中脂肪含量可略高于其他项目运动员。

2. 不同运动环境

机体在不同运动环境中运动,其对营养的需求也有所区别。例如,参与冰雪项目,为克服低温、大强度训练对机体造成的影响,在膳食中应注意糖、蛋白质、脂肪的摄入比例,同时注意加强维生素E、维生素C、维生素A和锌、铁、硒的补充。而在热环境条件下运动,机体能量代谢受高温环境与运动强度的影响,能量消耗增加,对蛋白质的需求量增高,同时水分大量丢失,因此饮食中需增加优质蛋白质的摄入,并及时、适量地补充水分和矿物质,以保持机体的水盐平衡和酸碱平衡。

3. 不同运动目的

对于不同健身人群,需根据不同运动目的给予营养指导。例如,增肌人群对蛋白质的需求较高,在进行抗阻训练时,膳食中肌酸、乳清蛋白、谷氨酰胺等营养增补剂的科学补充显得尤为重要。减脂人群应保证三餐主食的摄入,高蛋白低脂肪和低糖,少吃油炸食品、零食等。此外,基于运动干预高血压、高脂血、糖尿病等慢性病时所需的营养补充则更需要结合患者的疾病特点、病程发展特征制定个性化的营养干预方案。

4. 不同年龄

不同年龄阶段的营养干预也有很大差别。例如，青少年的机体组织器官发育迅速，需要摄入充足的蛋白质，同时对各种维生素及钙、铁、锌等矿物质需求量大，只有合理膳食才能促进青少年身体健康发育，避免发育迟缓、骨骼发育异常、肥胖等风险。与青年人相比，老年人的基础代谢率降低，活动量少，生理机能逐渐退化，为了保持能量平衡，应节制饮食、务求清淡、少量多餐，食用易于消化的食物以及多补钙和铁。

5. 不同性别

男性与女性普遍的饮食基础非常相似，但涉及体育运动，差异就变得明显，故营养干预也应区别对待。饮食失调、月经失调、低骨质密度、缺铁性贫血、体型等问题易在女性运动员群体中发生，有针对性的营养干预显得尤为重要。此外，花样滑冰、体操和对体重级别有要求的女性运动员及为了减肥而刻意限制饮食的女性，膳食摄入能量往往不能达到同龄女性摄入的日膳食推荐量，长期能量摄入不足，将损害运动能力、生长和健康，应特别注意科学、合理营养。

机体运动时的营养需求还取决于运动强度、运动持续时间、运动不同阶段、个体训练水平等多种因素。由于个体遗传因素的不同，不同个体对外界营养干预还表现出明显的个体差异性，即不同的人参加同一运动，其营养需求不尽相同。同样，由于运动项目的自身特点，同一个体在参与不同运动项目时对营养的需求也存在很大差异。因此，不同的人群、不同的个体应有个性化的营养干预措施。

（三）实用性

运动营养学知识与日常生活息息相关，运用其理论可科学指导不同运动人群的合理营养。一方面，运动营养知识和方法手段的运用与指导对我国竞技体育水平迅速提升起到了不可替代的作用。另一方面，科学、合理的营养配餐方案及个性化的食谱制定不仅可指导大众健身，还可服务于大专院校、中小学、幼儿园等机构，为儿童青少年的快乐运动和健康成长提供营养支持。随着社会的进步和体育事业的蓬勃发展，运动营养学未来将有更宽广的发展空间。

（四）综合性

运动营养学是运动医学的重要组成部分，它结合运动生物化学、运动生理学、运动训练学、运动生物力学、运动员选材学、病理学、临床医学、营养与食品卫生学、食品化学、中医养生学、烹饪学等多学科理论知识，具有较强的综合性。运动营养学与这些学科相互交叉、融合、渗透，探寻最适宜的营养干预措施，最终达到增强健康水平和提高竞技能力的目的。

三、运动时合理营养的意义

"运动中合理营养的重要意义"知识点精讲

（一）运动时合理营养是运动时能量供应的重要保证

运动时能量消耗较大，及时补充能源物质可增加能量储备，为下一次运动提供充足的能量，促进机体对运动负荷的承受力和适应性。因此，合理营养可以根据运动项目的特点，提供充足和比例适当的产能营养素，保证不同强度运动中ATP的再合成速率，提高机体的运动能力。此外，代谢酶是运动过程中物质代谢和能量代谢的催化剂，而维生素和微量元素大多数是代谢酶的辅酶或激活剂。提供充足的维生素和微量元素可提高机体新陈代谢速率，是ATP得以及时转换的必备条件。

（二）运动时合理营养是保持适宜体重和体脂的关键措施

适宜的体重和体脂与人们的健康密切相关。体重过重的人（肥胖者）容易发生高血压、高脂血和葡萄糖代谢异常，是导致冠心病和死亡的一个独立危险因素。运动不足和营养过剩是引发肥胖的主要原因。而体重过低不仅会影响未成年人身体和智力发育，也会使成年人体力下降，并与免疫力低下、月经不调或闭经、骨质疏松、贫血、抑郁等病症有关，最终影响寿命。

许多运动项目的竞技运动能力与适宜的体重和体脂关系密切。如举重、摔跤、柔道、划船等运动项目必须根据体重级别参加比赛，体操、跳水、跳高、花样游泳等运动项目由于技术动作的难度较高，需要长期控制体重和体脂水平。无论在急性减体重期间，还是慢性控制体重时期，都必须合理营养才能预防运动员出现营养不足，水、电解质紊乱，营养失衡等严重后果，从而最大限度地保持运动员的竞技运动能力。因此，无论是健身者还是运动员，在积极运动的同时做到合理营养，即保持"吃动平衡"，是保持适宜体重和体脂的关键措施。

（三）运动时合理营养是延缓运动疲劳和预防运动损伤的重要手段

运动可使机体能源储备大幅度消耗、水平衡失衡、电解质紊乱、酸性代谢产物堆积，最终导致运动能力下降，发生运动性疲劳。此时，机体控制和纠正错误动作的能力下降，运动损伤的发生率也随之增加。运动前、运动中和运动后合理补充水和电解质，可预防运动中脱水，纠正电解质紊乱与体温升高；运动前、运动中及时补充含糖饮料可防止低血糖的出现，延缓中枢疲劳的发生；运动后补糖还可促进疲劳的消除。因此，长期采用合理营养的综合措施，在运动训练的不同阶段有针对性地进行饮食营养安排和补液，可有效地延缓运动性疲劳的发生或减轻疲劳的程度，使运动员保持良好的机能状态，降低运动损伤的发生率。

（四）运动时合理营养是加快运动后体能恢复的有效途径

运动能力恢复的关键在于恢复身体的能量供应及其储备。无论是健身运动还是竞技运动，合理营养都有助于肌肉和肝脏中糖原储量快速恢复到正常水平甚至达到超量恢复。维生素、微量元素的及时补充，有助于维持机体代谢关键酶活性，从而加速机体代谢能力的恢复；合理补充水分，有利于恢复体内血容量和循环体液量；铁、锌、钠、钾、镁等元素的补充，也可加快元素平衡以及保证细胞膜完整性。因此，合理营养是提高运动机能、保障健身效果的重要因素。

（五）运动时合理营养是增强机体免疫机能，维持健康水平的有效方法

免疫是机体的一种特殊的保护性生理功能，对维持人体健康极为重要。营养不良或营养过剩都会导致机体免疫功能下降，一些功能性的营养物质对机体免疫起到积极作用。因此，营养与免疫力有着密切关系，合理的营养能够帮助机体建立完善的免疫系统，增强免疫力或抗病力。运动员营养不良可出现免疫机能受抑，增加感染的危险性，如运动中糖排空，会使应激激素上升的幅度增加，从而抑制淋巴细胞的功能。因此，合理营养不仅能给机体的免疫细胞提供充足的能源物质，如糖和谷氨酰胺等，而且能显著调节免疫细胞发挥正常功能的激素环境，从而能维持机体在大强度训练时的免疫功能，提高机体的健康水平。

（六）运动时合理营养是防治慢性疾病的有效手段

随着社会的发展和人民生活水平的提高，运动不足和营养过剩成为人们生活中的重要特点，从而导致肥胖病、高脂血、高血压、冠心病、糖尿病、骨质疏松症等慢性疾病的发生率逐年增加，严重影响人们的健康水平和生活质量（图1-1）。"营养失衡"与"缺乏运动"是导致这些现代"文明病"发病率高且发生时间提前的主要原因，人们在进行科学的体育锻炼的同时如能调整膳食习惯，改变高糖、高脂肪、高钠等不良膳食结构，就能有效防治和减轻这些慢性病。如限制高脂肪、高饱和脂肪酸、高胆固醇食物的摄入，多吃水果、蔬菜和谷物，吃无脂或低脂乳制品，有利于减少心血管疾病的危险因素；控制总热量、平衡膳食、少量多餐、高纤维饮食、清淡饮食等膳食营养因素在一定程度上对控制糖尿病的发生、发展过程发挥着重要作用；多食用含钙、磷高的食品，如鱼、虾、虾皮、海带，减少动物蛋白的摄入量，少喝咖啡、浓茶及含碳酸饮料等营养干预是预防、延迟骨质疏松发生的有效手段。

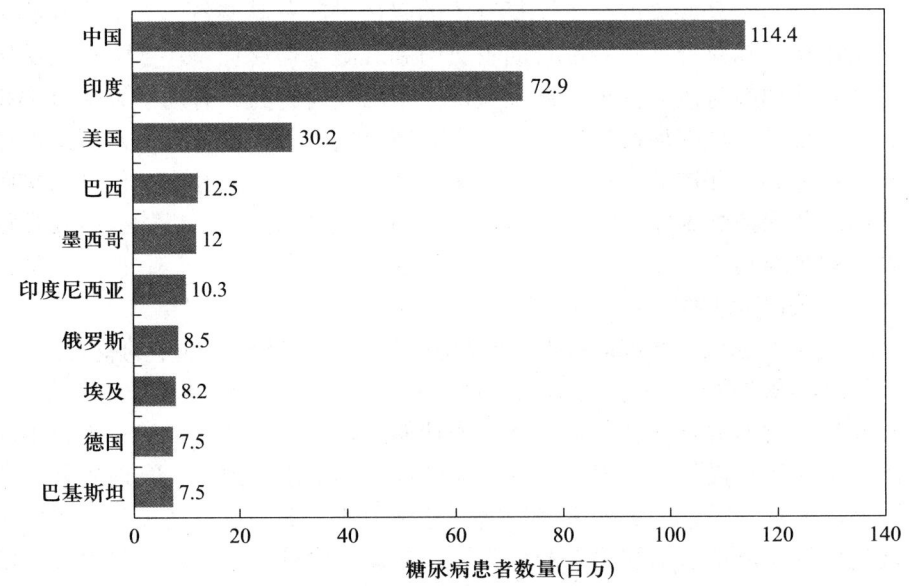

图 1-1　2017 年全球糖尿病患者数量前十位的国家 / 地区

资料来源：国际糖尿病联盟（IDF）2017 年全球糖尿病地图

四、运动营养学的研究现状

（一）运动营养学的发展简史

现代营养学奠基于 18 世纪中叶。到了 19 世纪，由于碳、氢、氮定量分析法，及由此而建立的食物组成与物质代谢的概念，氮平衡学说和等价法则的创立，为现代营养学的形成和发展奠定了基础。瑞典人发现并运用肌肉组织活检，促进了肌糖原储存的研究，美国与欧洲一些国家密切合作，在研究生理与营养之间的联系上取得了重要成就。随着新世纪科学技术不断发展，尤其是生物学的发展，运动营养学的研究逐渐深入到分子和基因理论当中，研究范围变得越来越广泛，进而更提高了运动营养学的实用性。运动营养学逐渐成为应用于运动员日常训练及参加竞赛项目的重要工具，也是服务于普通人群健康生活的重要手段。

运动营养学在我国起步较晚，始于20世纪50年代后期，著名运动营养学家陈吉棣教授率先在北京医科大学运动医学研究所成立运动营养生化实验室，对我国运动营养的创立、研究发展做出了重要的贡献。随后，北京体育大学等高校也开展了运动营养学的教学与科研工作。1987年，国家运动医学所正式设立了运动营养研究中心，各省、自治区、直辖市体育科学研究所也陆续配备了运动营养研究的一些设备和专业人员，运动营养专业人员的队伍也在不断壮大。20世纪80年代以来，各体育院校和高等学校体育院系都相继开设了运动营养学课程。30多年来，运动营养的研究工作受到社会的广泛重视，运动营养学的理论和实践均发生了实质性的改变。随着现代人对健康生活方式的追求，经常参加体育锻炼的人口日趋增加，运动营养的重要性逐渐被大众所接受，加之近年竞技体育的发展和反兴奋剂工作的开展，运动营养学的相关研究工作得到了进一步发展。

（二）运动营养学研究的热点问题

随着运动营养学领域相关研究成果的发表及官方指南的出台，来自不同国家的研究机构对一些常见运动营养问题，如对个别营养素、营养时间、营养补给品及运动食物等方面的研究逐渐达成共识。其中，美国《运动科学杂志》在多届国际奥委会之后连续发表多篇运动营养相关研究论文，从而为解释"营养、成绩及健康运动"之间的关系提供了科学依据。国际运动营养学会（ISSN，the International Society for Sport Nutrition）就"肌酸补充在运动锻炼、运动训练和药物中的安全性和有效性""蛋白质与运动"及"营养剂补充时间"等运动营养学问题发表了系列研究报道。以蛋白质与运动方面的研究为例，早期研究多集中于蛋白质推荐摄取量、蛋白质安全性、蛋白质质量、常见蛋白质补充剂、蛋白质给予时间、支链氨基酸补充等问题，后来的研究更加具体、系统、深入，如蛋白质补充对耐力型运动员及力量型运动员的作用、蛋白质补充对体成分变化的影响、蛋白质的来源（牛奶、鸡蛋、肉类、植物蛋白、蛋白混合物等）、蛋白质补充的安全性等问题。此外，国际奥委会（IOC，International Olympic Committee）、美国饮食协会（ADA，the American Dietetic Association）、加拿大和美国运动医学学会（ACSM，

国际运动营养学会（ISSN）立场声明——蛋白质与运动（2007年版）

the American College of Sports Medicine）自 2000 年起也相继开展了对运动营养学领域相关问题的研究，并发表了运动营养与运动员成绩之间的研究成果，制定了相关标准，如不同强度、不同阶段身体活动对糖类、蛋白质、液体电解质等物质的需求量标准等。

目前，我国运动营养学研究主要包括以下方面：

（1）运动中基本营养素的代谢研究，如糖、脂肪、蛋白质、维生素、矿物质、水的代谢。

（2）运动营养补充剂功效和机制研究，如肌酸、谷氨酰胺、β-丙氨酸、硝酸盐、咖啡因等。

（3）一些食物的特殊营养作用研究，如西瓜汁、甜菜、鱼油、姜黄素、绿茶提取物等。

（4）不同人群营养认知调查研究。

（5）营养与健康的生活方式干预研究等。

在以上各方面的研究中，分子生物学知识的运用，宏观到微观的转变，细胞水平到分子水平的深入等特点得以体现，同时运动生物化学和运动生理学的研究也为运动营养学提供了理论基础，且这些理论更加注重科学实验论证。基于这些研究理论，营养专家或健康专业人员得以对专业运动员及普通人的膳食营养进行科学、系统的指导，如针对不同训练项目、训练级别、训练时期、年龄阶段和性别的运动员及健身人群，制定出不同的膳食标准，适应个体化需求。由此，营养指导从原来的一般化、笼统化和模糊化渐渐演变为个体化、细致化和专业化。

（三）运动营养学未来的发展趋势

在当下科学技术迅速发展的时代，运动营养学得到了飞速的发展，其重要性也逐渐被人们所认可。运动与营养的结合，对增进机体健康、预防运动损伤、延缓运动性疲劳、促进疲劳的恢复等方面发挥着举足轻重的作用。我国群众体育活动的广泛开展，竞技体育水平的不断提高，全民身体素质的全面提高，均对运动营养学的发展提出了更新、更高的要求。一方面，运动营养的研究对象从竞技运动向大众健身转化，如针对不同人群的健身目的制定个性化膳食标准，合理补充微量元素的研究有待发展；针对不同的运动人群，制定详细、具体的营养素每日推荐标准迫在眉睫；对膳食中个别营养素摄入不足的运动人群骨骼肌代谢方面做更深入的研究。另一方面，运动营养学理论在体育科学领域的应用也面临诸多挑战，如针对不同训练级别、训练时期、年龄阶段和性别的运动员制定出不同的膳食标准；与运动训练相结合制订膳食计划，进行营养干预的措施还需要进一步研究等。另外，随着生物工程技术、基因工程技术、先进的食品加工技术、纳米技术、转基因技术和计算机科学等在运动营养学中的广泛应用，运动营养学必将获得更大的发展，为促进人民健康、提高国民素质做出更大的贡献。

第三节　学习运动营养学的意义和方法

一、学习运动营养学的任务

学习运动营养学的任务包括以下几个方面：
（1）掌握营养学的基础知识以及合理营养的基本要求。
（2）掌握不同人群的营养需要和参加体育锻炼的膳食需求。
（3）掌握不同项目运动员的营养特点及其在比赛期、在特殊环境中训练和控制体重的营养措施。
（4）初步掌握营养调查的方法，学会对人体营养状况进行综合评价，并提出有效措施。
（5）掌握营养配餐与食谱制定的基本原则和方法，指导不同人群合理营养、平衡膳食。

▶"学习运动营养学的任务和意义"知识点精讲

二、学习运动营养学的意义

运动营养学是营养学的一个新的分支，是运动医学的重要组成部分，是研究健身人群和运动员在运动过程中营养学问题的一门学科。近些年，我国全民健身与竞技体育协调发展，随着全民健身计划深入贯彻，竞技体育综合实力不断提高，运动营养学知识、方法的运用与指导在其中起到了不可替代的作用。学习运动营养学一方面可以科学地指导健身人群在体育锻炼的同时合理营养，对促进人体正常生长发育、维护健康、提高机体生理机能、增强体质和防治疾病具有重要意义；另一方面可以科学地指导运动员在训练、比赛的不同阶段的合理营养，对提高竞技运动能力、促进体能恢复、延缓运动性疲劳发生、预防运动损伤具有重要意义。

三、学习运动营养学的方法

（一）树立对立统一的观点

营养学中处处体现事物的对立与统一，如膳食营养中的荤素搭配、主副搭配、粗细搭配等。不同的运动刺激，使机体对营养物质需求增多，从而打破了原有的动态平衡，导致机体营养素代谢失衡。适时进行膳食干预可预防或改善机体营养失衡的状态，使机体重新恢复至原有的平衡状态。因此，我们要树立对立与统一的观点，用辩证的思维去思考学习过程中所遇到的具体问题。

（二）注重基本原理的学习

在运动营养学的学习过程中，要认真学习、理解运动营养学的基础知识与基本原理，这是学习这门课程的关键环节。通过学习各类食物营养素的构成、营养价值，可更好地选择食物，有效地进行膳食指导，促进健康，预防疾病。基本原理的学习要重在理解，勤于思考，学会与运动生理学、运动生物化学等基础课程融会贯通，举一反三。

（三）紧密结合运动实际

学习的目的在于应用，应用是知识转化的过程。在掌握运动营养学基本知识和基本理论的基础上，应紧密结合大众健身与竞技体育实际，学会有针对性地分析解决体育实践中的具体问题，例如，不同运动项目运动员的营养膳食干预、运动不同阶段的营养补给特点、不同性别运动员在运动实践中的特殊营养问题等。只有在实践中不断尝试、加深理解，才能更深刻地体会这门学科的实用价值以及在体育科学中的重要地位。

（四）提高应用知识，分析、解决问题的能力

根据各类群体在不同状态下对各种营养素的不同需求，结合实际情况，合理选择食物，达到膳食平衡。例如，增肌、减脂人群在运动健身过程中需要增加蛋白质摄入量、减少脂肪摄入比例；糖尿病患者在体育锻炼时，其营养干预要有针对性，病程、病症不同，营养干预的方法和手段也不尽相同。因此，"有的放矢"才可以编制出个性化的营养食谱，对自己、家庭及集体的营养状况及膳食营养进行科学评价、管理和指导。

案例分析

舌尖上的足球世界

尽管距德国哲学家路德维希·费尔巴哈提出"人如其食"这句名言已经过去了150年，但其重要性却并未随着时间的流逝而减退，而且对于足球世界来说，这是一条特别重要的真理。足够的能量才能保证上佳的表现，这个简单的等式可不只是"吃"这个动作本身这么简单。

阿森纳主教练温格曾经说过："食物就像燃料一样，如果你给你的车加错了油，那这车肯定没法动。"同样的道理也适用于人类的身体。为了让球员展现出他们的最佳水平，必须给他们提供恰当且必需的养分。球员的身体是他们最重要的资本，所以营养学在运动中扮演着如此重要的角色也就毫不奇怪了。C罗最喜欢吃什么呢？据葡萄牙国家队主厨赫利奥·洛雷罗（Helio Loureiro）说，薯丝腌鳕鱼（Bacalhau a Bras）、意大利烩饭（risotto）、玉米粥（polenta）和蔬菜汤是C罗的最爱。对于C罗来说，保持营养均衡是非常重要的，就像有人曾经说的那样："如果你不按规矩来，那么就算你天赋绝顶，你也没法脱颖而出。"

资料来源：搜狐网体育，2017-04-03 17：44

根据以上材料，请回答以下问题。

（1）谈谈你对"人如其食"这句名言的理解。

（2）为什么"足够的能量才能保证上佳的表现"，而不只是"吃"这个动作本身这么简单？

（3）你是否对自己现有的身体状态满意？试分析原因。为达到你理想的身体状态，应如何合理安排运动和营养？

复习思考题

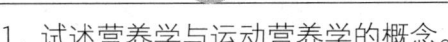

1. 试述营养学与运动营养学的概念。
2. 运动营养学学科具有哪些特点？
3. 试述运动营养学的研究对象与研究内容。
4. 运动中合理营养的重要意义体现在哪些方面？
5. 学习运动营养学的意义和方法有哪些？

扫一扫：本章核心知识点即测即练

第二章

营养素与运动

▶ 本章导语

　　人体在运动时需要大量消耗能量,而能量的供应来源于食物;食物中的营养素主要包括糖类、脂类、蛋白质、矿物质、维生素和水,它们是维持生命活动、保证身体运动能力的基础。本章主要介绍了糖类、脂类、蛋白质、矿物质、维生素和水等营养素的种类、营养功能及其与运动的关系,在此基础上,阐述了各类营养素的膳食供给量及其食物来源。

▶ 学习目标

　　1. 掌握各营养素的分类与功能,尤其是糖类、脂类和蛋白质的营养功能及其与运动的关系。
　　2. 熟悉各类营养素的供给量和食物来源。

第二章　营养素与运动

▶ 本章思维导图

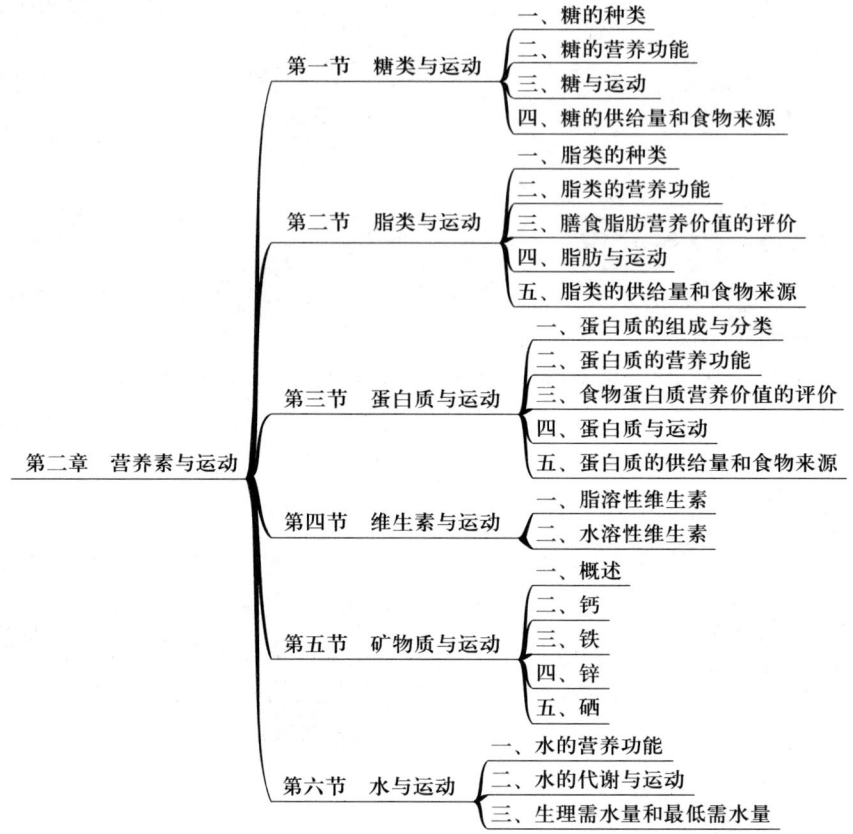

人体在运动时需要大量消耗能量，而能量的供应来源于食物。食物中经过摄取、消化、吸收和代谢，能够维持生命活动的必需成分称为营养素，主要包括糖类、脂类、蛋白质、矿物质、维生素和水，它们是维持人体生命活动、保证身体运动能力的基础。

第一节　糖类与运动

一、糖的种类

糖类是一类由碳、氢、氧三种元素组成，含有多羟基的醛或酮的有机化合物。由于其分子结构中氢和氧的比例多为 2∶1，因此也被称为碳水化合物（carbohydrate）。但有的糖中氢和氧的比例不是 2∶1，如脱氧核糖（$C_5H_{10}O_4$），而有的非糖物质中氢和氧的比例又为 2∶1，如乳酸（$C_3H_6O_3$）。为避免混乱，国际化学名词委员会建议用"糖类"来代替碳水化合物，简称为糖。糖类是我国传统膳食中的"主食"，根据其分子结构，一般将其分为单糖、双糖、寡糖和多糖 4 类。

"糖的种类及营养功能"知识点精讲

（一）单糖

单糖（monosaccharide）是指不能再被水解的糖，常见的有葡萄糖（glucose）、果糖（fructose）和半乳糖（galactose）等。

葡萄糖是构成食物中各种糖类的最基本单位，如淀粉就是由成百上千个葡萄糖单位构成的。果糖是最甜的糖，主要存在于水果和蜂蜜中，它被机体吸收后可经肝脏转变成葡萄糖供给人体利用，也可转变为糖原、脂肪等。半乳糖是乳糖的组成成分之一，在自然界中极少单独存在，有甜味，常与葡萄糖结合，以乳糖的形式存在于乳汁中，被机体吸收后可以转变成葡萄糖。

食物中还有少量的戊糖，如核糖和脱氧核糖等。水果、蔬菜中还有少量的糖醇类物质，如山梨醇、甘露醇、木糖醇和麦芽糖醇等，因其在体内消化、吸收速度慢，且提供能量较葡萄糖少，故多被用于食品加工业。

知识拓展

木 糖 醇

木糖醇是存在于多种水果、蔬菜中的五碳醇，工业上可通过氢化木糖制得，其甜度与蔗糖相等。其代谢不受胰岛素调节，因此可作为甜味剂用于糖尿病人专用食品及许多药品中。

（二）双糖

双糖（disaccharide）是由两个相同或不相同的单糖缩合而成的糖类化合物。食物中常见的双糖有蔗糖、乳糖和麦芽糖等。

蔗糖（sucrose）由一分子葡萄糖和一分子果糖结合而成。甘蔗、甜菜和蜂蜜中含量较多，日常食用的白砂糖即是蔗糖。

乳糖（lactose）由葡萄糖和半乳糖结合而成，主要存在于哺乳动物的乳汁中，其浓度大约为 5%。人体消化液中的乳糖酶可将乳糖水解为相应的单糖被人体所吸收。因有些人体内缺少乳糖酶，不能分解乳糖，故容易刺激肠道，使其蠕动速度加快而出现腹胀、腹泻等不适症状。

糖的妙用

麦芽糖（maltose）由两分子葡萄糖结合而成，大量存在于发芽的谷粒，特别是麦芽中。麦芽糖是淀粉和糖原的结构成分，因此，淀粉水解可产生麦芽糖。

（三）寡糖

寡糖（oligosaccharide）是指由3~9个单糖构成的一类小分子多糖。比较重要的寡糖是存在于豆类食品中的棉子糖、水苏糖和大豆低聚糖以及低聚果糖等。低聚糖不能被肠道消化酶分解而消化吸收，但在大肠中可被肠道细菌代谢，产生气体和其他产物，造成胀气，因此必须进行适当加工以减小其不良影响。但也有些不被人体利用的寡糖可被肠道有益细菌（如双歧杆菌）所利用，增加这类菌群可达到保健作用。

知识拓展

低 聚 果 糖

低聚果糖（fructooligosaccharide）又称寡果糖或蔗果三糖低聚糖，是由蔗糖分子的果糖残基结合1~3个果糖而成，主要存在于日常食用的水果、蔬菜中，如洋葱、大蒜、香蕉等。天然的和微生物酶法制取的低聚果糖大多呈直链状，甜度为蔗糖的30%~60%，难以被人体消化吸收，被认为是一种水溶性膳食纤维。但易被大肠双歧杆菌利用，是双歧杆菌的增殖因子。

大豆低聚糖（soybean oligosaccharide）是存在于大豆中的可溶性糖的总称，主要成分是水苏糖、棉子糖和蔗糖，其甜度为蔗糖的70%，但能量仅为蔗糖的50%左右。大豆低聚糖也是双歧杆菌的增殖因子，可作为功能性食品的基料，能部分代替蔗糖应用于清凉饮料、酸奶、乳酸菌饮料、冰激凌、面包、糕点和巧克力等食品中。

（四）多糖

多糖（polysaccharide）是由10个以上单糖组成的糖，无甜味，一般不溶于水，主要包括淀粉、糖原和膳食纤维三种。

淀粉（starch）存在植物的根、茎和种子细胞中，是由大量葡萄糖组成的、能被人体消化吸收的植物多糖。谷类、薯类和豆类食物中均含有丰富的淀粉，是人体糖的主要食物来源，能提供最丰富、最廉价的能量。淀粉根据其结构可分为直链淀粉和支链淀粉。

糖原（glycogen）在动物及人体的肝脏和肌肉细胞内合成并储存，是一种含有大量葡萄糖分子的动物多糖，又被称为动物淀粉。肝糖原主要用以维持正常的血糖浓度，肌糖原可提供机体运动时肌肉收缩所需要的能量，尤其是高强度和持久运动时的能量需要。

膳食纤维（dietary fiber）是一类存在于植物中不能被人体消化吸收的多糖，主要包括纤维素、半纤维素和果胶等。

二、糖的营养功能

（一）储存和提供能量

糖是人体获取能量的最经济和最主要的膳食来源。每克葡萄糖在体内氧化可以产生 16.7 kJ（4 kcal）的能量。在维持人体健康所需要的能量中，55%~65% 由糖提供。糖原是人体内糖的储存形式，其中，肝糖原占体内总糖原的 1/3。当机体需要时，肝糖原即分解为葡萄糖进入血液，以维持血糖水平，并为机体尤其是红细胞、脑和神经组织提供能量。肌糖原只供肌肉自身的能量需要，人体运动时需要肌糖原供能，尤其是较长时间的大强度运动。提高体内的糖原储备有助于提高运动成绩。体内的糖原储存只能维持数小时的运动，进行长时间运动必须不断从膳食中补充糖。

（二）构成组织和重要生命物质

糖是构成机体组织的重要物质，并参与细胞的组成和多种活动。每个细胞中含糖 2%~10%，主要以糖脂、糖蛋白和蛋白多糖的形式存在，分布在细胞膜、细胞器膜、细胞质以及细胞间基质中。如结缔组织中的黏蛋白、神经组织中的糖脂及细胞膜表面具有信息传递功能的糖蛋白等，往往是一些寡糖与脂类或蛋白质的复合物；RNA 和 DNA 中分别含有大量的核糖和脱氧核糖，在遗传信息的传递中起着重要的作用。抗体、酶和激素等一些具有重要生理功能的物质也需要糖的参与。

（三）节约蛋白质的作用

机体所需要的能量主要由糖提供，只有当体内糖供给不足时，如长时间的禁食或大强度运动等，蛋白质才参与供能。所以，摄入足够的糖，可以减少体内蛋白质供能，即糖具有节约蛋白质的作用。

（四）抗生酮作用

脂肪酸在细胞中分解所产生的乙酰辅酶 A 需进入三羧酸循环才能最终被彻底氧化分解，并产生能量。若糖不足，脂肪酸就不能彻底氧化而产生酮体。尽管肌肉和肝脏等组织可利用酮体产生能量，但过多的酮体可引起酮血症，影响机体的酸碱平衡。当体内糖充足时，可以促进脂肪代谢，防止酮血症的发生，因此被称为糖的抗生酮作用。人体每天至少需要 50~100 g 糖才可防止酮血症的产生。

（五）解毒作用

经糖醛酸途径生成的葡萄糖醛酸是体内重要的解毒剂，它在肝脏中可与许多有毒物质（如细菌毒素、酒精、砷等）结合，以消除或减轻这些物质的毒性或生物活性，从而起到解毒作用。

（六）增强肠道功能

膳食纤维可以增加饱腹感，减少进食，保证胃肠道的正常蠕动，促进排便，并可减少小肠对糖的吸收，促进胆固醇的排出，因而有降低血糖和胆固醇的作用。

知识拓展

"膳食纤维"
知识点精讲

膳食纤维的功效

1. 降糖

膳食纤维进入胃肠后如同海绵一样，吸水膨胀呈凝胶状，增加食物的黏滞性，延缓食物中葡萄糖的吸收，同时增加饱腹感，使糖的摄入减少，防止餐后血糖急剧上升。同时，可溶性纤维吸收水分后，还能在小肠黏膜表面形成一层"隔离层"，从而阻碍了肠道对葡萄糖的吸收，没被吸收的葡萄糖随大便排出体外。另外，膳食纤维还可以增加胰岛素的敏感性，减少人体对胰岛素的需求。

2. 降脂

胆固醇是一种脂类物质，能增加患冠心病和结石症的危险。膳食纤维进入人体后可以减少肠道对胆固醇的吸收，促进胆汁的分泌，降低血胆固醇水平，可预防冠心病和结石症的发生。

3. 抗饥饿和减肥

晚上进食过多对减肥最不利，膳食纤维在胃肠内限制了部分糖和脂质的吸收，使体内脂肪消耗增多。如果早晨摄入较多的膳食纤维，就会增强晚上抵抗饥饿的能力。因此，膳食纤维有助于人们轻松减肥，而且使人们不会感到任何不适。

4. 通便

由于膳食纤维能吸水膨胀，肠内容物体积增大，使大便变软变松，通过肠道时会更快、更省力。与此同时，膳食纤维还能促进肠道蠕动，缩短肠内容物通过肠道的时间，故能起到润便、治便秘和痔疮的作用。

5. 解毒防癌

膳食纤维能促进肠道蠕动，这样就缩短了许多毒物，如肠道分解产生的酚、氨等及细菌、黄曲霉毒素、亚硝胺、多环芳烃等致癌物在肠道中的停留时间，减少了肠道对毒物的潴留及吸收。另外，由于膳食纤维能吸水膨胀，肠内容物体积增大，从而对毒物起到稀释作用，减少了毒物对肠道的影响。同时，膳食纤维还可与致癌物质结合，因此可解毒防癌。

6. 增强抗病能力

膳食纤维能提高吞噬细胞的活动，增强人体免疫功能，有利于防止感染和癌症。

三、糖与运动

糖在能量代谢中十分重要，是运动中的主要能量来源，对人体运动能力有很大影响。因此如何利用糖来提高运动成绩，是运动营养学中的重要课题。

（一）糖在运动中的作用

1. 提供运动所需要的能量

进行短时间大强度的运动时，能量绝大多数由糖供给，长时间小强度运动时，也首先利用糖氧化供能，当可利用的糖耗竭时，才动用脂肪和蛋白质供给能量。糖作为供能物质具有以下优点：① 容易消化吸收。② 分解产热快。③ 氧化时耗氧少，氧化 1 g 葡萄糖只需要耗氧 0.81 L，而氧化 1 g 脂肪或蛋白质分别耗氧为 1.96 L 和 0.94 L，而且在有氧或无氧条件下都能分解放出热能，这对从事体育运动的人来说是十分重要的。因为在剧烈运动中，机体常处于氧供应不足的状态下，而糖耗氧少，能减少体内的氧亏，有利于运动的进行。

▶ "糖在运动中的作用和食物来源"知识点精讲

2. 延缓运动性中枢疲劳的出现

葡萄糖可通过血脑屏障，营养脑神经细胞，是大脑的主要供能物质。运动中，体内糖充足时可使血浆游离脂肪酸含量减少，同时使游离脂肪酸与色氨酸竞争结合白蛋白的作用减弱，从而使血浆中游离色氨酸浓度降低，导致进入脑内色氨酸减少，减少 5-羟色胺的合成，从而延缓运动性中枢疲劳的出现，提高运动能力。

3. 稳定免疫功能

运动中，当体内糖充足时，能够维持血糖浓度在良好水平，减少皮质醇等应激激素的分泌，有利于稳定机体的免疫功能，有效地防止大负荷运动引起免疫功能的降低。

（二）运动时糖的利用

糖是运动中的重要能源，体内糖原储存量与运动能力成正比关系。运动时肌肉的摄糖量可为安静时的 20 倍以上。运动使体内的糖大量消耗，糖原储备减少，不仅使机体耐久力下降，而且也使大强度运动时的最大吸氧量降低。

运动前和运动中合理地补充糖，可以减少糖原消耗，提高血糖水平，有利于提高运动能力。但不同种类糖的功效有所不同，葡萄糖、蔗糖较易引起胰岛素反应，而果糖的此种反应较小。而低聚糖对增加糖原储备，维持血糖，减少胰岛素反应，提高运动能力等都有良好作用。

运动后补充糖可促进糖原储备的恢复。运动后即刻摄入果糖对促进肝糖原的恢复效果较好，摄入葡萄糖与蔗糖，能使肌糖原储备在 24 h 内保持较高水平。

四、糖的供给量和食物来源

（一）糖的供给量

中国营养学会推荐，我国居民糖的膳食供给量占总能量的 50%~65% 较为适宜。运动营养学家认为，运动员糖的摄入应占总能量的 55%~60%，长时间运动者应增加到 65%，大强度耐力训练者应为 60%~70%，中等强度运动者应为 50%~60%，缺氧运动者应为 65%~70%。另外，美国食品及药物管理局（Food and Drug Administration，FDA）提倡每人每日应摄入膳食纤维 20~35 g，中国营养学会建议每人每日应摄入膳食纤维 25~35 g。

（二）糖的食物来源

膳食中淀粉的来源主要是粮谷类和薯类食物。粮谷类一般含糖 60%~80%，薯类含量为 15%~29%，豆类为 40%~60%。单糖和双糖的来源主要是蔗糖、糖果、甜食、糕点、水果、含糖饮料和蜂蜜等。常见食物含糖量见表 2-1。

▶ 表 2-1 常见食物含糖量（g/100 g）

食物名称	含量	食物名称	含量	食物名称	含量	食物名称	含量
小麦粉（标粉）	73.6	马铃薯	17.2	茄子	4.9	猪肉	2.4
挂面（标准粉）	76.0	甘薯（白心）	25.2	番茄	4.0	鸡	1.3
粳米（标二）	77.7	粉条	84.2	大白菜	3.2	鲫鱼	3.8
籼米（标一）	77.9	黄豆	34.2	苹果	13.5	带鱼	3.1
小米	75.1	绿豆	62.0	柿	18.5	牛乳	3.4
莜麦面	67.8	赤小豆	63.4	枣（鲜）	30.5	鸡蛋	2.8
方便面	61.6	豆腐	4.2	南瓜	5.3	鲜贝	2.5

资料来源：杨月欣. 中国食物成分表（第一册）[M]. 2 版. 北京：北京大学医学出版社，2009.

淀粉是糖的主要来源，淀粉不仅价廉和来源广，而且有生理效应的优点：① 人体对淀粉的适应性较好，可较大量和长期食用而无不适反应。② 消化吸收较慢，可使血糖维持在较稳定的水平。③ 摄入淀粉的同时还可同时获得其他营养素。

单糖类只能在某些情况下适当食用，且不宜摄入过多。蔗糖是最普通的食用糖，但蔗糖摄入过多对身体有许多危害，与肥胖病、糖尿病、心血管病、龋齿、近视等疾病的发生有关。实验证明，蔗糖比淀粉更容易促发高脂血症。因此，国外十分重视减少蔗糖摄入量，并已使用甜味剂来取代蔗糖。果糖是水果和蜂蜜中的天然单糖，蜂蜜中含 40%。果糖在人体内的胰岛素效应比葡萄糖小，血糖相对较稳定。它作为肌肉运动的能源不如葡萄糖及时，但对运动后恢复糖原储备较为有利。低聚糖是一种人工合成糖，由 3~8 个分子单糖组成，分子量比葡萄糖大，渗透压低，25% 低聚糖的渗透压相当于 5% 葡萄糖的渗透压，故可提供低渗透压、高热量的液体。此外，低聚糖甜味低、吸收快。目前，低聚糖在医院临床营养与运动营养中有较大的用途。

为了保证糖的营养平衡，人们在进食时应注意以下几个方面：① 总能量包括糖的摄入不能过多，由于肝脏可利用糖合成脂肪和胆固醇等，糖摄入过多可引起肥胖和血脂升高。② 防止糖占总能量摄入的比例过低，脂肪占总能量摄入的比例过高。③ 尽量减少精制糖的摄入。

（三）食物血糖生成指数

血糖生成指数（glycemic index，GI）简称血糖指数，是指不同食物血糖耐量曲线在基线内面积与标准糖（葡萄糖）耐量面积的比值，它是衡量某种食物或某种膳食组成对血糖浓度影响的一个指标。表2-2是常见食物的GI。

▶ 表2-2　含糖食物的血糖指数

食物名称	GI	食物名称	GI	食物名称	GI
葡萄糖	100.0	油条	75.0	扁豆	38.0
蔗糖	65.0	大米饭（灿米，精米）	82.0	葡萄	43.0
果糖	23.0	小米	71.0	苹果	36.0
乳糖	46.0	甘薯（熟）	77.0	西瓜	72.0
麦芽糖	105.0	甘薯（生）	54.0	猕猴桃	52.0
蜂蜜	73.0	马铃薯	62.0	菠萝	66.0
巧克力	49.0	绿豆	27.0	香蕉	52.0
馒头（富强粉）	88.0	大豆	18.0	牛奶	27.6
玉米粉	68.0	山药	51.0	花生	14.0
荞麦面条	59.0	南瓜	75.0	闲趣饼干	47.0
面包（全麦粉）	69.0	胡萝卜	71.0	可乐	40.0

资料来源：杨月欣. 中国食物成分表标准版（第一册）[M]. 北京：北京大学医学出版社，2018.

　　GI也可看作是含糖食物消化速率、引起血糖浓度上升速度的一个指标。GI高的食物或膳食，表示进入胃肠后消化快，吸收完全，葡萄糖能迅速进入血液引起血糖升高，对胰岛细胞分泌胰岛素的刺激作用也更大。长时间进食高GI的食物会降低人体组织细胞对胰岛素的敏感性，产生胰岛素抵抗，甚至可能引发糖尿病。因此，为了保证人体的健康，尽量选用GI较低的含糖食物。

　　与进食同等热量的高GI含糖食物相比，耐力运动前进食低GI的含糖食物，可增加耐力运动过程中脂肪供能的比例，延缓糖消耗的速度，对提高运动成绩可能有帮助；而运动后的恢复期中进食中GI的食物则可更有效地刺激胰岛素分泌，促进体内物质的合成及恢复。

糖耐量

第二节 脂类与运动

脂类（lipids）是广泛存在于动植物体内的一大类有机化合物，是脂肪和类脂的总称，不溶于水，溶于有机溶剂。

一、脂类的种类

营养学上重要的脂类主要有甘油三酯、磷脂和固醇类。食物中的脂类95%是甘油三酯，5%是其他脂类，人体内储存的脂类中甘油三酯则高达99%。

（一）甘油三酯

甘油三酯（triglyceride）由一分子甘油分子和三分子脂肪酸化合而成，也称为脂肪或中性脂肪。

脂肪酸（fatty acids）按其碳链长短可分为长链脂肪酸（14碳以上）、中链脂肪酸（8~12碳）和短链脂肪酸（6碳以下）；按其饱和程度可分为饱和脂肪酸、单不饱和脂肪酸（碳链中只含一个不饱和双键）和多不饱和脂肪酸（碳链中含两个以上不饱和双键）。食物中的脂肪酸以含18碳为主。

随着脂肪酸的饱和程度越高、碳链越长，脂肪的熔点也越高。大多数动物脂肪中含饱和脂肪酸多，常温下呈固态，称为脂；大部分植物脂肪含不饱和脂肪酸多，常温下呈液态，称为油。

必需脂肪酸（essential fatty acids）是人体不可缺少，自身不能合成，必须通过食物供给的脂肪酸，主要是指分子中含有一个以上不饱和双键的脂肪酸，如亚油酸、亚麻酸、花生四烯酸等。

（二）磷脂

磷脂（phospholipids）是指甘油三酯中一个或两个脂肪酸被含磷酸的其他基团所取代的脂类物质，具有亲水性和亲脂性的双重特性。其中最重要的是卵磷脂，它是由一个含磷酸的胆碱基团取代甘油三酯中一个脂肪酸而形成的。

（三）固醇类

固醇类（cholesterol）在结构上与脂肪差异较大，是含有多个同样环状结构的脂类化合物。最重要的固醇是胆固醇，人体内 90% 的胆固醇存在于细胞之中。

二、脂类的营养功能

（一）储存和供给能量，并能增加食物的美味和饱腹感

"脂类的营养功能"知识点精讲

脂肪是人体储存和供给能量的主要来源。在安静状态下，人体 60% 的能量来源于体内脂肪。当人体摄入的能量不能被及时利用或过多时，就会转变为脂肪储存；当机体需要能量时，脂肪细胞中的酯酶可催化甘油三酯的分解，通过氧化释放出能量以满足机体的需要。1 g 脂肪产生的能量约为 39.7 kJ（9 kcal）。脂肪可使食物酥软、香脆，增进人的食欲。脂肪在胃中滞留时间较长，因而有较长时间的饱腹感。

（二）机体重要的组成成分

脂类物质是细胞维持正常的结构和功能所绝不可少的重要成分。如磷脂是组成细胞膜的重要成分，胆固醇既是细胞膜的重要成分，也是人体内许多重要活性物质的合成原料，如胆汁、性激素（如睾酮）、肾上腺皮质激素（如皮质醇）和维生素 D 等。

（三）提高糖的利用效率，节约蛋白质

脂肪在体内分解代谢的产物，可以促进糖的能量代谢，使其更有效地释放能量。充足的脂肪还可以保护体内蛋白质（包括食物蛋白质）不被用来作为主要能源，而使其有效地发挥其他重要的生理功能，达到节约蛋白质的功效。

（四）隔热和保护作用

皮下脂肪组织可起到隔热保温的作用，维持体温的正常和恒定。在体内，脂肪组织对内脏器官有支撑和衬垫作用，可保护内脏免受外力伤害。

（五）促进脂溶性维生素的吸收

脂溶性维生素 A、D、E、K 必须溶解在脂肪中才能被机体所吸收，因此，膳食中脂肪可以促进脂溶性维生素的吸收。

三、膳食脂肪营养价值的评价

"膳食脂肪营养评价及与运动的关系"知识点精讲

由于膳食脂肪的成分不同，人体对膳食脂肪消化利用的能力也不同，因此，膳食脂肪的营养价值也就有所不同。评价膳食脂肪的营养价值，一般有以下三个方法：

（一）膳食脂肪的消化率

膳食脂肪的消化率与其熔点有关，碳链短、不饱和脂肪酸含量高的脂肪熔点较低，也较易消化。熔点低于体温的脂肪消化率可达97%~98%，如花生油的消化率达98%，而牛油的消化率则为89%。

（二）必需脂肪酸的含量

膳食脂肪中必需脂肪酸的含量越高，其营养价值也越高。一般来讲，植物脂肪，如大豆油、花生油、芝麻油、玉米油、麦芽油等，含必需脂肪酸比动物脂肪高，因此具有更高的营养价值。海鱼油、大豆油、菜籽油中n-3系列脂肪酸含量较高，其营养价值优于一般的动物脂肪。

（三）脂溶性维生素的含量

膳食脂肪中脂溶性维生素的含量越高，其营养价值也越高。如动物肝脏，尤其是海鱼肝脏的脂肪中富含维生素A和D，因此，动物肝脏脂肪的营养价值较其他部位的脂肪高。某些植物脂肪，如麦胚油、大豆油、辣椒油、茶油和菜籽油等，也含有丰富的脂溶性维生素。

四、脂肪与运动

（一）脂肪在运动中的作用

1. 为长时间低强度运动提供能量

肌肉中有200~300 g的脂肪储备，在氧充足的情况下，脂肪是长时间低强度（小于55% $\dot{V}_{O_2max}$）运动的主要能源，如马拉松和铁人三项等运动项目的主要能量就来源于脂肪，长时间滑雪运动后，骨骼肌中的脂肪含量下降50%左右。脂肪供能耗氧较多，在氧不充足时代谢不完全，不仅不能被充分利用，而且其代谢的中间产物——酮体，会使体内酸性增加，对机体和运动有不良影响，所以运动员膳食中的脂肪不宜过多。实验证明，在同一运动负荷下，高脂肪膳食可使氧消耗增加10%~20%。高脂肪膳食后，会引起食饵性高脂血症，血液黏滞度增加，毛细血管内血液流动缓慢，红细胞的气体交换功能减弱，因而降低耐久力。

2. 节约糖原消耗，提高耐久力

长期进行耐力运动训练的运动员，其利用脂肪分解供能的能力较强，这样可以节约糖原，提高耐力。

（二）运动训练对脂肪代谢的影响

训练水平与氧化脂肪的能力有关，通过训练可以改善体内脂肪代谢酶的活性，从而提高氧化脂肪的能力。由于肉碱可以促进游离脂肪酸转移进入线粒体进行氧化代谢，因此，适当补充肉碱可以提高机体氧化脂肪的能力。

左旋肉碱

有氧运动使脂肪组织中的脂肪酸游离出来供能，以及运动造成的机体能量负平衡，都促使体内脂肪的消耗增多，有助于减少体内脂肪。

有氧运动可使体内甘油三酯和低密度脂蛋白胆固醇减少，而使高密度脂蛋白胆固醇增高，对防止动脉硬化及冠心病有良好作用。

五、脂类的供给量和食物来源

（一）脂类的供给量

脂肪摄入过多，可导致肥胖、心血管疾病、高血压和某些癌症发病率的升高。限制和降低脂肪的摄入，是预防此类疾病的重要措施。我国营养学会推荐，成人一般脂肪摄入量应控制在总能量摄入的 20%～30%，运动员也不应该超出此范围。即使是游泳和冬季项目，机体散热量较大，食物中脂肪的含量可略高于其他项目，但也不要超过总热量的 35%。必需脂肪酸的摄入量应不少于总能量的 3%。只要注意摄入一定量植物油，一般不会出现必需脂肪酸缺乏。由于饱和脂肪酸相对不易被氧化产生有害的氧化物、过氧化物等，故人体不应完全排除饱和脂肪酸的摄入。胆固醇广泛存在于动物性食物中，人体自身也可以合成胆固醇，所以一般不会出现胆固醇的缺乏。相反，由于它与高脂血症、动脉粥样硬化、心脏病等相关，人们往往关注摄入过多胆固醇的危害性。

（二）脂类的食物来源

膳食脂肪主要来源于动物的脂肪组织、肉类以及植物的种子。动物脂肪含饱和脂肪酸和单不饱和脂肪酸相对较多，多不饱和脂肪酸含量较少；而植物脂肪主要含不饱和脂肪酸。亚油酸普遍存在于植物油中，亚麻酸在豆油中较多，鱼和贝类食物相对含二十碳五烯酸和二十二碳六烯酸较多。

含磷脂较多的食物为蛋黄、肝脏、大豆、麦胚和花生等。含胆固醇丰富的食物是动物脑、肝、肾等内脏和蛋类，肉类和奶类也含有一定量的胆固醇（表2-3）。

▶ 表2-3 常见动物性食物的脂肪和胆固醇含量

食物名称	脂肪含量 （g/100 g）	胆固醇含量 （mg/100 g）	食物名称	脂肪含量 （g/100 g）	胆固醇含量 （mg/100 g）
猪肉（肥瘦）	37.0	80	鸡	9.4	106
猪肉（肥）	88.6	109	鸡翅	11.8	113
猪肝	3.5	288	鸡腿	13.0	162
牛肉（瘦）	2.3	58	鸡蛋	8.8	585
牛肉（肥瘦）	4.2	84	带鱼	4.9	76
羊肉（瘦）	3.9	60	鲾鱼	6.3	94
羊肉（肥瘦）	14.1	92	鸭	19.7	94

资料来源：杨月欣．中国食物成分表（第一册）[M]．2版．北京：北京大学医学出版社，2009．

第三节 蛋白质与运动

蛋白质（protein）是构成一切生命的物质基础，没有蛋白质就没有生命。正常成人体内有16%～19%的物质是蛋白质，这些蛋白质始终处于分解与合成的动态平衡之中，以完成组织蛋白不断地更新和修复。总的来说，成人体内每天约有3%的蛋白质被更新。而氮平衡（nitrogen balance）是评价人体蛋白质营养状况的重要指标，反映机体摄入氮（食物蛋白质含氮量约为16%）和排出氮的关系。当摄入氮和排出氮相等时为零氮平衡，又称为氮的总平衡，健康的成人应处于零氮平衡。如果摄入氮多于排出氮则为正氮平衡，儿童生长发育阶段、妇女怀孕时、疾病恢复时以及运动和劳动需要增加肌肉时等均应保证适当的正氮平衡，以满足机体对蛋白质额外的需要。而摄入氮少于排出氮时则为负氮平衡，人在饥饿、疾病及老年时等一般处于这种状况，应注意尽可能减轻或改变负氮平衡。

一、蛋白质的组成与分类

（一）组成

蛋白质是一种化学结构非常复杂的化合物，主要由 C、H、O、N 4 种元素组成，有的还含有 S、P 等元素，其中，氨基酸是构成蛋白质的基本单位。食物蛋白质中氨基酸有 20 多种，它可分为必需氨基酸和非必需氨基酸两类。其中，必需氨基酸机体不能合成或合成速度较慢，不能满足机体需要，但它是维持机体生长发育、合成机体蛋白质所必需的氨基酸。成人体内的必需氨基酸包括亮氨酸、异亮氨酸、赖氨酸、蛋氨酸、苯丙氨酸、色氨酸、苏氨酸和缬氨酸 8 种。儿童除了成人的 8 种必需氨基酸外，还有组氨酸。而非必需氨基酸包括甘氨酸、丙氨酸、谷氨酸、精氨和、丝氨酸等。

（二）分类

每种蛋白质至少由 10 种以上的氨基酸构成。根据食物蛋白质的氨基酸组成情况，蛋白质可分为完全蛋白质、半完全蛋白质和不完全蛋白质三类。

1. 完全蛋白质

必需氨基酸齐全，比例恰当，不但能够维持成人健康，并能促进儿童生长发育，如奶中的乳白蛋白等。

乳清蛋白

2. 半完全蛋白质

必需氨基酸较齐全，但比例不当，可维持生命，但不能促进生长发育，如大麦中的麦胶蛋白。

3. 不完全蛋白质

必需氨基酸种类不全，不能促进生长发育，也不能维持生命，如胶蛋白。

二、蛋白质的营养功能

（一）构成身体的组成成分

▶"蛋白质与运动"知识点精讲

蛋白质是细胞的主要组成成分，约占细胞干重的 80%。一方面，蛋白质广泛存在于肌肉、神经、血液、骨骼和毛发中；另一方面，蛋白质也是伴随生命而不断新陈代谢的重要标志，人体的生长过程就包含着蛋白质的不断增加。蛋白质营养正常时，人体内有关反映蛋白质营养水平的指标也应处于正常水平。常用的指标主要为血清白蛋白（正常值为 35~50 g/L）和血清运铁蛋白（正常值为 2.2~4.0 g/L）等。

（二）调节生理功能

蛋白质调节机体的生理功能主要体现在以下几个方面：一是促进体内各种生理生化反应的进行。如酶能催化体内一切物质的分解和合成，激素调节着各种生理过程并维持着内环境的稳定。二是保持机体的渗透压和血液的酸碱平衡。如体液内那些可溶的且可离解为阴、阳离子的蛋白质能使体液的渗透压和酸碱度得以稳定。三是具有保护和防御功能。如抗体可以抵御外来微生物及其他有害物质的入侵。另外，氧气和营养物质的运输、血液的凝固、视觉的形成等无一不与蛋白质有关。

（三）在特殊情况下供给能量

当机体糖和脂肪得不到及时补充时，蛋白质可被代谢分解，释放出能量，1g 食物蛋白质在体内约产生 16.7 kJ（4.0 kcal）的能量。在一般运动情况下，蛋白质提供的能量占总能量的 6%~7%；肌糖原储备丰富时，蛋白质供能仅占 5% 左右；而在肌糖原耗竭时，蛋白质供能可占 10%~15%。

三、食物蛋白质营养价值的评价

（一）生物学价值

食物蛋白质经过消化吸收后，被人体利用的程度是不同的。营养学上常用蛋白质的生物学价值（生物价）来评价蛋白质的利用率。

生物价是表示食物蛋白质在机体内真正被利用的程度。

$$\text{生物价} = \frac{\text{氮在体内的储留量}}{\text{氮在体内的吸收量}} \times 100\%$$

食物蛋白质的生物价越高，为人体所利用的程度也越高，该食物蛋白质的营养价值也越高。表 2-4 所列为常见食物的生物价。

▶ 表 2-4 常见食物的生物价（%）

蛋白质	生物价	蛋白质	生物价	蛋白质	生物价	蛋白质	生物价
全鸡蛋	94	牛肉	76	熟大豆	64	玉米	60
鸡蛋白	83	猪肉	74	扁豆	72	白菜	76

续表

蛋白质	生物价	蛋白质	生物价	蛋白质	生物价	蛋白质	生物价
鸡蛋黄	96	大米	77	蚕豆	58	红薯	72
脱脂牛奶	85	小麦	67	白面粉	52	马铃薯	67
鱼	83	生大豆	57	小米	57	花生	59

资料来源：洪安琪. 营养与膳食指导[M]. 北京：人民卫生出版社，2003.

当几种营养价值较低的蛋白质食物混合食用时，由于各种蛋白质所含的氨基酸相互配合、补充，改善了氨基酸的比例，从而使混合蛋白质的生物价提高的现象称为蛋白质的互补作用。将小麦、大米、大豆、豌豆、玉米、牛肉干按照不同的比例混合食用，其生物价比单独食用要高（表2-5）。为了充分发挥食物蛋白质的互补作用，在调配膳食时，应遵循三个原则：① 食物的生物学种属越远越好，如动物性和植物性之间的配合要比单纯植物性食物之间的混合要好。② 搭配的种类越多越好。③ 食用时间越近越好，同时食用最好，如果几种食物分别食用的相距时间过长则不能起到互补作用。

▶ 表2-5 几种食物混合后蛋白质的生物价（%）

食物名称	单独食用的生物价	混合食用的比例（%）		
小麦	67	37		31
大米	57	32	40	46
大豆	64	16	20	8
豌豆	48	15	—	—
玉米	60	—	40	—
牛肉干	76	—	—	15
混合食物的生物价	—	74	73	89

资料来源：葛可佑. 中国营养科学全书（上册）[M]. 北京：人民卫生出版社，2004.

（二）必需氨基酸含量及其相互间的比例

必需氨基酸是指人体内不能合成或合成速度不能满足代谢的需要，必须由膳食供给的氨基酸，包括亮氨酸、异亮氨酸、赖氨酸、苯丙氨酸、蛋氨酸、苏氨酸、色氨酸和缬氨酸。

构成人体各种组织蛋白质的氨基酸具有一定的比例。必需氨基酸的数量和比例必须适宜才能合成身体蛋白质。所以，食物蛋白质中必需氨基酸含量和比例越接近人体需要，蛋白质的营养价值就越高。在一般食物中，以鸡蛋蛋白质的必需氨基酸最为理想，它与人体的需要比较接近。因此，常以鸡蛋蛋白质的氨基酸为标准，比较各类食物蛋白质氨基酸含量及其相互间的比例是否与鸡蛋蛋白质相接近，越接近，其氨基酸的利用率就越高。

（三）优质蛋白质

营养学上将食物中生物价高、必需氨基酸种类较齐全、且易于消化吸收的蛋白质称为优质蛋白质。

一般说来，动物性食品，如瘦肉、奶、蛋、鱼肉中的蛋白质都含有 8 种必需氨基酸，数量也比较多，各种氨基酸的比例恰当，生物特性与人体接近，容易被人体消化吸收，是典型的优质蛋白质。植物性食品中，只有大豆、芝麻和葵花子中的蛋白质为优质蛋白质，其余的植物性食物中所含蛋白质就差一些，多为不完全蛋白质，如米中的蛋白质。

四、蛋白质与运动

（一）蛋白质在运动时的作用

1. 营养强力作用

由于影响人体运动能力的许多体内因素，如肌肉收缩、氧的运输与储存、物质代谢与生理机能的调节等，都与蛋白质有密切关系，因此，在运动训练时，摄入充足的蛋白质不仅能促进肌肉蛋白质的生物合成，促进肌肉体积和力量的提高，而且可有效地延缓运动性疲劳的发生，具有促进运动能力提高的作用。

2. 供给能量

氨基酸，特别是支链氨基酸可为运动时的肌肉提供热能。在肌糖原储备充足时，蛋白质供能仅占总热量的 5%；而当肌糖原耗竭时，可上升至 15%。由于蛋白质代谢产物为酸性，所以过多消耗蛋白质时会增加体液的酸度，降低运动能力，引起疲劳和水的需要量增加等副作用。

（二）运动训练对机体蛋白质代谢的影响

体育运动使体内蛋白质代谢发生变化，而不同性质运动的作用又有所差异。耐力性运动使蛋白质分解加强，合成速度减慢，机体尿氮和汗氮排出量增加。因此，为了减少耐力训练时蛋白质的分解，额外补充适当的支链氨基酸，不仅可以为骨骼肌运动提供能源物质，而且可以有效地抑制色氨酸进入脑组织，减少脑内 5- 羟色胺的形成，延缓中枢性运动疲劳的发生。力量性运动在使蛋白质分解加强的同时，运动肌群蛋白质的合成也增加，并大于分解的速度，从而使肌肉壮大。因此，在进行力量训练时，应适当增加优质蛋白质的摄入量。

在运动训练时，若蛋白质摄入不足，不仅会影响运动训练效果，而且会促使运动性贫血的发生。但是，如摄入蛋白质过多，不仅对肌肉壮大和提高肌肉功能没有良好作用，而且对正常代谢也有不良影响。

五、蛋白质的供给量和食物来源

（一）蛋白质的供给量

膳食给人体提供的蛋白质应满足机体的氮平衡，长时期不恰当的正氮平衡和负氮平衡都可对人体造成危害。理论上，成人每天摄入约 30 g 蛋白质就可满足零氮平衡。由于我国居民的膳食以植物性食物为主，成人蛋白质推荐摄入量为 1.16 g/(kg·d)。按能量计算，蛋白质摄入应占膳食总能量的 10%~12%，儿童青少年为 12%~14%，运动员可达 12%~15%。中国营养学会于 2013 年提出的中国居民蛋白质推荐摄入量（RNI）见表 2-6。

▶ 表 2-6 中国居民膳食蛋白质推荐摄入量

年龄（岁）	RNI（g/d）		年龄（岁）	RNI（g/d）	
	男	女		男	女
0~	9（AI）	9（AI）	6~	35	35
0.5~	20	20	7~	40	40
1~	25	25	8~	40	40
2~	25	25	9~	45	45
3~	30	30	10~	50	50
4~	30	30	11~	60	55
5~	30	30	14~	75	60

续表

年龄（岁）	RNI（g/d）		年龄（岁）	RNI（g/d）	
	男	女		男	女
18~	65	55	孕妇（早）		+0
50~	65	55	孕妇（中）		+15
65~	65	55	孕妇（晚）		+30
80~	65	55	乳母		+25

资料来源：中国营养学会. 中国居民膳食营养素参考摄入量（2013版）[M]. 北京：科学出版社，2014.

运动员的蛋白质供给量比一般人高，成年运动员为1.8~2 g/kg体重，少年运动员为2.0~3.0 g/kg体重，儿童运动员为3.0~3.4 g/kg体重。运动员的蛋白质供能量可为一日总能量的15%~20%，蛋白质来源中最好有1/3为优质蛋白质。

（二）蛋白质的食物来源

蛋白质广泛存在于动植物性食物中（表2-7）。动物性蛋白质质量好、利用率高，但同时富含饱和脂肪酸和胆固醇，而植物性蛋白质利用率较低，因此，注意蛋白质互补，适当进行搭配是非常重要的。大豆及豆制品可提供丰富的优质蛋白质，其保健功能也越来越被人们所认识。牛奶是富含多种营养素的优质蛋白质食物来源，我国人均牛奶的年摄入量很低，应大力提倡我国各类人群增加牛奶和大豆及其制品的摄入。

▶ 表2-7 常见食物蛋白质含量（g/100 g）

食物	含量	食物	含量
小麦粉（标准粉）	11.2	黄豆（大豆）	35.0
粳米（标一）	7.7	绿豆	21.6
籼米（标一）	7.7	赤小豆（小豆）	20.2
玉米（黄、干）	8.7	花生仁（生）	24.8
玉米面（黄）	8.1	猪肉（肥瘦）	13.2

续表

食物	含量	食物	含量
小米	9.0	牛肉（肥瘦）	19.9
高粱米	10.4	羊肉（肥瘦）	19.0
马铃薯（土豆、洋芋）	2.0	鸡	19.3
甘薯（山芋、红薯）	1.1	鸡蛋	13.3
蘑菇（干）	21.1	草鱼	16.6
紫菜（干）	26.7	牛乳	3.0

资料来源：杨月欣．中国食物成分表（第一册）[M]．2 版．北京：北京大学医学出版社，2009．

第四节　维生素与运动

　　维生素（vitamin）是维持机体生命活动必需的一类小分子有机化合物，它们在能量代谢及其调节过程中起着重要的作用。

　　维生素具有以下共同特点：① 以其本来形式或可被机体利用的前体形式存在于天然食物中。② 大多不能在体内合成，也不能大量储存于体内，故必须经常由食物补充。某些维生素（如维生素 K、维生素 B_6 等）虽可由肠道细菌合成一部分，但不能取代食物供给；如果膳食中摄取不足易出现维生素缺乏。维生素缺乏是一个渐进性过程，最初表现为组织中维生素储备量下降，继而出现生理生化功能异常，进而引起组织病理变化，最后才出现临床症状。长期轻度缺乏时并不出现临床症状，但会有劳动效率降低、食欲减退、易疲乏等不适感觉，若继续发展到一定程度，则会出现相应维生素缺乏的独特症状和体征。由于运动训练时能量代谢的增加，对维生素的需要量增加，出汗增多引起排泄量增加以及肠道功能的下降，导致吸收减少，故运动员维生素需要量比普通人多。③ 不是组织细胞的结构成分，也不能提供能量。④ 每日需要量很少（仅以 mg 或 μg 计），但在物质代谢过程中具有十分重要的作用。⑤ 常以辅因子或辅因子前体的形式参与酶的功能。

　　根据维生素的溶解性可将其分为脂溶性维生素和水溶性维生素两大类。

一、脂溶性维生素

脂溶性维生素（lipid-soluble vitamin）是指不溶于水而溶于脂肪或有机溶剂的维生素，包括维生素 A、维生素 D、维生素 E、维生素 K 4 大类。脂溶性维生素在食物中常与脂类共存，并随脂肪的吸收而被吸收。脂溶性维生素在体内主要储存于肝脏，且可大量储存。若摄入量过少可缓慢出现缺乏症状，而过量积蓄则会引起中毒。

（一）维生素 A

维生素 A 又名视黄醇，是指所有具有视黄醇生物活性的一类物质。β-胡萝卜素是维生素 A 的前体。维生素 A 和胡萝卜素均对酸、碱、热稳定，一般烹调和罐头加工不易被破坏，但易被氧化和被紫外线破坏。食物中含有磷脂、维生素 E、维生素 C 和其他抗氧化成分时，有助于保护其稳定性。

"维生素介绍及维生素A"知识点精讲

1. 维生素 A 的营养功能

（1）参与保持正常暗视觉。人视网膜视杆细胞中的感光物质视紫红质由视蛋白和来自维生素 A 的视黄醛组成。人从亮处进入暗处时，需经一段时间合成足够的视紫红质后才能视物，这一过程叫暗适应。若维生素 A 轻度缺乏，则表现为暗适应时间延长，若严重缺乏则会发生夜盲症。

（2）协助维持上皮组织的正常生长和健康。维生素 A 可影响上皮细胞内糖蛋白的合成，在维持上皮组织的正常生长和分化、保持上皮的功能等方面起到十分重要的作用。维生素 A 缺乏时，会发生皮肤干燥、粗糙及鳞化；泪腺分泌减少引起眼干燥症，角膜干燥角化导致失明；口腔、消化道、呼吸道及泌尿道的黏膜失去滋润感和柔软性，易引发细菌感染等。

（3）具有促进正常生长发育的作用。维生素 A 可促进蛋白质合成，也参与维持骨组织中成骨细胞与破骨细胞的分化平衡，从而促进骨的正常生长，故对儿童的生长发育十分重要。

（4）具有抑癌作用。维生素 A 及其衍生物能促进上皮正常分化，并具有阻止肿瘤形成的抗启动基因的活性，故有抑癌防癌作用；类胡萝卜素通过减少自由基、提高抗氧化防卫能力而有抑癌作用。

（5）参与维持机体正常的免疫功能。维生素 A 缺乏时，可因免疫球蛋白生成减少而使机体抵抗力下降。

2. 维生素 A 与运动

维生素 A 是形成视网膜中视紫红质的原料，具有保护角膜上皮、防止角化的作用。维生素 A 缺乏时，肾上腺皮质会发生萎缩和功能性紊乱。因此，要求视力集中的运动项目（如射箭、射击、击剑、乒乓球）的运动员应当重视维生素 A 的补充。

β-胡萝卜素是一类抗氧化剂，具有抗氧化作用。运动中伴随氧化代谢的增加，自由基生成增多，可能会抑制中性粒细胞的移动和吞噬能力，减少 T、B 淋巴细胞数量，抑制自然杀伤细胞的功能。因此，运动员必须增加抗氧化营养素的摄入，如维生素 C、维生素 E、β-胡萝卜素，以减少自由基损害。

3. 维生素 A 的供给量和食物来源

维生素 A 的需要量因人的体重和生理状况而异。儿童和乳母的需要量相对较高；在某些特殊条件下，机体对维生素 A 的需要量增加。中国营养学会于 2013 年提出了中国居民维生素 A 推荐摄入量（RNI）（表 2-8）。运动员维生素 A 的需要量在一般训练期为 1 500 μgRAE，视力紧张的运动项目可增加至 1 800 μgRAE。

▶ 表 2-8 中国居民膳食维生素 A 的推荐摄入量

年龄（岁）	RNI（μgRAE/d）		年龄（岁）	RNI（μgRAE/d）	
	男	女		男	女
0~	300（AI）		50~	800	700
0.5~	350（AI）		65~	800	700
1~	310		80~	800	700
4~	360		孕妇（早）		+0
7~	500		孕妇（中）		+70
11~	670	630	孕妇（晚）		+70
14~	820	630	乳母		+600
18~	800	700			

资料来源：中国营养学会. 中国居民膳食营养素参考摄入量（2013 版）[M]. 北京：科学出版社，2014.

维生素 A 的正常供给量与中毒量之间的差距很小，因此，中国营养学会初步推荐维生素 A（不包括胡萝卜素）的可耐受最高摄入量成年人为 3 000 μgRAE/d，孕妇为 2 400 μgRAE/d，儿童为 2 000 μgRAE/d。

维生素 A 最好的食物来源是动物性食物，特别是各种动物肝脏、鱼肝油、鱼子、全奶及其制品、禽蛋等含量较高；维生素A原（β-胡萝卜素）的良好来源是深色蔬菜和水果，如菠菜、空心菜、莴笋叶、芹菜叶、豌豆苗、韭菜、青椒、胡萝卜、南瓜、红心红薯、芒果、杏子、柿子等。中国营养学会建议儿童和成人膳食维生素A应有三分之一到二分之一来自动物性食物，但孕妇膳食维生素A来源应以植物性食物为主。

（二）维生素D

维生素D是一类具有钙化醇生物活性的化合物。人体所需的维生素D_3可以从食物中获得，也可由体内的胆固醇产生的7-脱氢胆固醇在皮下经紫外光照射后产生。若生活在日照不足或空气严重污染的地区，因缺乏紫外光照射，体内不能合成维生素D_3，此时人体所需的维生素D才完全要靠膳食供给，故维生素D又被认为是一种条件性维生素。

"维生素D
与维生素E"
知识点精讲

维生素D在通常的加工烹调过程中不会造成损失，但在酸性环境中加热则会逐渐分解。

1. 维生素D的营养功能

维生素D的主要功能是调节体内的钙磷代谢，主要作用包括：① 促进小肠对钙的吸收。② 促进肾小管对钙和磷的重吸收。③ 促使骨质不断更新，以促进骨和软骨的正常生长。

维生素D缺乏时，血钙血磷浓度下降，骨的钙化受阻，出现骨质脱钙软化和变形，在婴幼儿期发生佝偻病，成年人发生骨质疏松症，甚至骨软化症。此外，还可因血钙水平降低引起手足痉挛症。

过量摄入维生素D也可引起中毒，严重时可发展成软组织移行性钙化及肾结石。妊娠期过多摄入维生素D，可引起新生儿出生体重低，甚至伴有智力发育不良及骨硬化等症状。

2. 维生素D与运动

维生素D可以通过促进钙离子的吸收参与骨骼生成。运动员一般不存在维生素D缺乏症，其补充量与正常人无异。但对于青少年运动员和骨骼损伤后恢复期的运动员来说，维生素D能促进骨骼发育和骨骼重建。另外，在运动锻炼中结合补充维生素D与钙离子，对改善和治疗骨质疏松症有益。

3. 维生素D的供给量和食物来源

维生素D的供给量应与钙、磷的供给量以及日光照射结合考虑。在钙、磷供给充足的条件下，成人每日获得7.5~10 μg维生素D即可使钙的储备达到最高水平。因此，成年人只要常接触阳光，在普通膳食条件下一般不会发生维生素D缺乏。中国营养学会2013年制定的中国居民膳食维生素D推荐摄入量见表 2-9。

▶ 表 2-9 中国居民膳食维生素 D 推荐摄入量

年龄（岁）	RNI（µg/d）	年龄（岁）	RNI（µg/d）
0~	10（AI）	18~	10
0.5~	10（AI）	50~	10
1~	10	65~	15
4~	10	80~	15
7~	10	孕妇	+0
11~	10	乳母	+0
14~	10		

资料来源：中国营养学会. 中国居民膳食营养素参考摄入量（2013 版）[M]. 北京：科学出版社，2014.

由于过量摄入维生素 D 有潜在的毒性，婴儿最容易发生维生素 D 中毒，中国营养学会建议维生素 D 的可耐受最高摄入量为 20 µg/d。

一般的天然食物中的维生素 D 含量不高，但含脂肪高的海鱼（如沙丁鱼）、肝、蛋黄、奶油等含量相对较高，瘦肉和奶类维生素 D 含量较低。鱼肝油中维生素 D 含量极高，可供婴幼儿补充维生素 D 之用。维生素 A、维生素 D 强化牛奶，可有效控制维生素 D 缺乏症。但采用维生素 D 强化食品时，应十分谨慎。此外，适当进行日光浴对婴幼儿和地面下工作人员是非常必要的。

（三）维生素 E

维生素 E 又名生育酚，溶于酒精、脂肪和其他脂溶剂，在无氧条件下对热和酸稳定，但对碱不稳定，尤其对氧气敏感，易被氧化破坏。一般烹调时，食物中维生素 E 损失不大，但用油烹炸时其活性明显降低。

1. 维生素 E 的营养功能

（1）具有抗氧化作用。维生素 E 是高效抗氧化剂，参与构成体内的抗氧化系统，保护生物膜的完整及细胞内巯基化合物的正常功能。此外，维生素 E 还能防止维生素 A 和 C 的氧化，保证它们在体内的功能正常。

（2）调节体内一些活性物质的合成。维生素 E 能促进 DNA、辅酶 Q、血红蛋白及某些酶蛋白的合成，降低分解代谢酶的活性，从而可促进人体正常新陈代谢，保持红细胞的完整性。

（3）调节血小板的黏附力和聚集作用。维生素 E 可抑制血小板的聚集，维生素 E 缺乏时，血小板聚集和凝血作用增强，可增加心肌梗死和脑卒中的危险性。

（4）保护肝细胞。肝脏是维生素 E 的主要储存器官，维生素 E 存在于肝细胞膜上，对多种急性肝损伤均具有保护作用，可延缓和阻断慢性肝纤维化。

（5）抗肿瘤。维生素 E 可通过以下几条途径降低肿瘤的发生：① 维持体内氧化与抗氧化系统的平衡。② 阻断一些化学致癌物的致癌作用。③ 提高机体的细胞免疫和体液免疫水平。④ 对某些癌基因的表达具有抑制作用。

由于维生素 E 广泛存在于食物中，且其在人体内各种组织中都有储存，加上储存的时间较长，故维生素 E 缺乏症极少发生于人类。

2. 维生素 E 与运动

对于运动员来说，维生素 E 所具有的抗氧化作用对抵抗运动中大量产生的自由基，保护细胞膜免受脂质过氧化的侵害有着重要意义。运动时，自由基的生成增多，可导致运动性肌肉的损伤，而补充维生素 E 可有效地防止肌肉的氧化损伤。每日补充 400 IU 维生素 E，连续 48 天可减少下坡跑后恢复期肌细胞肌酸激酶的外溢，减轻运动引起的肌细胞膜通透性增加。另外，补充维生素 E 可减轻一次力竭运动后 24 小时白细胞 DNA 的损伤，从而维持大运动量训练后机体的免疫功能。因此，运动员在大运动量训练和比赛期应注意多食富含维生素 E 的食物。在特殊环境下运动时，如高原环境、缺氧和高紫外线辐射会增加对机体细胞的破坏，更应适当增加维生素 E 的补充。

3. 维生素 E 供给量和食物来源

人体对维生素 E 的需要量受膳食成分的影响而变化，如多不饱和脂肪酸摄入增多、饮用酒精饮料、口服阿司匹林和避孕药等时，维生素 E 需要量增加。另外，婴儿食品中常富含多不饱和脂肪酸，应适量增加维生素 E；老人因遏制脂褐质形成的需要，也应增加维生素 E 供给量。中国营养学会 2013 年制定的中国居民维生素 E 推荐摄入量见表 2-10，运动员维生素 E 摄入量与普通人相同，一般不需要额外补充。

表 2-10 中国居民膳食维生素 E 推荐摄入量

年龄（岁）	RNI（mgα-TE/d）	年龄（岁）	RNI（mgα-TE/d）
0~	3	18~	14
0.5~	4	50~	14
1~	6	65~	14
4~	7	80~	14
7~	9	孕妇	+0
11~	13	乳母	+3
14~	14		

资料来源：中国营养学会. 中国居民膳食营养素参考摄入量（2013版）[M]. 北京：科学出版社，2014.

维生素 E 广泛存在于各种食物中，其含量丰富的食物主要有各种油料种子和植物油，某些谷类、坚果类、绿叶蔬菜、肉、奶、蛋及鱼肝油中也含有一定数量的维生素 E，但鱼类和水果中维生素 E 含量很少。

二、水溶性维生素

"水溶性维生素"知识点精讲

水溶性维生素（water-soluble vitamin）是指可溶于水的维生素，包括 B 族维生素和维生素 C 两类。B 族维生素又包括维生素 B_1、维生素 B_2、维生素 B_6、维生素 B_{12}、维生素 PP、叶酸、泛酸及生物素等。水溶性维生素较易吸收，且吸收后迅速转变成活性形式而发挥作用。过量时可很快从尿中排出，故必须每日通过食物供给。当供给不足时，很快出现缺乏症状。水溶性维生素几乎无毒，但极大量摄入时也会出现毒性。

（一）维生素 B_1

维生素 B_1 由于分子中含氨基和硫元素，又被称为硫胺素，在体内的活性形式是硫胺素焦磷酸酯。维生素 B_1 溶于水，在酸性溶液中极稳定，但在碱性溶液中对热极不稳定，且易被氧化而失去活性。一般烹调温度下损失不多，但若烹调时加入过量的碱，则会造成大量损失。

1. 维生素 B_1 的营养功能

（1）作为物质和能量代谢的重要辅酶成分。维生素 B_1 缺乏时，因物质和能量代谢障碍而发生脚气病，表现为多发性神经炎、心血管系统功能障碍，甚至出现心衰。

（2）提高胃肠功能。维生素 B_1 能抑制胆碱酯酶活性，减少乙酰胆碱的分解，有利于胃肠蠕动和消化液的分泌，从而促进食欲，促进胃肠道消化吸收功能。

2. 维生素 B_1 与运动

维生素 B_1 的主要功能是以焦磷酸硫胺素（TPP）形式作为糖代谢中丙酮酸脱氢酶系的辅酶。维生素 B_1 缺乏时，会出现更多的丙酮酸积累生成乳酸，可加快疲劳的发生，降低有氧能力。

维生素 B_1 的摄入和能量摄入高度相关。维生素 B_1 的需要量取决于全部能量的消耗，尤其与糖类物质的消耗有关。当糖类物质摄入较多时，维生素 B_1 补充量也应相应增多。

我国优秀运动员营养调查和 TPP 效应测定表明，大约有 25% 的运动员维生素 B_1 处于缺乏状态。主要是因为：① 一些为控体重而限制能量摄入的运动员，维生素 B_1 的摄入不足。② 由于谷类尤其是全谷类食物摄入减少而增加了动物食物的摄入，导致维生素 B_1 的摄入不足。③ 运动训练增加维生素 B_1 的消耗而未得到相应的补充。因此，运动员在训练中必须摄入充足的维生素 B_1，才能促进糖的有氧代谢，提高运动能力，预防过度疲劳的发生。

3. 维生素 B_1 供给量和食物来源

因维生素 B_1 不能大量在体内储存，故需要每日补充。人体对维生素 B_1 的需要量与能量总摄入量成正比。高温环境、精神高度紧张以及引起代谢率增高的疾病（如发热、甲亢等）等，均能提高机体维生素 B_1 的需要量。中国营养学会 2013 年制定的中国居民维生素 B_1 推荐摄入量见表 2-11。国内运动员训练期适宜摄入量为 3~5 mg/d，比赛期为 5~10 mg/d。

▶ 表 2-11 中国居民膳食卫生 B_1 推荐摄入量

年龄（岁）	RNI（mg/d）		年龄（岁）	RNI（mg/d）	
	男	女		男	女
0~	0.1（AI）		11~	1.3	1.1
0.5~	0.3（AI）		14~	1.6	1.3
1~	0.6		18~	1.4	1.2
4~	0.8		50~	1.4	1.2
7~	1.0		65~	1.4	1.2

续表

年龄（岁）	RNI（mg/d）		年龄（岁）	RNI（mg/d）	
	男	女		男	女
80~	1.4	1.2	孕妇（晚）		+0.3
孕妇（早）		+0	乳母		+0.3
孕妇（中）		+0.2			

资料来源：中国营养学会. 中国居民膳食营养素参考摄入量（2013版）[M]. 北京：科学出版社，2014.

很多天然食物都含有维生素 B_1，如全粒谷物、杂粮、干酵母、干果、坚果、动物内脏、蛋类、瘦肉及豆类等均是维生素 B_1 良好的食物来源（表2-12）。过分精制谷类、过分水洗食物、弃去食物汤液、加碱烹调和过度高温等都可使维生素 B_1 大量损失。生食鱼类和软体动物会破坏维生素 B_1。大量饮茶或咀嚼茶叶，也会影响维生素 B_1 的利用率。

▶ 表 2-12 常见食物维生素 B_1 含量（mg/100 g）

食物	维生素 B_1 含量	食物	维生素 B_1 含量
葵花子仁	1.89	鸡	0.05
花生仁（生）	0.72	梨	0.03
猪肉（瘦）	0.54	青萝卜	0.04
黄豆	0.41	茄子	0.02
蚕豆	0.09	牛乳	0.03
小米	0.33	鲤鱼	0.03
麸皮	0.30	大白菜	0.04
小麦粉（标准）	0.28	苹果	0.06
玉米（白，干）	0.27	带鱼	0.02
猪肝	0.21	冬瓜	0.01
鸡蛋	0.11	海虾	0.01
甘薯（白心）	0.07	河虾	0.04

资料来源：杨月欣. 中国食物成分表（第一册）[M]. 2版. 北京：北京大学医学出版社，2009.

（二）维生素 B_2

维生素 B_2 又名核黄素，在水中的溶解度较低。其在酸性环境中稳定，在碱性环境中不稳定。游离的维生素 B_2 对光敏感，尤其在紫外光照射下易发生不可逆分解而失活，故应避光保存。食物中的维生素 B_2 一般与磷酸和蛋白质结合形成黄素蛋白，加工和烹调时损失较少。

1. 维生素 B_2 的营养功能

维生素 B_2 在体内的活性形式主要是黄素腺嘌呤二核苷酸（FAD）和黄素单核苷酸（FMN），它们均是体内多种酶系统的重要辅助因子。此外，FAD 是谷胱甘肽还原酶的辅酶，也是体内抗氧化防御系统的成员。维生素 B_2 缺乏时，体内发生物质和能量代谢障碍，表现出多种缺乏症状，常见的有口角炎、舌炎、唇炎、脂溢性皮炎、眼睑炎、视力疲劳等。

2. 维生素 B_2 与运动

维生素 B_2 是构成体内线粒体呼吸链中黄素酶的辅酶成分，在线粒体电子传递系中起重要作用。因此，运动员缺乏维生素 B_2 时，会直接影响骨骼肌有氧代谢供能能力，引起肌收缩无力，耐力下降。

3. 维生素 B_2 供给量和食物来源

维生素 B_2 的需要量与能量及蛋白质的摄入量有关，若能量及蛋白质需要量增加，维生素 B_2 需要也增加。中国营养学会 2013 年制定的膳食维生素 B_2 推荐摄入量见表 2-13，我国学者推荐运动员膳食维生素 B_2 摄入量为 2~2.5 mg/d。

▶ 表 2-13 中国居民膳食维生素 B_2 推荐摄入量

年龄（岁）	RNI（mg/d）		年龄（岁）	RNI（mg/d）	
	男	女		男	女
0~	0.4（AI）		50~	1.4	1.2
0.5~	0.5（AI）		65~	1.4	1.2
1~	0.6		80~	1.4	1.2
4~	0.7		孕妇（早）		+0
7~	1.0		孕妇（中）		+0.2
11~	1.3	1.1	孕妇（晚）		+0.3
14~	1.5	1.2	乳母		+0.3
18~	1.4	1.2			

资料来源：中国营养学会. 中国居民膳食营养素参考摄入量（2013 版）[M]. 北京：科学出版社，2014.

动物性食物中维生素 B_2 含量较植物性食物高，肝、心、肾、奶类及蛋类中尤为丰富，大豆、绿叶蔬菜中含量尚可，谷类和一般蔬菜较少（表 2-14）。

▶ 表 2-14 常见食物维生素 B_2 含量（mg/100 g）

食物	维生素 B_2 含量	食物	维生素 B_2 含量
猪肝	2.08	西兰花	0.13
猪心	0.48	韭菜	0.09
猪肾	1.14	稻米	0.05
牛乳	0.14	马铃薯	0.04
鸡蛋	0.27	大白菜	0.05
黄豆	0.20	冬瓜	0.01

资料来源：杨月欣. 中国食物成分表（第一册）[M]. 2 版. 北京：北京大学医学出版社，2009.

（三）维生素 PP

维生素 PP 又称尼克酸或烟酸，亦称抗癞皮病因子，对酸、碱、热均稳定。一般烹调方法维生素 PP 损失极少，但会随水流失。膳食中的维生素 PP 主要形式是辅酶Ⅰ和辅酶Ⅱ，经酶水解产生烟酰胺而被机体吸收利用。另外，机体内大约 60 mg 的色氨酸可在维生素 B_2 和维生素 B_6 的参与下，转变成 1 mg 烟酸。

1. 维生素 PP 的营养功能

（1）作为辅酶参与物质代谢。烟酰胺可生成烟酰胺腺嘌呤二核苷酸（NAD^+，又称辅酶Ⅰ）和烟酰胺腺嘌呤二核苷酸磷酸（$NADP^+$，又称辅酶Ⅱ），是体内 200 多种酶的辅酶，参与多种氧化还原反应。缺乏维生素 PP 时，因物质代谢障碍而发生癞皮病，表现为神经营养障碍，出现皮炎、腹泻及痴呆。

（2）与 DNA 合成及细胞分化有关。辅酶Ⅰ经酶水解释放出烟酰胺后，可转移至受体蛋白（如组蛋白）形成 ADP 核苷化蛋白质，在 DNA 复制、修复及细胞分化中有重要作用。

2. 维生素 PP 与运动

维生素 PP 在人体新陈代谢中有重要作用。由维生素 PP 构成的辅酶，参与有氧和无氧代谢，与运动员的有氧和无氧耐力有关。在运动后参与合成代谢，与身体机能恢复能力有关。

3. 维生素 PP 供给量和食物来源

由于食物中色氨酸可转变成维生素 PP，因此，膳食中维生素 PP 的供给量多以烟酸当量（mgNE）计算，具体计算公式如下：

$$维生素 PP（mgNE）= 烟酸（mg）+ 1/60 色氨酸（mg）$$

中国营养学会 2013 年制定的中国居民膳食维生素 PP 推荐摄入量见表 2-15，可耐受最高摄入量为 35 mgNE/d。我国学者推荐运动员膳食维生素 PP 的适宜摄入量为 20～30 mgNE/d。

▶ 表 2-15 中国居民维生素 PP 的推荐摄入量

年龄（岁）	RNI（mgNE/d）		年龄（岁）	RNI（mgNE/d）	
	男	女		男	女
0～	2（AI）	2（AI）	孕妇（早）		+0
0.5～	3（AI）	3（AI）	孕妇（中）		+0
1～	6	6	孕妇（晚）		+0
4～	8	8	乳母		+3
7～	11	10	50～	14	12
11～	14	12	65～	14	11
14～	16	13	80～	13	10
18～	15	12			

资料来源：中国营养学会. 中国居民膳食营养素参考摄入量（2013 版）[M]. 北京：科学出版社，2014.

动物蛋白的烟酸当量值较高，植物蛋白中则较低（其中黄豆较高）。含维生素 PP 较多的食物有肝、肾、肉类、鱼类、花生、酵母、蔬菜。谷类中维生素 PP 含量居中，加工越精细，则维生素 PP 丢失越多。奶类、蛋类中色氨酸含量较多，可转化成烟酸。玉米加工时加碱，可使其中结合型烟酸释放出大量游离型烟酸供机体利用。异烟肼是烟酸的拮抗物，长期服用异烟肼时，应注意补充富含烟酸的食物。

（四）叶酸

叶酸在体内的生物活性形式为四氢叶酸，不溶于冷水、酒精及其他有机溶剂。食物在常温下储存时，其中的叶酸易损失。

1. 叶酸的营养功能

（1）参与一碳单位代谢。四氢叶酸是一碳单位转移酶的辅酶，作为一碳单位的载体在核酸和蛋白质的合成中起重要作用。若叶酸缺乏，使甲基四氢叶酸不能再生成四氢叶酸时，会导致核酸和蛋白质合成障碍。一方面使骨髓幼稚红细胞中DNA和血红蛋白合成受阻，发生巨幼红细胞性贫血；另一方面还可影响其他细胞，出现舌炎、胃肠功能紊乱等症状。另外，叶酸缺乏时，5-甲基四氢叶酸合成不足，同型半胱氨酸向蛋氨酸的转换发生障碍，导致同型半胱氨酸堆积，形成高同型半胱氨酸血症，从而引发心血管疾病。

（2）促进神经系统的发育。由于叶酸与核酸和蛋白质的合成密切相关，故对组织的修复及维持神经系统的正常功能有重要意义。孕早期叶酸缺乏可引起胎儿神经管畸形，而孕妇增加叶酸摄入量可以有效降低胎儿神经管畸形的发生。

2. 叶酸与运动

叶酸与DNA的合成和细胞分裂有关，缺乏叶酸会造成贫血，从而影响机体的有氧运动能力。但补充叶酸用于治疗贫血时应在医疗监督下进行。

3. 叶酸供给量和食物来源

生长发育期的细胞增殖合成代谢旺盛，故小儿、孕妇及乳母对叶酸的需要量增高；某些病理状况如溶血性贫血、癌症及某些药物会干扰叶酸吸收，饮酒使叶酸利用率降低，都应注意补充叶酸。

中国营养学会2013年制定的中国居民叶酸推荐摄入量（RNI）见表2-16。我国学者推荐运动员膳食叶酸的适宜摄入量（AI）为400 μgDFE/d。

▶ 表2-16 中国居民膳食叶酸的推荐摄入量

年龄（岁）	RNI（μgDFE/d）	年龄（岁）	RNI（μgDFE/d）
0～	65（AI）	18～	400
0.5～	100（AI）	50～	400
1～	160	65～	400
4～	190	80～	400
7～	250	孕妇	+200
11～	350	乳母	+150
14～	400		

资料来源：中国营养学会. 中国居民膳食营养素参考摄入量（2013版）[M]. 北京：科学出版社，2014.

叶酸的食物来源很广泛，人类肠道细菌还能合成叶酸，故一般不容易缺乏。富含叶酸的食物有肝、肾、蛋类、酵母、绿叶蔬菜等，肉类、豆类、麦胚、谷类、菜花及水果含量也较丰富。

（五）维生素 B_{12}

维生素 B_{12} 因分子中含钴元素又名钴胺素，易溶于水和酒精，在强酸、强碱和光照下不稳定，易受重金属、强氧化剂或还原剂作用而破坏，但对热较稳定，短时间高压下加热至 120 ℃可不受影响。

1. 维生素 B_{12} 的营养功能

（1）与叶酸协同参与一碳单位代谢。维生素 B_{12} 可与四氢叶酸协同参与甲基转移作用。若维生素 B_{12} 缺乏，使甲基四氢叶酸不能再生成四氢叶酸时，会使骨髓幼稚红细胞中 DNA 和血红蛋白合成受阻，发生巨幼红细胞性贫血。与此同时，可抑制蛋氨酸合成酶的活性，使同型半胱氨酸转变为蛋氨酸的过程受阻，引起高同型半胱氨酸血症的发生。

（2）维持神经系统的健康。维生素 B_{12} 缺乏时，体内脂肪酸的正常合成会受到干扰，使神经髓鞘发生变性退化，表现出神经系统症状。

2. 维生素 B_{12} 与运动

维生素 B_{12} 可维持神经系统健康，促进儿童生长发育，并为红细胞生成所必需。缺乏维生素 B_{12} 可引发恶性贫血（特别是女运动员），从而使运输氧气的能力降低，可影响到最大有氧能力和亚极限运动能力。

3. 维生素 B_{12} 供给量和食物来源

中国营养学会 2013 年制定的中国居民维生素 B_{12} 推荐摄入量（RNI）见表 2-17。我国学者推荐运动员膳食维生素 B_{12} 摄入量为 2.4 μg/d。事实上，普通人和运动员都不容易出现维生素 B_{12} 的缺乏。

▶ 表 2-17 中国居民膳食维生素 B_{12} 的推荐摄入量

年龄（岁）	RNI（μg/d）	年龄（岁）	RNI（μg/d）
0~	0.3（AI）	11~	2.1
0.5~	0.6（AI）	14~	2.4
1~	1.0	18~	2.4
4~	1.2	50~	2.4
7~	1.6	65~	2.4

续表

年龄（岁）	RNI（μg/d）	年龄（岁）	RNI（μg/d）
80~	2.4	乳母	+0.8
孕妇	+0.5		

资料来源：中国营养学会. 中国居民膳食营养素参考摄入量（2013版）[M]. 北京：科学出版社，2014.

自然界的维生素 B_{12} 均由微生物产生，在植物性食物中（除发酵豆制品外），通常不含维生素 B_{12}，故维生素 B_{12} 的主要来源是动物性食物，如肉类、贝类、鱼类、禽类、动物内脏、蛋类及奶类等。发酵豆制品，如豆腐乳、霉豆腐等也是其来源之一。

（六）维生素C

维生素 C 又称为抗坏血酸，在体内以还原型和氧化型两种形式存在，二者可通过氧化还原反应互变，均具有生物活性。维生素 C 溶于水，结晶性质稳定，水溶液极易氧化，遇光受热和与铜、铁共存时极易破坏，耐酸不耐碱。

1. 维生素 C 的营养功能

（1）抗氧化作用。维生素 C 是一种强还原剂，可直接与氧化剂作用，以保护其他物质免受氧化破坏，故在细胞的氧化防御系统中起着重要作用。

（2）促进胶原合成。维生素 C 参与胶原蛋白的合成，在保护血管壁的正常通透性、维护骨和牙的正常发育等方面起着重要作用。维生素 C 缺乏时，胶原合成受阻，可导致骨钙化不良，伤口愈合缓慢，毛细血管脆性增加，引起坏血病。

（3）降低胆固醇。维生素 C 能促进胆固醇的转化和排泄，有利于降低血胆固醇，同时可促进胶原合成，使血管壁完整，可以预防动脉粥样硬化的发生。

（4）促进生血功能。维生素 C 能促进铁的溶解，促进叶酸还原成四氢叶酸，故有利于血红蛋白的合成，对预防缺铁性贫血和巨幼红细胞性贫血的效果较好。

（5）防癌作用。维生素 C 具有清除自由基、阻断亚硝胺合成、刺激免疫系统等功能，故对防治癌症有一定作用。

维生素 C 分解代谢的终产物主要是草酸，若长期过量服用维生素 C，可出现草酸尿以至形成泌尿系统结石，还可造成机体对大量维生素 C 的依赖性。一旦维生素 C 的摄入量达不到长期形成的高水平，即使摄入量较多，也会出现维生素 C 缺乏症状。

2. 维生素 C 与运动

运动时，机体维生素 C 代谢加强。短时间运动后，血液维生素 C 的含量增高，但长时间运动后下降。不同负荷运动后，不论血液中维生素 C 的含量增高还是下降，组织中的维生素 C 含量均减少。当人体维生素 C 不足时，白细胞的吞噬功能下降；而运动员在过度训练时，血液中维生素 C 的水平和白细胞吞噬功能都下降，从而导致免疫功能降低。

由于维生素 C 具有很强的还原性，参与体内多条代谢途径，是体内的强效抗氧化剂，因此，在长时间耐力性运动导致的脂质过氧化作用加强时，补充适量的维生素 C 可以降低运动引起的氧自由基的生成，这对于防止肌细胞损伤、缓解肌肉酸痛、促进运动后肌肉疲劳的恢复以及维持机体的免疫功能均具有一定的有益作用。此外，维生素 C 还有提高耐力和促进创伤愈合的作用。

3. 维生素 C 供给量和食物来源

人体每日摄入 10 mg 维生素 C 可预防坏血病，这是最低需要量。中国营养学会 2013 年提出的中国居民维生素 C 推荐摄入量见表 2-18。此外，一些特殊状况，如寒冷、高温、应激、口服避孕药、全静脉营养、老年人、吸烟者等，都应适当增加维生素 C 的供给量。运动员维生素 C 的摄入量一般训练期为 140 mg/d，比赛期为 200 mg/d，高于普通人。

▶ 表 2-18　中国居民维生素 C 推荐摄入量

年龄（岁）	RNI（mg/d）	年龄（岁）	RNI（mg/d）
0~	40（AI）	18~	100
0.5~	40（AI）	50~	100
1~	40	65~	100
4~	50	80~	100
7~	65	孕妇（早）	+0
11~	90	孕妇（中、晚）	+15
14~	100	乳母	+50

资料来源：中国营养学会. 中国居民膳食营养素参考摄入量（2013 版）[M]. 北京：科学出版社，2014.

维生素C的主要食物来源是新鲜的蔬菜和水果。维生素C含量最为丰富的食物是刺梨、酸枣、沙棘和猕猴桃等，其他水果如柑、桔、橙、柚、柿、枣、草莓、红果含量也较为丰富，而苹果和梨中含量很少；深色蔬菜如青菜、韭菜、豌豆苗、菠菜、辣椒、油菜苔、花菜、苦瓜等也富含维生素C（表2-19）。

▶ 表2-19　常见食物维生素C含量（mg/100 g）

食物	维生素C含量	食物	维生素C含量
刺梨	2 585	红苋	30
酸枣	900	菠菜	32
沙棘	204	西兰花	51
猕猴桃	62	韭菜	24
草莓	47	豌豆苗	67
柑橘	28	苦瓜	56

资料来源：杨月欣.中国食物成分表（第一册）[M].2版.北京：北京大学医学出版社，2009.

第五节　矿物质与运动

一、概述

（一）矿物质的概念和分类

人体的组织、细胞都是由自然界中的元素构成的，构成人体组织、维持生理功能所必需的元素有20余种。在这些元素中，除用以组成糖、脂肪、蛋白质、维生素等有机分子的碳、氢、氧和氮以外，其余的元素常称为矿物质（mineral）。

根据矿物质在人体内含量的多少，可将其分为常量元素和微量元素。含量占体重0.01%以上的钙、磷、钠、钾、氯、镁和硫等为常量元素，微量元素含量均少于体重的0.01%，但种类较多，对人体的意义各异。1995年，世界卫生组织（WHO）等权威营养机构将在微量元素中的铜、钴、铬、铁、氟、碘、锰、钼、硒和锌10种元素列为维持正常人体生命活动不可缺少的必需微量元素，将硅、镍、硼和钒列为可能必需微量元素，而将铅、镉、汞、砷、铝、锡和锂列为具有潜在毒性，但低剂量可能具有功能作用的微量元素。

（二）矿物质的分布

人体必须从食物和饮水中摄取矿物质，摄入体内的矿物质经机体新陈代谢，每天又都有一定量被排出体外，因此，矿物质必须不断地从膳食中得到补充。矿物质在体内分布是极不均匀的，如钙和磷主要分布在骨骼和牙齿，铁分布在红细胞，碘集中在甲状腺，钴分布在造血系统，锌分布在肌肉组织等。矿物质之间存在协同或拮抗的相互作用，如膳食中钙和磷比例不合适，可影响该两种元素的吸收；过量的镁干扰钙的代谢；过量的锌影响铜的代谢；过量的铜可抑制铁的吸收。某些微量元素在体内虽需要量很少，但其生理剂量与中毒剂量范围较窄，摄入过多易产生毒性作用，如硒易因摄入过量引起中毒，对硒的补充应注意不宜用量过大。

（三）矿物质的主要功能

1. 是人体组织的重要组成成分

如钙、磷、镁为组成骨骼、牙齿的成分，铁为血红蛋白的组成成分等。

2. 具有调节细胞膜通透性的功能

矿物质可调节细胞膜的通透性，以保持细胞内外液中酸性和碱性无机离子的浓度，维持细胞正常的渗透压和体内的酸碱平衡。

3. 参与维持神经和肌肉的兴奋性

钙为正常神经冲动传递所必需的元素，钙、镁、钾对肌肉的收缩和舒张均具有重要的调节作用。

4. 是组成激素、维生素、蛋白质和多种酶类的成分

如谷胱甘肽过氧化物酶中含硒和锌，细胞色素氧化酶中含铁，甲状腺素中含碘，维生素 B_{12} 中含钴等。

（四）引起矿物质缺乏的原因

由于各种无机盐在食物中的分布及人体对其吸收、利用和需要的不同，在我国人群中比较容易缺乏的矿物质主要是钙、锌、铁、碘、硒等。

引起矿物质缺乏的主要因素有：① 自然环境中各种元素分布的不平衡。② 食物中含有矿物质的天然拮抗物，如有些植物因含较多草酸盐和植酸盐而影响某些矿物质的吸收。③ 食物加工过程中造成矿物质的损失。④ 摄入

量不足或不良饮食习惯。⑤ 生理上有特殊营养需求的人群，如儿童、青少年、孕妇、乳母、老年人对营养的需要不同于普通人群，较易引起钙、锌、铁等矿物质的缺乏。

二、钙

"矿物质介绍及钙"知识点精讲

人体含量最多的矿物质是钙（calcium），正常成人体内钙的总量约为1 200 g，占体重的2%左右。其中，约99%的钙集中在骨骼和牙齿中，其余1%的钙，一部分与柠檬酸或蛋白质结合，另一部分则以离子状态分布于软组织、细胞外液和血液中，统称为混溶钙池。混溶钙池中的钙与骨骼中的钙保持着动态平衡，为维持体内所有的细胞正常生理状态所必需。机体主要通过甲状旁腺素、降钙素及甾固醇激素相互作用调节钙平衡，当钙摄入严重不足或异常丢失时，可通过调节机制使骨脱矿化以保持人体血钙的相对稳定。

（一）钙的营养功能

1. 构成骨骼和牙齿的重要成分

体内的钙主要分布在骨骼和牙齿中，并与混溶钙池保持着相对的动态平衡。幼儿的骨骼每1~2年更新一次，成年人10~12年更新一次。40~50岁以后骨吸收大于骨生成，骨组织中钙量逐渐减少，每年约下降0.7%。妇女停经后因雌激素水平下降，骨组织中钙量明显降低，易引起更年期骨质疏松症。因此，不同人群缺钙的后果不同，长期缺乏钙和维生素D可导致儿童生长发育迟缓、骨软化、骨骼变形，严重缺乏者可导致佝偻病；长期缺乏钙易使中老年人患骨质疏松症；钙的缺乏者易患龋齿，影响牙齿质量。

2. 调节酶的活性

钙离子对许多参与细胞代谢的酶，如腺苷酸环化酶、鸟苷酸环化酶、磷酸二酯酶、酪氨酸羟化酶等具有调节作用。

3. 调节神经和肌肉的正常活动

钙离子可与细胞膜上的蛋白质和各种阴离子基团结合，具有调节细胞受体结合、离子通道的通透性及神经信号传递物质释放等作用，从而维持神经肌肉的正常生理功能，包括神经肌肉的兴奋性、神经冲动的传导和心脏的搏动等。运动时，在骨骼肌细胞的兴奋收缩耦联过程中，钙离子与肌钙蛋白结合，引起该蛋白构象的变化，进而引发肌肉的收缩。

4. 其他功能

钙离子还参与血液凝固、激素分泌、维持体液酸碱平衡以及调节细胞正常生理功能等作用。

（二）钙与运动

由于钙在维持神经和肌肉细胞的兴奋性、骨骼肌的收缩、细胞内第二信使等方面具有重要功能，因此，钙营养的平衡对保持运动能力非常重要。运动时由于出汗增多，会增加钙的丢失，从而可以引起肌肉抽搐。但长期的运动锻炼又具有促进钙在骨骼中的沉积、增加骨密度的作用。因此，为保证运动员的身体健康，必须注意钙的补充。

（三）钙的供给量和食物来源

由于我国城市居民平均每日钙的摄入量仅为供给量的45.7%，农村为37.7%，以及考虑我国膳食以谷类食物为主，蔬菜摄入较多，而植物性食物中含有较多草酸、植酸、膳食纤维等影响钙吸收的成分，2013年中国营养学会把成人钙的推荐摄入量（RNI）修订为800 mg/d。并根据不同生理条件，对婴幼儿、儿童、孕妇、乳母、老人均适当增加钙的供给量（表2-20），但过量钙的摄入可能增加肾结石的危险性。

▶ 表2-20 中国居民膳食钙的推荐摄入量

年龄（岁）	RNI（mg/d）	年龄（岁）	RNI（mg/d）
0~	200（AI）	18~	800
0.5~	250（AI）	50~	1 000
1~	600	65~	1 000
4~	800	80~	1 000
7~	1 000	孕妇（早）	+0
11~	1 200	孕妇（中、晚）	+200
14~	1 000	乳母	+200

资料来源：中国营养学会. 中国居民膳食营养素参考摄入量（2013版）[M]. 北京：科学出版社，2014.

我国运动员钙的推荐量为1 000~1 200 mg/d，而国外有对闭经运动员推荐的钙摄取量为1 500 mg/d。保证充足的钙供应，是避免耐力运动员因出汗导致钙大量丢失引起缺钙的重要措施，也可以纠正青春期少年运动员由于激素水平引起的钙吸收不足以及控体重运动员因限制饮食而引起缺钙的现象。

而钙不足与女运动员的闭经有一定关系，为保证女运动员的身体健康，必须注意其钙的补充。钙的无明显损害水平为 1 500 mg/d，可耐受最高摄入量（UL）为 2 000 mg/d。

奶和奶制品含钙丰富且吸收率高，是钙的良好来源。小虾皮、海带、豆类、芝麻酱和绿色蔬菜等含钙也较丰富。含钙较多的食物见表 2-21。

▶ 表 2-21　含钙丰富的食物（mg/100 g）

食物	含量	食物	含量	食物	含量
虾皮	991	苜蓿	713	酸枣	435
虾米	555	荠菜	294	花生仁（炒）	284
河虾	325	芥菜	230	紫菜（干）	264
泥鳅	299	苋菜（绿）	187	海带（湿）	241
红螺	539	乌塌菜	186	木耳（干）	247
河蚌	248	油菜	108	全脂牛奶粉	676
海参	285	芝麻（黑）	780	酸奶	118

资料来源：杨月欣. 中国食物成分表（第一册）[M]. 2 版. 北京：北京大学医学出版社，2009.

三、铁

铁（iron）是人体重要的必需微量元素之一。正常人体内的铁含量随年龄、性别、营养状况和健康状况等不同而异。一般人体内含铁总量为 3~5 g，其中 70% 的铁存在于血红蛋白、肌红蛋白、血红素酶类（如细胞色素氧化酶、过氧化物酶、过氧化氢酶等）、辅助因子及运载铁中，称之为功能性铁，其余 30% 的铁作为体内储存铁，主要以铁蛋白和含铁血黄素的形式存在于肝、脾和骨髓中。

（一）铁的营养功能

1. 铁是体内氧的运输和组织呼吸不可缺少的成分

铁是血红蛋白、肌红蛋白、细胞色素以及某些呼吸酶的组成成分，参与体内氧的运送和组织呼吸过程。

2. 参与维持正常的造血功能

红细胞中的铁约占机体总铁量的 2/3。铁在骨髓造血细胞中与卟啉结合

"铁、碘、锌"知识点精讲

形成高铁血红素,再与珠蛋白合成血红蛋白。缺铁可影响血红蛋白的合成,甚至影响 DNA 的合成及幼红细胞的增殖。因此,长期膳食中铁供给不足或因某种原因的铁吸收障碍,可引起体内铁缺乏,导致缺铁性贫血。

3. 其他重要功能

铁与正常免疫功能的维持有关,缺铁可引起淋巴细胞减少和自然杀伤细胞活性降低。另外,在催化促进 β-胡萝卜素转化为维生素 A、嘌呤与胶原的合成、脂类从血液中转运以及药物在肝脏解毒等方面均需铁的参与。铁还与抗脂质过氧化有关,随着铁缺乏程度增高,脂质过氧化损伤也会加重。

(二)铁与运动

运动可加快机体铁的代谢。在长期的运动训练中,运动员从汗液中丢失铁增多,使组织内储存铁的含量明显下降。另外,运动使红细胞的周转率加快、肌肉增大,说明运动时机体对铁的需要量也增加。由于运动员膳食中含有较多的脂肪和较少的维生素 C,导致运动员膳食铁的吸收率降低。因此,许多女运动员,特别是少年女子运动员和女子长跑运动员处于铁缺乏的状态。而在缺铁性贫血条件下运动,会加重红细胞的损伤,缩短其寿命。素食运动员由于铁随纤维素的排泄增加,膳食铁含量又相对较少,更应注意铁的补充。高原运动训练也会增加运动员机体对铁的需求,以满足从平原进入高原引起的血红蛋白合成增加的需要。保证充分的铁供应,可明显改善缺铁运动员的铁营养状况,提高运动能力,但对正常运动员则没有明显的提高运动能力的作用。

(三)铁的供给量和食物来源

中国营养学会 2013 年制定的中国居民膳食铁的推荐摄入量见表 2-22。

▶ 表 2-22 中国居民膳食铁的推荐摄入量

年龄(岁)	RNI(mg/d)		年龄(岁)	RNI(mg/d)	
	男	女		男	女
0~	0.3(AI)		7~	13	
0.5~	10		11~	15	18
1~	9		14~	16	18
4~	10		18~	12	20

续表

年龄（岁）	RNI（mg/d）		年龄（岁）	RNI（mg/d）	
	男	女		男	女
50~	12	12	孕妇（中）		+4
65~	12	12	孕妇（晚）		+9
80~	12	12	乳母		+4
孕妇（早）		+0			

资料来源：中国营养学会. 中国居民膳食营养素参考摄入量（2013版）[M]. 北京：科学出版社，2014.

我国对运动员铁的推荐摄入量为：男运动员在常温下训练或比赛为 20 mg/d，高温下为 25 mg/d；女运动员分别为 25 mg/d 和 30 mg/d。

多数动物性食物中含有丰富的铁，如猪肝含铁量为 22.6 mg/100 g，瘦肉、鸡蛋、动物全血、禽类等也均是铁的良好来源。蔬菜和牛奶及奶制品中含铁量不高，且生物利用率低。含铁高的食物见表 2-23。

▶ 表 2-23 含铁较高的食物（mg/100 g）

食物	含量	食物	含量	食物	含量
鸭血（白鸭）	30.5	蛏子	33.6	藕粉	17.9
鸡血	25.0	蛤蜊	10.9	芝麻（黑）	22.7
沙鸡	24.8	发菜（干）	85.2	鸡蛋黄粉	10.6
鸭肝	23.1	普中红蘑（干）	235.1	地衣（水浸）	21.1
猪肝	22.6	香菇（干）	10.5	苜蓿	9.7

资料来源：杨月欣. 中国食物成分表（第一册）[M]. 2版. 北京：北京大学医学出版社，2009.

四、锌

成人体内锌（zinc）含量为 2~2.5 g，分布在人体所有的组织器官中，但以肝、肾、肌肉、视网膜、前列腺内的含量较高。

（一）锌的营养功能

1. 锌是酶的组成成分或酶的激活剂

体内约有 200 多种酶含锌，其中主要的含锌酶有超氧化物歧化酶、苹果酸脱氢酶、碱性磷酸酶、乳酸脱氢酶等，在组织呼吸、能量代谢及抗氧化过程中发挥重要作用。机体锌不足时，自由基清除能力下降，造成运动后自由基在体内不易被清除，影响运动后的恢复。锌还是维持 RNA 多聚酶、DNA 多聚酶及逆转录酶等活性所必需的微量元素。

2. 促进生长发育

锌参与蛋白质合成及细胞的生长、分裂和分化等过程。锌的缺乏可引起 RNA、DNA 及蛋白质的合成障碍，细胞分裂减少，导致生长停止。当骨骼肌蛋白质合成速率下降，可导致骨骼肌的收缩能力明显下降，从而影响机体的运动能力。另外，锌参与促黄体激素、促卵泡激素、促性腺激素等有关内分泌激素的代谢，对胎儿生长发育、促进性器官和性功能发育均具有重要调节作用。因此，儿童长期缺乏锌可导致侏儒症，成人长期缺锌可导致性功能减退、精子数减少、胎儿畸形等。

3. 可促进机体免疫功能

锌可促进淋巴细胞有丝分裂，增加 T 细胞的数量和活力。缺锌可引起胸腺萎缩、胸腺激素减少、T 细胞功能受损及细胞介导的免疫功能降低。

4. 参与维持细胞膜结构

锌可与细胞膜上各种基团、受体等作用，增强膜稳定性和抗氧自由基的能力。

此外，锌与唾液蛋白结合成味觉素可增进食欲，缺锌可影响味觉和食欲，甚至发生异食癖。锌对皮肤和视力具有保护作用，缺锌可引起皮肤粗糙和上皮角化。

（二）锌与运动

运动可明显影响锌的代谢，引起机体锌的重新分布。一般来说，短时间、大强度的无氧或缺氧运动可能引起骨骼肌的损伤，导致锌从肌肉细胞溢出入血，使血清锌的含量升高；长时间有氧疲劳性运动后血清锌含量降低。长期进行大运动量训练时，由于出汗增多会引起锌丢失增多，加上运动员膳食锌的吸收率的降低，可使运动员血清锌含量处于较低的水平。缺锌不仅可以引起含锌酶活性降低，而且可使骨骼肌中总 RNA 减少，蛋白质合成速率降低，引起肌肉生长发育缓慢和重量减少，导致骨骼肌力量下降，运动能力降低。

(三)锌的供给量和食物来源

中国营养学会 2013 年制定的中国居民膳食锌的推荐摄入量(RNI)见表 2-24。一般来说,锌的无明显损害水平为 30 mg/d。

▶ 表 2-24 中国居民膳食锌的推荐摄入量

年龄(岁)	RNI (mg/d) 男	RNI (mg/d) 女	年龄(岁)	RNI (mg/d) 男	RNI (mg/d) 女
0~	2.0 (AI)		50~	12.5	7.5
0.5~	3.5		65~	12.5	7.5
1~	4.0		80~	12.5	7.5
4~	5.5		孕妇(早)		+2.0
7~	7.0		孕妇(中)		+2.0
11~	10.0	9.0	孕妇(晚)		+2.0
14~	11.5	8.5	乳母		+4.5
18~	12.5	7.5			

资料来源:中国营养学会. 中国居民膳食营养素参考摄入量(2013 版)[M]. 北京:科学出版社,2014.

运动员可因出汗造成锌的丢失,而且运动时锌的代谢和消耗增加,肠道锌吸收率下降,故运动员膳食锌的供给量应高于正常人。在常温下训练或比赛,锌的供给量应达到 20 mg/d,高温环境下则应增至 25 mg/d。

锌的来源较广泛,贝壳类海产品(如牡蛎、海蛎肉、蛏干、扇贝)、红色肉类及其内脏均为锌的良好来源。蛋类、豆类、谷类胚芽、燕麦、花生等也富含锌。蔬菜及水果类锌含量较低。

当处于特殊生理时期的孕妇、乳母和婴幼儿对锌的需要量增加,膳食摄入不平衡,动物性食物摄入偏少,有偏食习惯等或腹泻、急性感染、肾病、糖尿病、创伤及某些利尿药物增加锌的分解和排出时容易引起锌的缺乏。

盲目过量补锌或食用因镀锌罐头污染的食物和饮料等则有可能引起锌过量或锌中毒。如成人摄入 2 g 以上锌可发生锌中毒,引起急性腹痛、腹泻、恶心、呕吐等临床症状。过量的锌可干扰铜、铁和其他微量元素的吸收和利用,影响中性粒细胞和巨噬细胞活力,抑制细胞杀伤能力,损害免疫功能。

五、硒

硒是人体不可缺少的一种微量元素，广泛存在于人体的器官和组织中，多以与蛋白质结合的形式存在，其中硒蛋氨酸和硒半胱氨酸是主要的存在形式。硒主要在小肠吸收，人体对硒的吸收率很高，为50%~100%。

（一）硒的营养功能

1. 抗氧化功能

硒既是4种谷胱甘肽过氧化物酶的活性中心，也是硫氧还原蛋白系统的重要组成成分，具有抗氧化作用，可以消除脂质过氧化物和过氧化氢等活性氧和自由基，保护细胞及组织免受自由基的损害。

2. 参与甲状腺素代谢

硒是Ⅰ型、Ⅱ型和Ⅲ型脱碘酶的组成成分，参与甲状腺素的代谢。其中Ⅰ型脱碘酶将甲状腺分泌的T4转化为具有活性的T3，Ⅱ型脱碘酶可以调节脑、垂体和褐色脂肪细胞中的T3，控制促甲状腺素的分泌，对全身代谢和相关疾病产生影响。

3. 维持正常免疫功能

硒能促进免疫球蛋白的产生，激活巨噬细胞、淋巴细胞和自然杀伤细胞（NK）等，从而提高机体的免疫功能。

4. 抗肿瘤作用

充足的硒一方面可以促进谷胱甘肽过氧化物酶、硫氧还原蛋白还原酶等硒蛋白的合成，调节氧化还原信号系统，阻断活性氧自由基的生成，从而避免细胞DNA的损伤；另一方面硒代谢过程中产生了一些中间小分子物质，如硒化氢、谷胱甘肽硒醚、甲基硒醇、甲基硒半胱氨酸等，直接具有抗癌作用。

此外，硒还有保护心肌，预防心血管疾病，并维持正常的生育功能等作用。

（二）硒与运动

研究表明，连续10天的重体力劳动和精神应激，可引起血浆硒浓度明显降低，这说明机体在应激状态下硒的消耗增加或吸收减少。这种长期处于应激状态而又补充不足的状况，致使部分运动员存在不同程度的硒缺乏。调查表明，我国部分运动员膳食中硒摄入量处于膳食营养素参考摄入量的低限范围。因此，运动员可能需要补充较多的硒。

（三）硒的供给量和食物来源

中国营养学会 2013 年制定的中国居民膳食硒的推荐摄入量（RNI）见表 2-25。运动员硒的适宜摄入量为 50~150 μg/d。

▶ 表 2-25　中国居民膳食硒的推荐摄入量

年龄（岁）	RNI（μg/d）	年龄（岁）	RNI（μg/d）
0~	15（AI）	18~	60
0.5~	20（AI）	50~	60
1~	25	65~	60
4~	30	80~	60
7~	40	孕妇	+5
11~	55	乳母	+18
14~	60		

资料来源：中国营养学会. 中国居民膳食营养素参考摄入量（2013 版）[M]．北京：科学出版社，2014.

硒的食物来源是动物内脏、海产品、肉类、谷类、乳类、蔬菜和水果。植物性食物中硒的含量与环境土壤中的硒含量有关，在低硒地区大米硒含量可低于 2 ng/g，而高硒地区大米硒含量可高达 20 μg/g。由于我国低硒地区占全国总面积的 72%，因此早在 1988 年 10 月，中国营养学会就把硒列为每日必需摄入的膳食营养素之一，建议每日补充一定数量的硒。目前常用的补硒制剂主要包括有机硒（硒蛋氨酸）和无机硒（亚硒酸钠或硒酸钠）。膳食中的硒主要以硒蛋氨酸形式存在。与亚硒酸钠或硒酸钠相比，硒蛋氨酸不仅生物学活性高，且更易吸收，从尿粪中丢失少，体内保留时间长。因此，为提高硒营养水平，应以增加膳食硒（主要是硒蛋氨酸）为主。

第六节　水与运动

"水与运动"
知识点精讲

水（water）是人体含量最多的组成成分，是维持人体正常生理活动的重要营养素之一。体内水大部分与蛋白质、多糖等结合在一起称为结合水，小部分呈自由状态存在，称为自由水。

一、水的营养功能

（一）构成人体组织

水是构成人体组织的重要成分，成年男性体内含水约占其体重的60%，成年女性占50%~55%。运动员肌肉发达，体脂较少，含水量相对较高。年龄越小，含水量越多，婴幼儿的含水量可达60%~80%。体内的水与蛋白质、碳水化合物或类脂相结合，形成胶体状态。在机体总水量中细胞内液和细胞外液各占50%。

（二）作为各种物质的载体

由于人体内的营养物质和代谢产物多数都能溶解于水，并在水溶液中完成各种化学反应。水在体内不仅直接参与物质代谢，而且作为载体运送营养物质和排出代谢产物。没有水就无法维持血液循环、呼吸、消化、吸收和排泄等生理活动，体内的新陈代谢也无法进行。

（三）参与调节体温

水的比热比其他物质大，能吸收体内产生的大量能量而使体温保持不变。汗液中每1 g水蒸发要吸收约2 426 J（580 cal）的能量。当外界环境温度高或体内产热过多时，通过蒸发或出汗使体温保持在37 ℃左右；当环境温度降低时，则通过减少蒸发而保持人的体温。

（四）润滑作用

水是一种天然润滑剂，可滋润组织，减少组织间的摩擦。如唾液有利于食物的咀嚼和吞咽，关节腔滑液能减少关节活动的摩擦，泪液可防止眼球干燥等。

二、水的代谢与运动

（一）水平衡

水在人体内处于摄入与排出的动态平衡之中，如果这种平衡被破坏，机体的健康就会受到影响。

1. 水的摄入

体内水的来源主要有以下三个方面：

（1）饮水。饮水是水的重要来源，包括每日摄入的茶、水、汤及其他流质。饮水量随气候、劳动强度和生活习惯不同而异。一般情况下，正常成人每天饮水约 1 200 mL。

（2）食物水。各种食物含水量不同，正常成人平均每日随食物摄入的水约 1 000 mL。

（3）代谢水。营养物质在体内代谢时会产生水，正常成人每日通过代谢产生的水约 300 mL。因此，正常成人每日摄入的水共约 2 500 mL。

2. 水的排出

体内水的排出途径有以下 4 种：

（1）呼吸排水。指呼吸时以蒸气形式排出水，其量因呼吸的深度和频率而变化。一般情况下，正常成人每日呼出的水约 350 mL。呼吸频率增快时，呼出水增多。

（2）皮肤蒸发排水。指在不出汗的情况下经体表蒸发的水分，又称非显性出汗。非显性出汗是生理现象，是人体调节体温的重要措施。正常成人每日经皮肤蒸发的水与体表面积相关，约 500 mL。

（3）粪便排水。正常成人每日随粪便排出的水约 150 mL。

（4）尿液排水。这是水的主要去路，可调节机体水的含量，受饮水量和其他途径排水量的影响而有明显改变。一般情况下，正常成人每日尿量为 1 000~2 000 mL，平均为 1 500 mL。为保证体内的代谢废物能完全溶于尿中排出体外，每日尿量不得少于 500 mL，这是肾功能正常时的每日最低尿量，否则将产生氮质血症。

因此，在正常情况下，每日尿量按 1 500 mL 计算，则正常成人每日排水量为 2 500 mL，与摄水量相等，从而保持了水的动态平衡。

（二）水平衡与运动

由于日常大运动量的训练和比赛，运动员的水代谢与普通人显著不同。在训练或比赛时为了排出体内产生的热，维持恒定体温，会大量出汗。运动员的出汗率与运动强度成正比，一次高强度大运动量训练可丢失汗液 2~7 L。与此同时，出汗率还与运动的持续时间、运动环境的温度、湿度以及运动员的适应程度等因素有关。另外，运动训练时，因通气量增大，从呼吸道丢失大量水分；虽然运动时因代谢增强产生的代谢水增多，但是远比丢失的水要少得多，从而导致尿量减少。由于汗液中含有一定量的电解质，因此，运动员在训练和比赛时伴随水的丢失的同时，电解质也丢失增多。当水和电解质丢失到一定程度可引起运动性脱水。

根据水丢失的程度，运动性脱水常分为轻度脱水、中度脱水和重度脱水。一般来讲，当失水量达到体重的 2% 左右时称为轻度脱水，此时主要是以细胞外液，即血液和细胞间液丢失为主，导致血容量减少，造成运动时心脏负担加重，影响机体的运动能力。轻度脱水时运动员出现口渴、尿少。脱水越重，口渴越剧，尿越少而尿钠越高。失水量占体重的 4% 左右为中度脱水，此时不仅有细胞外液的丢失，还有细胞内液的丢失，出现严重的口渴感，心率加快，体温升高，血压下降，容易疲劳，运动能力显著降低。失水量达到体重的 6% 以上为重度脱水，此时细胞内液的丢失量多于细胞外液，除了有中度脱水的症状外，还可出现恶心，容易激怒，肌肉抽搐，严重时出现幻觉、躁狂、谵妄等神经精神症状。脱水对运动能力的影响与运动员的适应状态有关，一般训练水平的运动员当脱水达体重的 2%~3% 时，即可影响循环功能和体温调节能力，运动能力和最大摄氧量明显降低，维持最大摄氧量的时间明显缩短。高水平运动员失水量达 5% 时，仍无显著影响。

三、生理需水量和最低需水量

正常成人每日供给的 2 500 mL 水，被称为水的生理需要量。当成人供水不足或不能进水时，每天仍不断由肺、皮肤及消化道排出 1 000 mL 水，加上每日最低尿量 500 mL，故成人每日最少丢失 1 500 mL 水，此量称为水的必然丢失量。必然丢失的水分有 300 mL 可由代谢水补充，其余部分需由外界供给。因此，正常成人每日最少应补充 1 200 mL 的水，才能维持最基本的水平衡，此量称为最低需水量。人体只能供给最低需水量时，必然加重肾脏的功能负担，因而每日应设法补给大于此数量的水以满足正常代谢的需要。

为了防止运动性脱水，保持运动员水的平衡，在运动前或运动中可适当采用糖—电解质饮料。运动前 15~20 min，可补充液体 400~700 mL。运动中补液应每隔 15~30 min 补液 100~300 mL，或跑 2~3 km 补液 100~200 mL，以 800 mL/h 为限。在运动后，运动员应根据其脱水的程度和机体的情况决定补液量、种类、途径和速度。

（一）补液量

按丢失 1 kg 水需补充 1 000 mL 液体计算，体重为 75 kg 的运动员，轻度脱水需补充液体 1 500~2 250 mL，中度脱水需补充液体 2 250~4 500 mL，重度脱水需补充液体 4 500 mL 以上。

（二）液体种类

初期可补水或5%的葡萄糖溶液。待血钠回降、尿比重降低后，可适当补充含电解质的溶液，如5%的葡萄糖生理盐水。

（三）补充途径

对运动性脱水的运动员，补液途径以胃肠道补液作为首选。中度脱水常需辅以静脉补液，重度脱水则需从静脉补液。

（四）补液速度

补液的速度以恢复循环功能为首要目的，要先快后慢。当日先给补液量的一半，余下的一半在次日补充，所需液体总量一般在48 h内完成。

运动员补液应采取少量多次的原则。如一次大量补液可抑制口渴感；增加排尿和出汗，增加电解质的丢失；增加心、肾负担；可冲淡胃液，甚至引起胃扩张；补液过快可引起水中毒，在重度脱水时更应注意。

案例分析

"光吃不动"的减肥法真的有效吗？

1972年，一本新书《阿特金斯博士新饮食革命》的出版把美国人吓了一跳：这本书颠覆了传统的减肥理念，告诉大众："肥胖的元凶不是脂肪，而是糖类物质！"

这就是阿特金斯博士开创的"低碳减肥法"，在国内又被称作食肉减肥法。阿特金斯认为，想要减肥的话，最好是食用含有蛋白质的食品，但却不能吃任何糖类食品。他认为控制糖类的营养饮食法比低脂高糖营养饮食法对人体更有益处，并且控制糖类的营养饮食法还有助于改善心脏病及其他病症的病情。他的减肥理论受到广泛关注并被上百万的成功减肥人士证实有效。

▶ **"阿特金斯"减肥法的食谱举例**

原则	举例	是否符合原则
严格限制主食	大米	NO
	面条	NO
	馒头	NO
	面包	NO
	其他米面	NO

续表

原则	举例	是否符合原则
高糖类水果 （几乎不吃）	西瓜	NO
	火龙果	NO
	葡萄	NO
	其他高糖水果	NO
用大量精瘦肉代替主食	鸡胸肉	YES
	猪里脊肉	YES
	牛肉	YES
	蛋清	YES
	其他肉类	YES

和正常饮食相比，"阿特金斯"减肥法的三大营养素的比例见图 2-1：

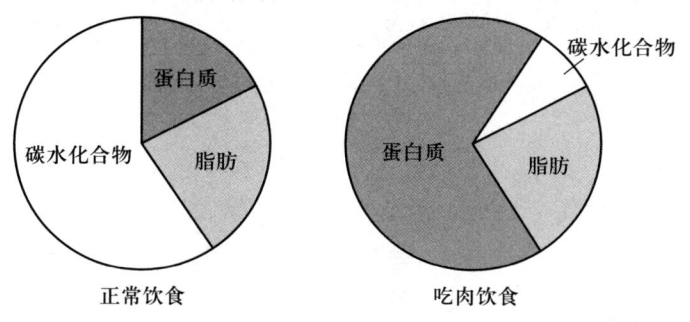

图 2-1 "阿特金斯"减肥法与正常饮食的比较

根据以上材料，请回答以下问题。
（1）试分析"阿特金斯"减肥法食谱中不合理的部分。
（2）试分析"阿特金斯"减肥法可能对机体产生的危害。
（3）为什么"阿特金斯"减肥法被大多数人证实有效？
（4）根据营养学原则，请设计一套科学、合理的减肥食谱。

复习思考题

1. 比较宏量营养素中糖类、脂肪和蛋白质的营养功能。
2. 为什么说糖是人体最经济、最安全的能源物质？
3. 脂溶性类维生素和水溶性维生素有什么区别？
4. "因为维生素对人体健康有重要作用，所以维生素补充愈多愈好"这种观点对吗？为什么？
5. 矿物质缺乏会对机体带来什么影响？

扫一扫：本章核心知识点即测即练

第三章
能量平衡与运动

> ▶ **本章导语**
>
> 能量是维持生命活动的基础,也是维持人体运动能力的重要前提。机体能量消耗和能量供应之间的平衡,不仅直接影响人体的健康水平,而且是提高运动员运动成绩的重要保证。本章介绍了机体的能量来源与消耗及其影响因素,测定能量消耗的常用方法;阐述了运动中的能量需要量及其不同项目运动员能量的需要特点;根据能量平衡的原理,阐明适宜体重对身体健康和运动成绩的影响,以及体重控制的科学方法和营养措施。
>
> ▶ **学习目标**
>
> 1. 掌握能量来源与消耗的途径,了解能量消耗量测定的原理和方法,掌握机体运动时的能量需要量和不同项目运动员能量需要的特点。
>
> 2. 在熟悉身体组成及其评价方法的基础上,了解体重控制对运动者身体健康和运动能量的影响,明确能量平衡的重要性,掌握健身人群与运动员体重控制的科学方法和膳食营养措施。

第三章　能量平衡与运动

▶ 本章思维导图

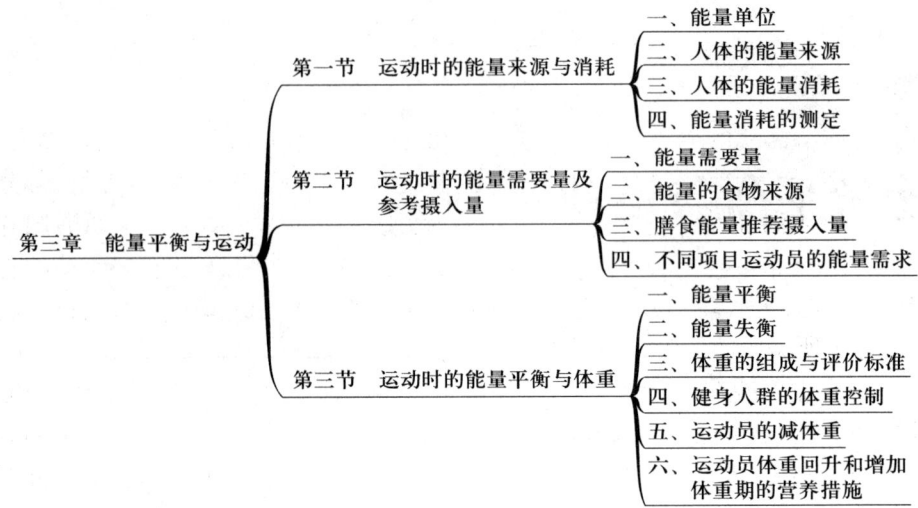

 第一节　运动时的能量来源与消耗

各种能源物质分解代谢过程中所伴随的能量释放、转移和利用即为能量代谢，它是生命活动的基本特征，能量代谢停止，生命也就终止了。人体通过食物中的糖类、脂肪和蛋白质的代谢来获取能量以供给生理活动的需要。人体运动时骨骼肌能量消耗迅速增加，且不同的运动方式和运动负荷其能量需求及消耗特点不一样。因此，对运动员及运动健身者来说，了解能量及人体对能量的需求十分重要。

一、能量单位

营养学上的能量单位一直用"卡（cal）"或"千卡（kcal）"表示，1 kcal 就等于 1 千克（kg）纯水从 15 ℃升高到 16 ℃所吸收的能量。按照国际计量单位系统，能量的计量单位是焦耳（joule，J），1 J 是用 1 牛顿的力使 1 kg 的物体移动 1 米所消耗的能量。营养学上使用最多的是其 1 000 倍或 10 万倍的单位即千焦（kJ）或兆焦（MJ），其换算关系为：

1 kcal = 4.184 kJ　　　　　　1 kJ = 0.239 kcal
1 000 kcal = 4.184 MJ　　　　1 MJ = 239 kcal

二、人体的能量来源

人体所需要的能量主要来自食物中的糖类、脂类和蛋白质三大营养素，三者统称为"产能营养素"。这些物质在体内经生物氧化释放的能量一部分用于维持体温和转化为热能向外环境中散发，另一部分储存在三磷酸腺苷（adenosine triphosphate，ATP）的高能磷酸键中。ATP是人体生命活动的直接能量来源，人体各种生理活动，如肌肉的收缩、神经传导、合成代谢、吸收与分泌所需要的能量，基本由ATP供给。

▶ "能量的来源与去路"知识点精讲

食物中每克糖、脂肪、蛋白质三种产能营养素在体内氧化产生的能量值称为食物的热价（thermal equivalent of food）或食物的卡价（caloric value of food），也称为能量系数。每克糖、蛋白质、脂肪在体外燃烧时分别释放17.15 kJ（4.10 kcal）、23.64 kJ（5.65 kcal）、39.54 kJ（9.45 kcal）的能量。糖、脂肪在体外燃烧与体内完全氧化所产生的能量接近，由于蛋白质在体内不能完全氧化，在产生的代谢产物中还有尿素、尿酸等含氮有机物，如果把1 g蛋白质的这些代谢产物在测热器中燃烧，可产生5.44 kJ（1.3 kcal）能量，因此，蛋白质体内氧化释放的能量只为体外燃烧释放能量的77%。所以1 g蛋白质在体内氧化只能放出18.2 kJ（4.35 kcal）能量。食物中的营养素在人体的消化道内不能被完全消化吸收，一般混合食物中糖、蛋白质、脂肪三者的吸收率分别为98%、92%、95%，故三种产能营养素的能量系数分别为：

1 g 糖：17.15 kJ × 98% = 16.81 kJ（4 kcal）

1 g 蛋白质：（23.64 − 5.44）kJ × 92% = 16.74 kJ（4 kcal）

1 g 脂肪：39.54 kJ × 95% = 37.56 kJ（9 kcal）

在糖和脂肪供应充足时，蛋白质在体内一般不作为主要的能源物质，主要用于体内组织生长和更新。因此，膳食应以保证总能量充足为前提才能发挥蛋白质的营养功能。糖的利用形式是葡萄糖，储存形式为糖原，包括肝内的肝糖原和肌肉中的肌糖原。脂肪的利用形式是游离脂肪酸、甘油和酮体。脂肪细胞中的甘油三酯是体内能量的主要储存库，但其动用速度远不如糖。

三、人体的能量消耗

人体的能量消耗包括基础代谢、身体活动和食物的热效应三个方面（图

3-1)。运动员的能量消耗比普通人高,其能量代谢具有强度大、消耗率高和伴有不同程度氧亏等特点,若以相对代谢率来比较,运动时肌肉中的代谢可比静止状态高两三倍甚至百倍以上。

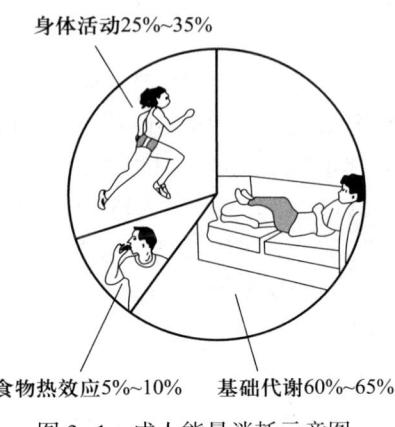

图 3-1 成人能量消耗示意图

(一) 基础代谢

1. 基础代谢与基础代谢率

基础代谢(basal metabolism,BM)是维持生命的最低能量消耗,即人体在清晨而又极端安静的状态下,不受精神紧张、肌肉活动、食物和环境温度等因素影响时的能量代谢。此时能量仅用于维持体温和呼吸、血液循环及其他器官的生理需要,其能量消耗平均占总能量消耗的 60%~65%。

单位时间内的基础代谢称为基础代谢率(basal metabolism rate,BMR),是指人体处于基础代谢状态下,每小时每平方米体表面积的能量消耗,单位为 $kJ/(m^2 \cdot h)$。根据基础代谢率可计算出每天基础代谢的能量消耗(basic energy expenditure,BEE)。

2. 基础代谢的测量

(1) 气体代谢法。能量代谢始终伴随着氧(O_2)的消耗和二氧化碳(CO_2)的产生,故可根据 O_2 的消耗量(VO_2)推算出能量消耗量。其基本方法是准确收集和分析受试者在一定时间(通常为 6 min)内呼出气中的 O_2 含量,再根据 VO_2 计算出 BMR。基础代谢一般在室温 18 ℃~25 ℃,禁食 12 h 后,静卧、放松而又清醒时测量。

(2) 用公式计算。基础代谢消耗的能量常根据体重或体表面积和基础代谢率计算。

粗略估计 BMR 的方法是成人男性按每千克体重每小时 1 kcal(4.18 kJ)、

女性按 0.95 kcal（3.97 kJ），与体重相乘直接计算。

WHO 于 1985 年推荐使用 Schofield 公式（表 3-1），计算 1 天的基础代谢能量消耗。我国儿童和青少年的基础代谢参考值按下表公式计算，18 岁以上人群的基础代谢按公式计算的结果减去 5%。

▶ 表 3-1　WHO 建议的计算基础代谢公式（kcal/d）

年龄（岁）	公式（男）	公式（女）
0~3	（60.9×w）-54	（61.0×w）-51
3~10	（22.7×w）+495	（22.5×w）+499
10~18	（17.5×w）+651	（12.2×w）+746
18~30	（15.3×w）+679	（14.7×w）+496
30~60	（11.6×w）+879	（8.7×w）+829
>60	（13.5×w）+487	（10.5×w）+596

注：w 为体重（单位：kg）。
资料来源：Technical Report Serie 724, Geneva, WHO, 1985.

赵松山于 1984 年提出一个相对适合中国人的体表面积计算公式：
体表面积（m^2）=0.006 59×身高（cm）+0.012 6×体重（kg）-0.160 3
根据这个公式先计算体表面积，再按年龄、性别在表 3-2 中查出相应的 BMR，就可按照下列公式计算出 24 h 的基础代谢水平。
基础代谢 = 体表面积（m^2）× 基础代谢率（kJ/m^2h 或 $kcal/m^2h$）×24（h）

▶ 表 3-2　人体每小时基础代谢率

年龄（岁）	男		女		年龄（岁）	男		女	
	kJ/m^2	$kcal/m^2$	kJ/m^2	$kcal/m^2$		kJ/m^2	$kcal/m^2$	kJ/m^2	$kcal/m^2$
1	221.8	53.0	221.8	53.0	11	179.9	43.0	175.7	42.0
3	214.6	51.3	214.2	51.2	13	177.0	42.3	168.6	40.3
5	206.3	49.3	202.5	48.4	15	174.9	41.8	158.8	37.9
7	197.7	47.3	200.0	45.4	17	170.7	40.8	151.9	36.3
9	189.9	45.2	179.1	42.8	19	164.0	39.2	148.5	35.5

续表

年龄 （岁）	男		女		年龄 （岁）	男		女	
	kJ/m²	kcal/m²	kJ/m²	kcal/m²		kJ/m²	kcal/m²	kJ/m²	kcal/m²
20	161.5	38.6	147.7	35.3	55	148.1	35.4	139.3	33.3
25	156.9	37.5	147.3	35.2	60	146.0	34.9	136.8	32.7
30	154.0	36.8	146.9	35.1	65	143.9	34.4	134.7	32.2
35	152.7	36.5	146.4	35.0	70	141.4	33.8	132.6	31.7
40	151.9	36.3	146.0	34.9	75	138.9	33.2	131.0	31.3
45	151.5	36.2	144.3	34.5	80	138.1	33.0	129.3	30.9
50	149.8	35.8	139.7	33.9					

资料来源：吴坤. 营养与食品卫生学 [M]. 5版. 北京：人民卫生出版社，2003.

示例：一名25岁男青年，身高178 cm，体重62 kg；一名20岁女青年，身高167 cm，体重56 kg。经计算两人基础代谢情况如下：

男青年体表面积：$0.006\,59 \times 178 + 0.012\,6 \times 62 - 0.160\,3 = 1.794\,(m^2)$

女青年体表面积：$0.006\,59 \times 167 + 0.012\,6 \times 56 - 0.160\,3 = 1.646\,(m^2)$

男青年每日基础代谢 $= 1.794 \times 37.5 \times 24$
$= 1\,614.60\,kcal/m^2\,(6\,755.49\,kJ/m^2)$

女青年每日基础代谢 $= 1.646 \times 35.3 \times 24$
$= 1\,394.49\,kcal/m^2\,(5\,834.55\,kJ/m^2)$

1985年WHO提出用静息代谢率（resting metabolic rate，RMR）代替BMR。测定时全身处于休息状态，禁食仅需4 h。因此，RMR的值略高于BMR（表3-3），一般占总能量消耗的60%~65%。

▶ 表3-3 人体24 h静息代谢参考值（kcal/d）

年龄 （岁）	体重（kg）								
	40	50	57	64	70	77	84	91	100
男性									
10~18	1 351	1 526	1 648	1 771	1 876	1 998	2 121	2 243	2 401
18~30	1 291	1 444	1 551	1 658	1 750	1 857	1 964	2 071	2 209

续表

年龄（岁）	体重（kg）								
	40	50	57	64	70	77	84	91	100
30~60	1 343	1 459	1 540	1 621	1 691	1 772	1 853	1 935	2 039
>60	1 027	1 162	1 256	1 351	1 423	1 526	1 621	1 716	1 837
女性									
10~18	1 234	1 356	1 441	1 527	1 600	1 685	1 771	1 856	1 966
18~30	1 084	1 231	1 334	1 437	1 525	1 628	1 731	1 833	1 966
30~60	1 177	1 264	1 325	1 386	1 438	1 499	1 560	1 621	1 699
>60	1 016	1 121	1 195	1 268	1 331	1 404	1 478	1 552	1 646

资料来源：Lori A. Smolin, Grosvenor. Nutrition science and applications ［M］. 2nd ed. USA, 1997.

3. 影响人体基础代谢的因素

人体的基础代谢不仅个体之间存在差异，自身的基础代谢也常有变化。其影响因素有以下几个方面：

（1）年龄。年龄越小，BMR 越高。婴儿和青少年的 BMR 相对较高，成年后随着年龄的增长 BMR 逐渐降低。

（2）性别。年龄和体表面积相同的情况下，男性的 BMR 比女性的 BMR 高 5%~10%。

（3）体表面积。基础代谢率的高低与体重并不成比例关系，而与体表面积基本上成正比。体表面积大者，消耗能量也多，基础代谢值较高。

（4）不同生理、病理状况的影响。孕妇的基础代谢相对较高。生病发热、甲状腺素、去甲肾上腺素等有关激素水平异常时可改变基础代谢的能量消耗。

（5）生活和作业环境。高温、寒冷、大量摄食、体力过度消耗及精神紧张都可增高基础代谢水平，有学者把这一部分能量消耗称为适应性生热作用。另外，在禁食、饥饿或少食时，基础代谢水平也相应降低。

（6）尼古丁和咖啡因。这类物质可以刺激基础代谢水平升高。

（7）遗传。人与人之间的基础代谢水平的个体差异，遗传因素是关键的影响因素之一。

（二）身体活动

身体活动的能量消耗是人体的能量消耗中变动最大的。一个中等强度身体活动的人，身体活动所消耗的能量占人体总能量消耗的 15%～30%，但随着人体活动量的增加，其能量消耗也将大幅度增加，可占到人体总能量消耗的 50%。

身体活动能量消耗的多少与以下因素有关：① 去脂体重（瘦体重）越高者，活动时消耗能量越多，因为去脂体重是代谢活性组织，脂肪组织则是相对惰性的组织。② 体重越重者，做相同的运动消耗的能量也越多。③ 活动时间越长、强度越大，消耗能量越多。因此，运动员身体活动的能量消耗因运动量（包括运动强度、运动密度、运动持续时间）的不同而有很大的差异，最大无氧运动的能量消耗是睡眠的 20 倍以上。多数项目的运动员在训练时间内的能量消耗均相当于或超出重体力、极重体力劳动强度的消耗量。

2001 年，中国营养学会将我国居民活动强度由以前的五级调整为三级，即轻、中、重体力活动（表 3-4），表中体力活动水平（physical activity level，PAL）指一个人 1 天 24 h 消耗的总能量与其基础代谢能量之比值（又称为体力活动水平系数）。普通成人能量的推荐摄入量用 BMR 乘以不同的体力活动水平系数进行计算。

▶ 表 3-4　中国营养学会建议的我国成人活动水平分级

活动水平	工作内容举例	PAL 男	PAL 女
轻	办公室工作、修理电器钟表、售货员、酒店服务员、化学实验操作、讲课等	1.55	1.56
中	学生日常活动、机动车驾驶、电工安装、车床操作、金工操作等	1.78	1.64
重	体育活动、非机械化农业劳动、炼钢、舞蹈、装卸、采矿等	2.10	1.82

资料来源：中国营养学会. 中国居民膳食营养素参考摄入量（简要本）[M]. 北京：中国轻工业出版社，2001.

（三）食物热效应

食物热效应（thermic effect of food，TEF），过去称为食物的特殊动力作用（specific dynamic action，SDA），是指人体进食后几小时内发生的超过 RMR 的能量消耗。其原因是人体在摄食后由于要对食物中的营养素进行消化、吸收、代谢、转化等，需要额外消耗能量。食物热效应在进食后即可出现，2 h 后达到最高点，3~4 h 基本恢复正常。

食物热效应的高低与食物营养素成分、进食量和进食频率有关。一般情况下，脂肪的食物热效应为本身产生能量的 4%~5%，糖为 5%~6%，而蛋白质特别高，可达 30%~40%。

（四）生长发育对能量的需求

对于生长发育期的儿童，其能量消耗还应包括生长发育所需要的能量。新生儿按千克体重计算，相对比成人多消耗 2~4 倍的能量，3~6 个月的婴儿每天有 15%~23% 所摄入的能量用于生长发育而保留在体内新组织中。一般来说，体内新组织每增加 1 g 需要 4.78 kcal 的能量。因此，生长发育所需的能量占全日总能量消耗的大部分，只不过儿童比新生儿及婴儿的代谢速度慢一些。

四、能量消耗的测定

人体能量的需要量实际就是能量的消耗量，通常测定人体能量消耗的方法主要有直接测热法和间接测热法两种。

"能量消耗量的测定"知识点精讲

（一）直接测热法

直接测热法的基本原理是在隔热条件下，将人体在整个能量代谢过程中散发出的所有能量统一予以测量，其中包括人体通过辐射、传导、对流以及蒸发 4 个方面散发的能量。在测定时，被测者进入一间隔热良好的小室中，小室四周被水包围，在室内做不同强度的各类活动所产生的能量被水吸收，通过仪表可准确测量出一定时间内水的温度变化，计算水吸收的能量，即为人体释放出的能量。该方法设备投资大，实际工作中很少用。

（二）间接测热法

1. 气体代谢法

在化学反应中，反应物的量和生成物的量呈一定的比例关系，即定比关系。同一个化学反应，不论经过什么样的中间步骤，也不管反应条件差异有多大，这种定比关系不变。例如，1mol 的葡萄糖无论在体外燃烧还是在体内完全氧化，都需要 6 mol 的 O_2，同时产生 6 mol CO_2 和 6 mol H_2O，并产生相等的能量。这种基本规律也见于人体内营养物质氧化供能反应，所以成为间接测定能量代谢的重要依据。

在一定时间内机体产生的 CO_2 量与消耗 O_2 量的比值称为呼吸商（respiratory quotient，RQ），即：RQ = 产生的 CO_2 量 / 消耗的 O_2 量。由于各种营养物质无论在体外燃烧，还是在体内氧化，其 CO_2 产量和 O_2 消耗量都取决于营养物质的化学组成。因此，任何一种营养物质的呼吸商都可以根据它氧化成的最终产物 CO_2 和 H_2O 的化学反应式计算出来。同时还可计算出氧热价（thermal equivalent oxygen），即消耗 1 L O_2 所产生的能量。

糖类、蛋白质、脂肪氧化时，它们的 CO_2 产量和耗氧量各不相同，三者的呼吸商也不一样，分别是 1.0、0.8 和 0.7。在日常生活中，人体摄入的都是混合膳食，呼吸商在 0.7~1.0 之间，若摄入食物主要是糖，则 RQ 接近于 1.0，若主要是脂肪，则接近于 0.7。

气体代谢法的基本原理是测定机体在一定时间内的耗氧量和 CO_2 的产生量来计算呼吸商，同时收集尿液测定该时期的尿氮排出量，计算出非蛋白氮呼吸商（NPRQ），查表 3-5，得到相应的氧热价，然后根据相应的氧热价间接计算出这段时间内机体的能量消耗。

▶ 表 3-5 非蛋白呼吸商及相应 O_2 或 CO_2 热当量

NPRQ	O_2 热当量 kJ（kcal）	CO_2 热当量 kJ（kcal）	能量来源百分比（%）	
			糖	脂肪
0.70	19.61（4.868）	28.01（6.694）	0.0	100.0
0.71	19.62（4.690）	27.64（6.606）	1.4	98.0
0.72	19.67（4.702）	27.32（6.531）	4.8	95.2
0.73	19.71（4.714）	27.02（6.458）	8.2	91.8
0.74	19.77（4.724）	26.73（6.388）	11.6	88.4
0.75	19.83（4.739）	38.99（6.319）	15.0	85.0
0.76	19.88（4.752）	26.16（6.253）	18.4	81.6
0.77	19.93（4.764）	25.89（6.187）	21.8	78.2
0.78	19.98（4.776）	25.62（6.123）	25.2	74.8
0.79	20.04（4.789）	25.36（6.062）	28.6	71.4
0.80	20.09（4.801）	25.11（6.001）	32.0	68.0
0.81	20.14（4.813）	24.86（5.942）	35.4	64.6

续表

NPRQ	O$_2$ 热当量 kJ（kcal）	CO$_2$ 热当量 kJ（kcal）	能量来源百分比（%）	
			糖	脂肪
0.82	20.19（4.825）	24.62（5.884）	38.8	61.2
0.83	20.23（4.835）	24.39（5.829）	42.2	57.8
0.84	20.29（4.850）	24.16（5.774）	45.6	54.4
0.85	20.35（4.863）	21.94（5.721）	49.0	51.0
0.86	20.40（4.875）	23.72（5.669）	52.4	47.6
0.87	20.45（4.887）	23.50（5.617）	55.8	44.2
0.88	20.50（4.900）	23.29（5.568）	59.2	40.8
0.89	20.55（4.912）	23.09（5.519）	62.6	37.4
0.90	20.60（4.924）	22.89（5.471）	66.0	34.0
0.91	20.65（4.936）	22.69（5.424）	69.4	30.6
0.92	20.70（4.948）	22.50（5.378）	72.8	27.2
0.93	20.75（4.960）	22.31（5.333）	76.2	23.8
0.94	20.81（4.973）	22.13（5.290）	79.6	20.4
0.95	20.86（4.985）	21.95（5.247）	83.0	17.0
0.96	20.90（4.997）	21.97（5.205）	86.4	13.6
0.97	20.96（5.010）	21.61（5.165）	89.8	10.2
0.98	21.01（5.022）	21.44（5.124）	93.2	6.3
0.99	21.06（5.034）	21.28（5.085）	96.0	3.4
1.00	21.12（5.047）	21.12（5.047）	100.0	0.0

如果不测定尿氮，用总 RQ 计算所得到的能量消耗量与 NPRQ 计算所得到的结果相差约 1%，故在实际应用中，可直接用总 RQ 进行能量计算。

VO$_2$ 的测定方法包括开放式和闭合式两种。开放式适用于测定运动时的能量消耗。其具体步骤是：先用气袋收集受试者运动过程中的呼出气，分析其中的 O$_2$ 和 CO$_2$ 的容积百分比，从而计算出受试者单位时间内的 VO$_2$ 和

CO_2 产生量，将该单位时间内的 VO_2 乘以混合食物的氧热价 20.4 kJ/L，得出产热量。运动的净耗能量应等于运动过程中（运动时间和恢复期时间）的总耗能量减去相应时间的静息耗能量。

凡运动时间极短（几秒钟），运动当时基本上处于闭气状态的运动项目，在测定 VO_2 时，可以不收集运动时的呼出气体，运动的 VO_2 可完全以恢复期 VO_2 来表示。

闭合式适用于测定 BMR 和 RMR。其具体步骤是：受试者从闭合装置中摄取 O_2，根据闭合装置中 O_2 量减少的情况计算出受试者单位时间内的 VO_2。在实际应用中，因受试者食用的是混合膳食，在静息状态下呼吸商一般为 0.82，此时呼吸商相应的氧热价为 20.2 kJ（4.825 kcal），只要测出一定时间内 VO_2 即可计算出受试者在该时间内的能量消耗量（BMR 或 RMR）。

能量消耗量（BMR 或 RMR）= 20.2（kJ/L）× VO_2（L）

2. 双标记水法

双标记水法（doubly labeled water，DLW）是一种测定人体在日常生活和工作环境中自由进行各种活动的总能量消耗量的测量方法，它不干扰受试者的一切正常活动。

知识拓展

双标记水法的原理与方法

DLW 的原理是让受试者摄入一定量的双标记水（$^2H_2^{18}O$）后，机体被这两种稳定同位素所标记。当它们在体内达到平衡时，^2H 参加 H_2O 的代谢，其速率常数（rate constant）K_D 反映 H_2O 的代谢率；^{18}O 参与 H_2O 的代谢，在 H_2O 和 CO_2 的反应平衡时，^{18}O 速率常数 K_O 反映 H_2O 和 CO_2 的代谢率。$K_O - K_D$ 可算出 CO_2 的生成率。通过呼吸商可计算出 CO_2 产生量，就可用 Weir 公式计算单位时间内平均能量消耗量（图 3-2）。

DLW 法的优点是可测定自由活动人体一段时间（7~15 d）内的能量消耗量。样本收集和测定过程很简便，实验前收集受试者少量尿样（约 1 mL）作本底值，饮入少量双标记水（婴儿剂量 0.3 g/kg 体重），约 6 h 后收集一次尿样，然后每 1~2 d 收集一次尿样，连续收集 8~15 d。用同位素质谱仪测定尿样 ^2H 和 ^{18}O 的丰度（enrichment），根据 ^2H 和 ^{18}O 的消失率计算能量消耗量。本法特别适用于不容易合作或活动不能受到限制和干扰的研究对象，如婴幼儿。与常规的呼吸计法比较，其精确度（2%~8%）和准确度（1%~3%）较高，无毒、无损伤，适用于任何人群或个体的测量，且同时可以测定机体的组织构成。但实验费用高，$^2H_2^{18}O$ 的价格昂贵，且需要昂贵的

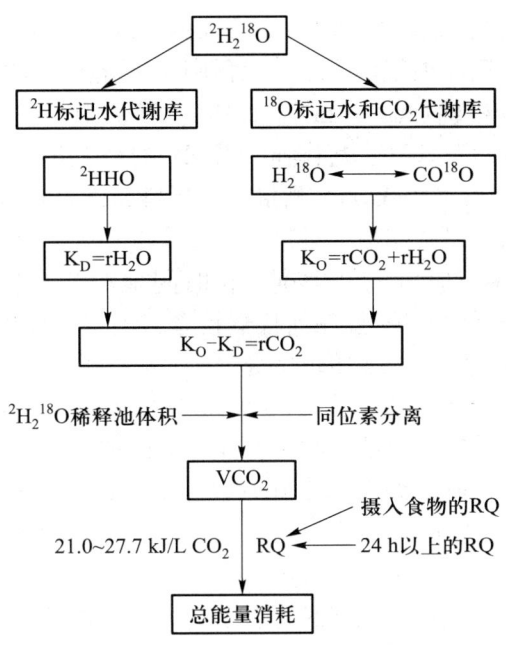

图 3-2 双标记水法测定能量消耗原理

资料来源：史仍飞，袁海平. 运动营养学［M］. 北京：北京体育大学出版社，2015.

高灵敏度和精确度的同位素质谱仪和高技术素质的分析人员，故 DLW 法目前在大规模人群研究中使用仍有局限性。

3. 高精度能量代谢舱法

测量能量消耗的方法还有高精度能量代谢舱法（High-precision energy metabolism chamber method），图 3-3 所示的是上海体育学院建成的中国第一

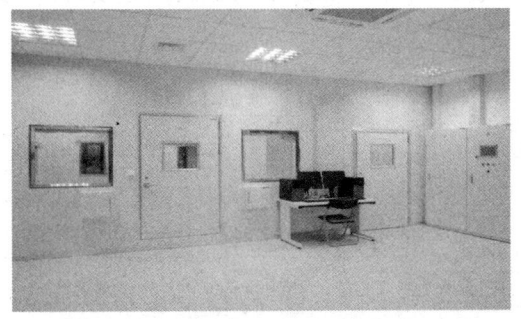

图 3-3 human calorimeter 高精度能量代谢舱

间高精度能量代谢舱，面积约 30 m²，墙体的内部遍布感应气体 CO_2 与 O_2 的探头，通过探头检测屋内气体含量的变化间接推算人体的能量代谢。舱内温度和相对湿度分别精确控制在 25 ℃和 55%，研究对象在舱内可以进行常规活动，如睡眠、饮食、起居、写作业、看书、打电脑游戏等。代谢舱的流量由流量计（Yamatake-CMS0200）测量，流量维持在 80 L/min。消耗的 O_2 和产生的 CO_2 分别由能量代谢舱中进出空气的流量和浓度决定。

高精度能量代谢舱可以高精度、长时间地测量身体活动能量消耗值（24 h 以上），受试者不用佩戴任何仪器设备，对其日常身体活动的影响较小，但高精度能量代谢舱价格比较昂贵。

4. 生活观察法

生活观察法是一种简单的能量消耗测定法，即记录受试者一日生活和工作中的各种动作及时间，然后查能量消耗率表，再经过计算，得出一日能量消耗的方法，又称为时间活动法（time-motion method）。

具体步骤：

（1）调查者专人跟踪受试者的全日活动，并详细记录每个动作及其时间（同类动作相加）。

（2）从能量消耗率表 3-6 查出各种动作的能量消耗率，再乘以时间，得出该项动作的能量消耗量。

（3）将各项动作能量消耗量加总即可得到每平方米体表面积 24 h 或每千克体重的能量消耗量。

（4）按受试者的体表面积或体重校正，然后加上食物热效应消耗的能量，即可得到受试者一日总能量消耗量。

▶ 表 3-6 日常活动能量消耗量

动作名称	kJ/(m²·min)	kcal/(m²·min)	动作名称	kJ/(m²·min)	kcal/(m²·min)
睡眠	2.736	0.654	洗手	5.577	1.333
午睡	3.192	0.763	上下坡	26.966	6.445
坐位休息	3.628	0.867	乘坐汽车	4.820	1.152
站位休息	3.690	0.882	打排球	13.615	3.254
走路	11.234	2.685	打乒乓球	14.146	3.381
跑步	28.602	6.836	单杠运动	16.564	3.959
整理床铺	8.841	2.113	双杠运动	18.108	4.328

续表

动作名称	kJ/(m²·min)	kcal/(m²·min)	动作名称	kJ/(m²·min)	kcal/(m²·min)
穿脱衣服	7.012	1.676	爬绳运动	14.058	3.360
看报	3.481	0.832	跳高	22.334	5.338
集合站队	5.268	1.259	拖地板	11.698	2.796
上下楼	18.518	4.426	室内上课	3.770	0.901
洗衣服	26.966	6.445	打扫院子	11.820	2.825

5. 能量平衡法

正常人的能量需要与其摄入量保持平衡，体重就会保持相对稳定。因此，可以计算每日摄取膳食的能量及体重的变化，以确定人体能量消耗量。当能量摄取超过消耗时，机体可将多余的能量储存，体重增加。每增加 1 kg 体重，就相当于储存 25~33 MJ（平均 29 MJ）的能量。如果摄入低于消耗时，就将动用储存能量，体重下降。故可根据不同情况，按照下列公式计算能量消耗量。

常见运动和身体活动的能量消耗

体重不变：能量消耗量（MJ）= 能量摄入量（MJ）

体重增加：能量消耗量（MJ）= 能量摄入量（MJ）-
平均体重增加量（kg）× 29 MJ

体重降低：能量消耗量（MJ）= 能量摄入量（MJ）+
平均体重降低量（kg）× 29 MJ

此方法可靠，且简便易行。

第二节　运动时的能量需要量及参考摄入量

一、能量需要量

能量需要量（energy requirement，ER）是指维持机体正常生理功能所需要的能量，低于这个数量将会对机体产生不利影响。联合国粮食及农业组织（Food and Agriculture Organization，FAO）/世界卫生组织（World Health Organization，WHO）/联合国大学（United Nation University，UNU）(1985)

"人体能量的需要量"知识点精讲

认为，能量需要量是指能长期保持良好的健康状态，具有良好的体型、机体构成以及理想的活动水平的个体达到能量平衡，并能胜任必要的经济和社会活动所需要的能量摄入量。

（一）确定能量需要量的原则

1. 能量消耗量是确定能量需要量的基础

正常情况下，人体的总能量消耗量是估算能量需要量的基础和依据，并根据能量需要量来选择膳食和决定摄入量。

2. 能量代谢的最佳状态是能量消耗与摄入达到平衡

身体健康状况和体能状况的保持与能量平衡之间存在密切关系，能量供应过多或过少均会影响身体机能。

3. 身体活动水平是影响能量需要量的重要因素

不同职业的身体活动水平不同，是影响能量需要量及各种营养素的需要量的主要因素。

（1）参加一般体育活动的人，即每天运动30~40 min，每周运动3次。由于他们运动所消耗的能量不太多，每次运动消耗200~400 kcal，因此，通过正常膳食就能达到能量需要（每天1 800~2 400 kcal）。

（2）进行中等强度训练或大强度训练，即每天进行1~2次，总计3~6 h的强度训练，每星期训练5~6次，导致的额外消耗的能量可达到600~1 200 kcal/h。

（3）对体形较大的运动员（体重为100~150 kg），每日能量需要可在6 000~12 000 kcal之间。

4. 不同人群的能量需要量有所不同

年龄、性别、生理状况（生病、应激等）对能量消耗会产生明显影响，也是需要考虑的因素。

（二）能量需要量的计算

1. FAO按下式粗略计算人体每日能量需要量

男子：每日能量需要量（kJ）= 体重（kg）×192
女子：每日能量需要量（kJ）= 体重（kg）×167

此外，按劳动强度不同分别用不同的系数进行调整，轻体力活动、积极活动和剧烈活动的调整系数分别为0.9、1.17和1.34。

2. 根据成人BMR和PAL来计算

根据表3-1的WHO推荐的计算公式计算不同年龄、性别的BMR值，由于我国人的BMR比WHO建议的BMR计算结果低6%，为此我国在应用WHO建议的BMR计算公式时，采取减5%的方法作为计算18~44岁和45~59岁两个人群的BMR。同时根据体力活动状况查表3-4得出PAL值。

能量需要量＝BMR×PAL值

二、能量的食物来源

（一）膳食能量分配

产能营养素糖、蛋白质和脂肪普遍存在于各种食物中，我国居民的膳食以植物性食品为主，谷类居第一位，蔬菜和水果占第二位，鱼、禽、肉、蛋等动物性食物位于第三位，奶类和豆类食物占第四位，最后是油脂类。由于三大产能营养素在体内有其特殊的生理功能并彼此相互影响，如糖与脂肪的相互转化及它们对蛋白质的节约作用。因此，三者在总能量供给中应有一个恰当的比例。根据我国的膳食特点，成年人三大产能营养素供应能量的比例为：糖55%~65%，脂肪20%~30%（其中不饱和脂肪酸占总能量的30%），蛋白质10%~15%。同时三餐的能量分配也要合理，一般早、中、晚餐的能量分别占一天总能量的30%、40%、30%为宜。

运动员一般也采用这一比例，具体情况根据项目、训练阶段、个人需要进行调整。

（二）高能和低能食物

了解食物中所含能量的高低有助于我们在需要时合理选择食物，根据训练负荷量大小在选择食物时有所考虑。大运动量训练时可选择高能食物以满足能量补充，同时减小食物体积，以适应大运动量训练对身体带来的影响。

1. 高能量的食物

高能量食物往往脂肪和蛋白质的含量较高（表3-7），在选择这类食物的同时，还必须考虑能量分配的平衡问题，即保证糖的供能比例。

▶ 表3-7 含能量高的食物（kcal/100 g 食物）

食物	含量	食物	含量	食物	含量
辣椒油	900	腊肠	584	豆腐丝（干）	451
色拉油	898	腰果	559	北京烤鸭	436
黄油	888	牛肉干	550	鸡腿酥	436

续表

食物	含量	食物	含量	食物	含量
奶油	879	麻花	527	饼干	435
松子（生）	665	香肠	508	油饼	403
芝麻酱	630	全脂牛奶粉	478	白砂糖	400
葵花子（炒）	625	方便面	473	猪肉（肥瘦）	395
马铃薯片（油炸）	615	春卷	465	玉米片（及食粥）	391
巧克力	589	腐竹	461	油条	388

资料来源：杨月欣. 中国食物成分表（第一册）[M]. 2版. 北京：北京大学医学出版社，2009.

2. 低能量的食物

蔬菜、瓜果所含能量往往较低，这类食物含有更多的维生素、纤维素成分，有助于水溶性维生素和一些矿物质的补充（表3-8）。

▶ 表 3-8 含能量低的食物（kcal/100 g 食物）

食物	含量	食物	含量	食物	含量
茶水	0	萝卜缨（白）	17	红萝卜	22
黄河蜜瓜	11	芹菜（白茎）	17	空心菜	23
冬瓜	12	小白菜	17	竹笋	23
油菜（小）	12	绿豆芽	19	茄子	23
生菜（叶用莴苣）	15	西葫芦	19	南瓜	23
莴笋	15	西洋菜	20	蘑菇	24
豆腐脑	15	番茄	20	蒜黄	24
黄瓜	16	苦瓜	22	茼蒿	24
海带（浸）	16	芦笋	22	甜椒	25
豆浆	16	大白菜（白梗）	22	香菇	26

资料来源：杨月欣. 中国食物成分表（第一册）[M]. 2版. 北京：北京大学医学出版社，2009.

三、膳食能量推荐摄入量

（一）中国居民膳食能量推荐摄入量

根据 BMR 和 PAL 的计算方法，按照 BMR×PAL 值来计算能量推荐摄入量，见表 3-9。

▶ 表 3-9 中国成人能量推荐摄入量估算

	RNI (kcal/d)		RNI (kcal/kg·d)			RNI (kcal/d)		RNI (kcal/kg·d)	
	男	女	男	女		男	女	男	女
	18~49					50~59			
BMR	1 561	1 253	25	22	BMR	1 551	1 267	24	22
轻	2 420	1 955	38	35	轻	2 404	1 976	37	34
中	2 779	2 055	44	37	中	2 761	2 079	42	36
重	3 278	2 280	52	41	重	3 257	2 306	50	40

表中，BMR 计算公式：18~49 岁，男 = (15.3w + 679) × 95%；女 (14.7w + 496) × 95%
　　　　　　　　　　50~59 岁，男 = (11.6w + 879) × 95%；女 (8.7w + 829) × 95%
参考体重：18~49 岁，男 63 kg，女 56 kg；50~59 岁，男 65 kg，女 58 kg

婴儿、儿童和青少年、孕妇和乳母、老年人各自的生理不同，能量需要也不尽相同。中国营养学会 2013 年提出了中国居民膳食能量需要量（EER），见表 3-10。

▶ 表 3-10 中国居民膳食能量需要量（EER）

年龄 （岁）	男性						女性					
	PLA（轻）		PLA（中）		PLA（重）		PLA（轻）		PLA（中）		PLA（重）	
	MJ/d	kcal/d	MJ/d	kcal/d	MJ/d	kcal/d	MJ/d	kcal/d	MJ/d	kcal/d	MJ/d	kcal/d
0~			0.38 MJ/ kg/d	90 kcal/ kg/d					0.38 MJ/ kg/d	90 kcal/ kg/d		
0.5~			0.38 MJ/ kg/d	90 kcal/ kg/d					0.38 MJ/ kg/d	90 kcal/ kg/d		

续表

年龄（岁）	男性						女性					
	PLA（轻）		PLA（中）		PLA（重）		PLA（轻）		PLA（中）		PLA（重）	
	MJ/d	kcal/d	MJ/d	kcal/d	MJ/d	kcal/d	MJ/d	kcal/d	MJ/d	kcal/d	MJ/d	kcal/d
1～			3.77	900					3.35	800		
2～			4.60	1 100					4.18	1 000		
3～			5.23	1 250					5.02	1 200		
4～			5.44	1 300					5.23	1 250		
5～			5.86	1 400					5.44	1 300		
6～	5.86	1 400	6.69	1 600	7.53	1 800	5.23	1 250	6.07	1 450	6.90	1 650
7～	6.28	1 500	7.11	1 700	7.95	1 900	5.65	1 350	6.49	1 550	7.32	1 750
8～	6.90	1 650	7.74	1 850	8.79	2 100	6.07	1 450	7.11	1 700	7.95	1 900
9～	7.32	1 750	8.37	2 000	9.41	2 250	6.49	1 550	7.53	1 800	8.37	2 000
10～	7.53	1 800	8.58	2 050	9.62	2 300	6.90	1 650	7.95	1 900	9.00	2 150
11～	8.58	2 050	9.93	2 350	10.88	2 600	7.53	1 800	8.58	2 050	9.62	2 300
14～	10.46	2 500	11.92	2 850	13.39	3 200	8.37	2 000	9.62	2 300	10.67	2 550
18～	9.41	2 250	10.88	2 600	12.55	3 000	7.53	1 800	8.79	2 100	10.04	2 400
50～	8.79	2 100	10.25	2 450	11.72	2 800	7.32	1 750	8.58	2 050	9.83	2 350
65～	8.58	2 050	9.93	2 350	—	—	7.11	1 700	8.16	1 950		
80～	7.95	1 900	9.20	2 200	—	—	6.28	1 500	7.32	1 750		
孕妇（早）	—	—	—	—	—	—	+0	+0	+0	+0	+0	+0
孕妇（中）	—	—	—	—	—	—	+1.26	+300	+1.26	+300	+1.26	+300
孕妇（晚）	—	—	—	—	—	—	+1.88	+450	+1.88	+450	+1.88	+450
乳母	—	—	—	—	—	—	+2.09	+500	+2.09	+500	+2.09	+500

资料来源：中国营养学会. 中国居民膳食营养素参考摄入量（2013版）［M］. 北京：科学出版社，2014.

（二）运动员膳食能量推荐摄入量

运动员一日的能量消耗一般有 3 500 ~ 4 400 kcal（14 644 ~ 18 410 kJ），由于运动项目不同，运动员的能量消耗具有较大差异，如棋类、射击等项目能量消耗较少，而马拉松、公路自行车、铁人三项等项目能量消耗较大，所以运动员的能量消耗范围是 2 000 ~ 5 500 kcal（8 368 ~ 23 012 kJ），相当于 50 ~ 65 kcal/kg 体重（209 ~ 272 kJ/kg 体重）。我国学者推荐的中国运动员能量日摄入量见表 3-11。

▶ 表 3-11 中国运动员膳食能量推荐摄入量

运动项目	能量日摄入量			
	MJ/d	kcal/d	kJ/kg	kcal/kg
棋牌类（男、女）	8.4 ~ 11.76 10.76	2 000 ~ 2 800 2 400	188 ± 21	45 ± 5
跳水、体操（女）、射击（女）、射箭（女）、跳高、跳远	9.20 ~ 13.44 11.34	2 200 ~ 3 200 2 700	209 ± 21	50 ± 5
体操（男）、武术、乒乓球、短跑（女）、羽毛球、网球、部分举重（体重 < 75 kg）、花样游泳、击剑、垒球	11.34 ~ 17.64 14.7	2 700 ~ 4 200 3 500	230 ± 21	55 ± 5
长跑、花样滑冰、中跑、短跑（男）、篮球、排球、竞走、登山、射箭（男）、射击（男）、足球、冰球、水球、棒球、曲棍球、滑冰、高山滑雪、赛艇、皮划艇、场地自行车、摩托车、柔道、拳击、投掷（女）、短距离游泳、沙滩排球（女）、现代五项	15.54 ~ 19.74 17.64	3 700 ~ 4 700 4 200	251 ± 21	60 ± 5
长距离游泳、举重（体重 > 75 kg）、投掷（男）、马拉松、摔跤、公路自行车、橄榄球、越野滑雪、沙滩排球（男）、铁人三项	≥ 17.64	≥ 4 700	≥ 272	≥ 65

资料来源：陈吉棣. 运动营养学［M］. 北京：北京医科大学出版社，2002.

四、不同项目运动员的能量需求

不同项目的运动员，由于其训练时在力量、耐力、爆发力、协调性、反

"不同项目运动员的能量营养需求"知识点精讲

长时间运动需要加餐吗?

应性等诸方面各有不同的侧重性,故在运动能量方面有不同的特点与需求。

(一)耐力性项目运动员的能量需求

耐力性项目主要包括马拉松跑、长跑、长距离自行车、长距离滑雪、长距离游泳和现代体育项目铁人三项等。这类项目具有运动时间长、运动过程中无间歇而运动强度较小、以有氧供能为主的特点。运动员营养素消耗量大,主要以糖和脂肪的有氧代谢提供能量,能量的消耗可达到 150～1 800 kcal/h,每日能量摄入的范围为 3 500～6 000 kcal,当三餐摄入的能量不能满足需要时,可在三餐外安排加餐,如含糖饮料、点心、水果、蛋糕和巧克力等。在耐力运动后期,血糖降低,肌肉容易疲劳,因此,耐力运动员膳食应首先满足能量的消耗,否则运动能力会下降。在膳食成分方面应注意糖的摄取,为提高运动能力和促进恢复,推荐每天摄取糖 8～10 g/kg 体重。耐力运动员的蛋白质需求量应每天在 1.2～1.5 g/kg 体重,日常饮食中多摄取蛋白质及含甲硫氨酸丰富的食物如奶酪、牛羊肉等。另外在长时间耐力运动中,出汗量大,容易脱水,运动前、中、后要注意合理补液。

(二)力量性项目运动员的能量需求

举重、摔跤、投掷等力量性项目,训练中要求运动员力量大,神经肌肉协调功能好,在一瞬间形成爆发力量,且心理素质好。对于力量性项目,蛋白质的摄入有助于增加运动员神经系统的兴奋性,加强神经反射活动,提高激素效应,增加肌肉爆发力。在补充蛋白质时应注意质和量两个方面。在质方面,宜选择完全蛋白质及大豆等优质蛋白,其中优质蛋白质占总蛋白质的一半为宜;在量方面,建议每天摄入量为 2.0 g/kg 体重,或占总能量的 12%～15%。但也要注意每天不宜超过 3.0 g/kg 体重,以免引起体液酸碱平衡紊乱,影响运动能力。同时也要摄取丰富的糖类物质,增加蔬菜和水果,注意水、矿物质和维生素的补充。

(三)速度性项目运动员的能量需求

速度性项目运动员的代谢特点是体内高度缺氧,其能量主要由糖的无氧酵解供应,酸性代谢产物容易在体内堆积,对骨骼肌、血液循环和神经系统有不良影响。因此,膳食中应含有较多糖类和维生素 C、维生素 B_1 以及蛋白质、磷等营养素。同时应增加蔬菜、水果的供应量,以提高体内的碱储备,维持酸碱平衡。

(四）灵敏、技巧性项目运动员的能量需求

跳水、跳高、体操等灵敏、技巧性项目，在训练中运动员神经活动紧张，对协调、速率和技巧性要求较高。运动员为完成复杂的高难度动作，经常需要控制体重、体脂水平。因此，这一类运动员的膳食摄入量较低，应限制脂肪的摄入量，使体脂达到维持健康和机能要求的最低水平。每天能量供给量为 53~57 kcal/kg 体重，其中，复合性糖类提供运动时的能量消耗，摄入充足的蛋白质以保证神经活动紧张过程中的需要，而脂肪供应则不宜过量，尤其应减少饱和脂肪酸的摄取。

100 g 食物对应 60 kg 体重的人的运动量

第三节　运动时的能量平衡与体重

一、能量平衡

能量是维持生命活动的基础，人体在生命活动过程中需要不断地消耗能量，因此必须进行能量补充。

能量平衡（energy balance）是指人体能量摄入等于能量总消耗，并且体内储备处于稳定状态。为了达到能量的平衡，人体每天摄入的能量应恰好能满足基础代谢、身体活动和食物热效应三个方面的需要，这样才能保持健康和有效的工作。体重变化是判断一段时期内能量平衡与否的最简易指标。

二、能量失衡

（一）能量失衡对人体的影响

当能量摄入超过人体的能量消耗时，人体处于能量正平衡（能量过剩）。若人体长期处于能量过剩，过剩的能量则会转化为脂肪在体内储存，形成肥胖，增加患心血管疾病、糖尿病等疾病的风险，危害机体健康。

当能量摄入小于人体的能量消耗，机体能量储备减少，处于能量负平衡。若摄入能量不足，机体会调动和利用自身的能量储备，甚至分解自身组织，以维持生命活动的能量需求，导致人体发生营养不良。如果儿童长期处于饥饿状态，则生长发育将会受到影响甚至停止。

（二）运动员的能量失衡

运动员体重和体脂同时增加，表明是运动量不足或摄入能量过多，常见于因发生外伤而不能进行正常训练的情况。体重增加，尤其是体脂增加，不利于灵活、高难度动作和耐力运动的完成，也不利于身体健康。

体重增加而体脂百分比减少或不变时，表明体内瘦体重成分增加、肌肉增长，运动员瘦体重增加的同时，其运动能力也会提高。

当体重和体脂均减少时，应在排除疾病的情况下，分析是否是运动量过大、食物能量的摄入量未能满足需要所致。运动员能量摄入量不足的情况常见于大运动量消耗未能获得适宜的补充、大运动量训练后因疲劳使食欲下降等情况。

运动员采取控制饮食措施来减体重时，容易造成能量不足。长期能量营养不足可引起消瘦、运动无力、免疫机能减弱、营养素缺乏等，从而损害运动能力和健康，应及时发现、找出原因并纠正。

三、体重的组成与评价标准

▶"体重的组成与评价标准"知识点精讲

（一）体重的组成

体重是指身体成分的总重量，由脂肪体重（体脂）和去脂肪体重（瘦体重）两部分组成。

$$总体重 = 脂肪体重 + 去脂肪体重$$
$$体脂\% = （脂肪体重/总体重）\times 100\%$$
$$去脂肪体重 = 总体重 - 体脂\% \times 总体重$$

去脂肪体重主要由骨骼、肌肉、软组织和水分以及其他非脂肪组织组成，它与身体活动、有氧能力以及最大摄氧量呈正相关。一些项目运动员为比赛减轻体重的理想方法是尽可能地减去多余的脂肪组织而保留去脂肪体重和糖原储备。因此，在运动员控体重时期要定期监测运动员身体成分的变化。同时，体重是反映人体骨骼、肌肉的发育程度以及肥胖程度的重要指标，也是衡量一个人健康状况的重要标志之一。过胖和过瘦都不利于健康，也不会给人以健美感。

体脂含量特指体内脂肪的总质量，通常以其占体重的百分比即"脂肪%"表示。从健康的角度出发，体脂含量成年男性一般介于10%~20%，成年女性介于18%~30%（表3-12）。

▶ 表 3-12　成年人体脂分级参考标准

体脂水平分级	男（%）	女（%）
极好状态	6～10	10～15
良好	11～14	16～19
可接受	15～17	20～24
脂肪过多	18～19	25～29
肥胖	>20	>30

资料来源：陈吉棣. 运动营养学[M]. 北京：北京医科大学出版社，2002.

成年男性脂肪百分比＞20%或者女性＞30%通常被确定为肥胖。图3-4显示了区域性肥胖的两种类型："苹果型"肥胖者的脂肪主要分布在腰腹部和内脏，以男性为多，看上去粗腰大肚；而"梨型"肥胖者的脂肪主要分布在臀部和下肢，女性占比例较大，看上去肩膀窄而臀部肥。"梨型"肥胖者的脂肪多为皮下脂肪，对健康的影响较小，而"苹果型"肥胖者的内脏脂肪沉积过多，增加了健康风险，更容易加速心血管疾病的患病进程。

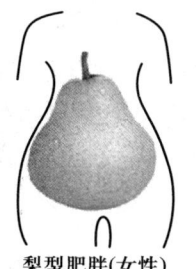

图 3-4　苹果型肥胖和梨型肥胖

体脂过量带来的12个具体的健康风险

运动训练可使瘦体重增加、体脂减少。一般来说，运动员的体脂百分比与非运动员相比较少，而不同训练水平、不同项目运动员的体脂百分比又存在差异。大量研究表明，运动项目不同会影响运动员的身体成分，长跑、马拉松、体操以及跳高运动员的体脂较低，男性为9.9%～10.4%，女性为8.4%～16.6%；短跑、游泳、足球、划船等项目运动员，男性为8.2%～15.4%，女性为12.4%～16.6%；而投掷运动员的体脂较高，男性为29.4%～30.9%，女性为27.0%～33.8%。另外，当运动员有外伤或停训时体脂会增加，去脂肪体重会相应减少。

体重受遗传、环境、饮食和运动等因素影响，其中，能量摄入量和能量消耗量是影响体重的两个基本要素。成年人能量收支平衡时，体重保持不变；当能量消耗量大于摄入量时，体重减轻；反之，则体重增加。因此，可以通过能量的正负平衡来控制体重。

（二）体重的评价

在体重组成中，去脂肪体重受蛋白质和力量训练影响较大，是控制体重中必须保持的部分，而脂肪体重受饮食和有氧运动量的影响较大，是控制体重的重要部分。由于体内多余的脂肪会影响人的力量、速度和耐力的发展，增加运动中的耗氧量和能量的消耗，因此，控制体重主要是控制体脂。

1. 标准体重

世界卫生组织（WHO）推荐的计算标准体重的方法为：男性标准体重 =（身高 cm - 80）× 70%；女性标准体重 =（身高 cm - 70）× 60%。标准体重正负 10% 为正常体重；标准体重正负 10%~20% 为体重过重或过轻；标准体重正负 20% 以上为肥胖或体重不足。

2. 理想体重

Lamb 建议可通过理想体脂百分比方法确定理想体重，其中，理想体脂是通过对优秀运动员测试或者反复观察而得到的。其计算方法如下：

理想体重 =100× 瘦体重 kg/（100 - 理想体脂百分数的分子）

例如，90 kg 体重的运动员，测得实际体脂为 20%，即体脂重为 18 kg，因此，他的瘦体重为 90 - 18 = 72 kg。其理想体脂为 13%，代入公式：理想体重 = 100× 72 kg/(100 - 13) = 82.8 kg，即为他的理想体重，实际体重与理想体重的差值 7.2 kg 是该运动员应该减去的体重数。

3. 适宜体重

我国学者在研究了国家优秀运动员的身高和体重后指出，身高（cm）- 体重（kg）> 100 时的体重为适宜体重。

4. 身体质量指数

身体质量指数（body mass index，BMI）是体重（kg）与身高（m）平方的比值，即：

$$BMI = 体重（kg）/ 身高^2（m^2）$$

BMI 值是国际上常用的衡量人体肥胖程度以及是否健康的一个标准。当我们需要比较及分析一个人的体重对于不同高度的人所带来的健康影响时，BMI 值是一个中立而可靠的指标（表 3-13），但对于运动员而言并无实际意义。

▶ 表 3-13 不同标准中，BMI 对应分类

BMI 分类	WHO 标准	中国参考标准
体重过低	BMI < 18.5	BMI < 18.5
正常范围	18.5 ≤ BMI < 25	18.5 ≤ BMI < 24

续表

BMI 分类	WHO 标准	中国参考标准
超重	BMI ≥ 25	BMI ≥ 24
肥胖前期	25 ≤ BMI < 30	24 ≤ BMI < 28
Ⅰ度肥胖	30 ≤ BMI < 35	28 ≤ BMI < 30
Ⅱ度肥胖	35 ≤ BMI < 40	30 ≤ BMI < 40
Ⅲ度肥胖	BMI ≥ 40	BMI ≥ 40

5. 腰腹指数

有研究者提出用腰腹指数作为评价指标：

腰腹指数 = 腰围（cm）－［身高（cm）－100］

腰腹指数的最佳范围：男子为 -7~-4，女子为 0~4。

四、健身人群的体重控制

肥胖是一种既与遗传因素相关又与过食和运动不足等环境因素相关的多因素疾病。肥胖在全球范围内广泛流行，不仅发达国家的肥胖患病率高，在一些发展中国家，肥胖患病率也正逐年上升。我国超重和肥胖患病率也呈逐年上升趋势，成人超重率为 22.8%，肥胖率为 7.1%，估计人数分别为 2 亿和 6 000 多万，大城市成人超重与肥胖发生率高达 30.0% 和 12.3%，儿童肥胖率已达 8.1%，应引起足够重视。

"健身人群体重控制"知识点精讲

（一）能量控制与合理运动

肥胖的产生主要是由于能量摄入多于消耗，从而导致能量在体内积聚形成脂肪所引起的。在控制体重时，需限制膳食能量的摄入，增加机体能量的消耗。体育锻炼能够提高机体的新陈代谢，消耗体内更多的脂肪，并强壮肌肉，防止肌肉组织丢失，从而提高饮食治疗减脂的效果。因此，在控制饮食、减少能量摄入的基础上进行锻炼是十分重要的。科学的运动、合理的饮食和健康的生活方式是目前控制体重的最好方法。

通过膳食控制将膳食总热量降低到原来水平的 85% 左右，再加上科学的有氧运动，可在无饥饿条件下实现能量负平衡，体重稳步下降，以每月下降 2~3 kg（每周平均 0.5~0.7 kg），3~4 个月（扣除体重反弹后）下降

健身人群减脂运动处方

4~6 kg 为宜。6~15 岁儿童总能量摄入不能低于日需要量的 80%，16~20 岁不能低于 70%，以免影响生长发育。

（二）减脂健身人群的膳食营养措施

1. 保证蛋白质等营养素供给

肉类食物所含的优良蛋白质、多不饱和脂肪酸、卵磷脂、钙、铁等营养素保证了生长发育所需，因此需纠正"减肥不能吃肉"的错误认识。可用热量低的食物取代热量高的食物，如尽量用禽肉、瘦牛肉、马肉、兔肉等替代肥肉和肥瘦肉；用牛奶、豆浆替代甜饮料；用鲢鱼、鲫鱼、鲤鱼替代热量高的沙丁鱼、金枪鱼和青鱼；用鸡蛋、面包替代糖多、油大的甜点心作早餐等。鸡蛋日摄入量不超过 2 个，以免胆固醇摄入过多。

2. 保持一定的食物体积

适宜食物的数量和体积，可以减少心理压力、饥饿感和恐惧感。在减少高糖、高脂、高热量饮食的同时，增加豆类、豆制品、茎类蔬菜（如芹菜、小白菜、油菜）、瓜类蔬菜（如冬瓜、苦瓜、西葫芦）等纤维素多、体积大、饱腹感强、热量低的食物摄入。

3. 适当饮水是减脂的关键

在控制饮食过程中，如果限制饮水量，减体重的速度会比较快。但是在减去的体重中，脂肪仅占 13%，水占 84%；而不限制饮水时，虽然减体重的速度会慢一些，但是在丢失的体重中，脂肪将占 25%，水为 75%，实际减脂肪量反而更多，减脂的效果会更好。建议每天要喝 7~8 杯白开水（2 000~2 500 mL），体重每超过理想体重 13.5 kg，可在此基础上增加饮水 500 mL。

4. 转变不利于减脂的饮食习惯

（1）保证一定量的主食摄入。

（2）养成饭前喝汤、进餐时充分咀嚼的习惯。

（3）尽量减少甜点心、糖果、巧克力、甜饮料等的摄入。

（4）选择热量低的同种类食物。如同是肉类，水产品香鱼、海参、蟹肉、海蜇等水生动物的热量就低于其他肉类；同是禽类，飞禽就比家禽热量低；同是畜肉，瘦肉就比肥肉或五花肉热量低；同是奶制品，脱脂奶就比全脂牛奶热量低。

（5）调整饮食结构，使其更趋于合理化。主食粗细搭配，多吃蔬菜和水果，食用有利于减脂的食物，如黄瓜、白萝卜、冬瓜、韭菜、葱头、菠菜、绿豆芽菜、香菇、竹笋、黑木耳、海带、山楂、酸奶、豆腐、海蜇、兔肉、燕麦、玉米、红薯、糙米、醋、魔芋、茶等。

（6）讲究烹调方法，降低膳食热量。同一种原料，烹调方法不同，做出的食品热量高低也不同。研究证明，采用清蒸、滑熘、煮、卤、拌、炝等烹调方法，使用的烹调油少，所以热量较低；而油焖、煎、炸、烧烤等烹调方法使用烹调油多，热量也较高。

5. 合理使用减脂营养补充剂

（1）左旋肉碱。左旋肉碱是一种氨基酸衍生物，与脂肪代谢密切相关，主要功能是转运长链脂肪酸通过线粒体内膜进入线粒体基质进行 β 氧化供能。红肉及动物产品是其主要食物来源，但一般人只能从膳食中吸收 50 mg。在减少脂肪的运动过程中，建议每日摄入量不应少于 250 mg，因此有必要补充适量左旋肉碱，以达到加速消耗体脂的效果。

（2）膳食纤维。膳食纤维是食物中一类不被人体分解、不可消化、不提供热量的成分，在胃中能够吸水膨胀，增加饱腹感，对抗饥饿感，减少食欲且延缓糖的吸收。减脂期间仅仅通过饮食增加膳食纤维摄入量是不够的，有必要进行额外补充。魔芋中膳食纤维含量相当高，可以选择魔芋类产品，并配合饮水以产生饱腹感来节制食欲。

（3）复合维生素。减脂期间，限制饮食会导致维生素的摄入不足，且运动时身体代谢水平提高，维生素消耗增加，运动出汗也会导致一些维生素随汗液排出体外，造成维生素缺乏。使用复合维生素补充剂可满足人体的需要。另外，维生素 E 和番茄红素还有抗自由基氧化作用，可以消除运动时产生的大量自由基对机体细胞的损伤。

（4）矿物质。钙能显著抑制脂肪的生成，改变脂肪的分解速度。当减脂人群进行高钙饮食时，脂肪也会显著减少。营养调查表明，中国居民的钙摄入量普遍不足，仅达到推荐量的一半，因此每天都需要补充钙剂。维生素 D 能够促进人体对钙的吸收，因此，钙与维生素 D 同时补充效果更好。此外，运动可导致出汗量增加，体内的钠、钾和镁等矿物质随汗液流失，易造成体内电解质紊乱和体力下降，应及时补充含有这些矿物质的营养补充剂，以满足机体需要。

所有的甜食都使人发胖吗？

（三）节食减脂的不良影响

节食控制体重的方法引起肥胖者的广泛关注，有很多肥胖者认为每天运动 30 min 不如少吃一片肉，总觉得运动既费时间又累，效果还不能立竿见影，认为通过节食（即饥饿疗法）减脂简单易行，效果还明显。

研究发现，单纯控制饮食虽然也能减轻体重，但除脂肪组织减少外，肌肉组织也会丢失，新陈代谢率也可能降低，使机体储存脂肪的消耗也随之减少，导致体重下降速度减慢或不再下降。如果要使体重不反弹或使体重进一步降低，需要摄取能量更低的食物，而极低能量饮食中的营养素往往不能满足身体的需要，对健康有害。长期的节食造成能量和必需营养素不足或缺乏，引起肌肉丢失，体力下降，学习、工作能力和效率下降，抵抗力差，易发生感冒等感染性疾病，严重时还会出现神经性厌食、营养不良等症状。

五、运动员的减体重

"运动员的体重控制"知识点精讲

（一）体重与运动能力

一般认为，瘦体重与运动能力呈正相关，优秀运动员的体脂比一般运动员少，研究运动员最佳体重与运动能力时，监测运动员的体成分必不可少（表3-14）。

▶ 表3-14　不同运动项目男性和女性运动员的相对体脂范围

运动项目	男性	女性
棒球、垒球	8~14	12~18
篮球	6~12	10~16
健美	5~8	6~12
赛艇和皮艇	6~12	10~16
自行车	5~11	8~15
击剑	8~12	10~16
美式橄榄球	6~18	—
高尔夫	10~16	12~20
体操	5~12	8~16
赛马	6~12	10~16
冰球和曲棍球	8~16	12~18
定向赛跑	5~12	8~16
五项全能	—	8~15

续表

运动项目	男性	女性
持球拍球类运动	6~14	10~18
划船	6~14	8~16
英式橄榄球	6~16	—
滑冰	5~12	8~16
跳台滑雪	7~15	10~18
滑雪	7~15	10~18
足球	6~14	10~18
游泳	6~12	10~18
花样游泳	—	10~18
网球	6~14	10~20
田径		
田赛	8~18	12~20
径赛	5~12	8~15
铁人三项	5~12	8~15
排球	7~15	10~18
举重	5~12	10~18
摔跤	5~16	—

资料来源：[英] 罗纳德·J. 莫恩. 运动营养学 [M]. 北京：人民体育出版社，2005.

研究表明，当运动员体脂百分比相似时，运动成绩优秀者的体重、瘦体重、瘦体重/身高和身高–体重均高于成绩较差者。至于运动员的适宜体重标准，因人、因项目特点而异。

（二）快速减体重

按不同体重级别进行比赛的运动项目有举重、摔跤、健美、拳击、柔道、跆拳道、散打等。这些项目的运动员在赛前往往采用传统的快速减体重措施，以达到参加低于其本人正常体重级别比赛的目的。这种做法是否真有利于比赛，尚缺乏科学的依据，而这些减体重的方法，多数对健康和运动能力是不利的。

1. 运动员快速减体重的措施

减体重措施一方面可以通过限制膳食和水的摄入，另一方面可以通过加大运动量以增加能量消耗。此外，运动员还可以采用蒸桑拿、穿发汗服等脱水措施来达到快速减体重的目的（表3-15）。

▶ 表3-15 运动员常用的减重方法

方法	举例	体重减少的成分
1. 能量负平衡		体细胞重量
●增加能量输出	有氧训练	
●减少能量摄入	节食、禁食	
2. 有意脱水		体内水分与电解质
●新陈代谢水	锻炼	
●热失水	桑拿、穿发汗服、橡胶衣	
3. 其他	理发	

由于运动项目及习惯的不同，具有代表性的快速减体重措施大致分为以下两类：

（1）只进行一次的举重比赛。有不少教练认为，在训练期内应当进行正常的举重训练，不宜在训练期内减轻体重，以保证运动员的训练强度和量，而习惯于在运动前的1~4天快速减轻体重。主要采取的方法是限制饮食、限饮水，并结合发汗等措施。

（2）进行几天的摔跤、柔道、跆拳道、拳击及散打等比赛。如果运动员在第一局或第二局获胜，则还要进行决赛，因此需要在几天之内维持低于其正常时的体重，并往往是在脱水状态下进行比赛，难度较大。运动员常在一至一个半月前开始限制饮食和水分摄入量，但大部分体重是在赛前几天内减掉的，减体重量可达到原体重的3%~20%。

2. 快速减体重对运动员健康的影响

（1）脱水。脱水是快速减体重最早出现的医学问题，减体重速度越快，体内水分损失越多。当饮食的控制量不变，摄入水分减少会增加体内水分的丢失；在高温环境下运动，体内水分丢失会更加严重，同时体内电解质也随汗液损失。研究表明，在快速减体重期内的运动员多数均有脱水体征，如口干、眩晕、不安、容易激怒和压抑感等。

（2）心血管系统功能下降。脱水可引起血浆渗透压升高，血液浓缩导致心血管系统的负荷增加；体液的丢失，使血浆容量减少，可引起每搏输出量、心输出量的减少，并引起收缩压降低、心率增加及心功能下降等。

（3）体温调节过程受到损害。处于脱水状态的运动员在热环境中运动时体温很容易升高。

（4）增大肾脏负担。脱水会引起肾血流量及肾小球滤过率的减少，并伴有尿电解质组成成分的改变。有资料表明，摔跤运动员在减体重期的尿液具有比重大、pH值低、钠浓度减少及钾浓度增高等特征。

（5）造成机体蛋白质及矿物质的丢失，使肝、肌糖原储备损耗增多。当体重减轻量为原体重的8%时，肌糖原量减少48%。在快速减体重的1~2天，由于糖原储备损耗，蛋白质和脂肪的分解以及矿物质的丢失等联合效应，可出现低血糖症。另外，采用低能量饮食减体重，除了能量和蛋白质缺失外，矿物质和维生素也显著减少，约为正常膳食的1/3或更少，且矿物质继续排出。

快速减体重造成的脱水，不可能在几小时内通过补液进行纠正。因此，必须控制减体重的速度在每周1 kg以下，这样基本不会影响到体液和糖原储备。运动员至少应在赛前2~3 d（理想的应为3~5 d）达到比赛体重。需要减轻体重5 kg以上时，应重新考虑比赛级别。

3. 快速减体重对运动能力的影响

快速减体重不仅会影响运动员的生理机能，而且也会影响运动能力，在一定程度上不利于其运动水平的发挥。快速减体重，糖原储备的下降使运动时糖氧化供能不足，此时机体利用脂肪作为主要的能源物质，氧化分解时消耗较多的氧。由于运动时机体出现不同程度的缺氧，线粒体不能得到充足的氧气供应，从而降低自身的呼吸功能，导致ATP生成不足，降低运动能力。有资料报道，当体重减轻3%时，在亚极限强度下运动时就可出现心率加快、心输出量及每搏输出量减少等改变，从而使运动能力下降。极低能量膳食可导致有氧运动耐力、速度、协调、判断和肌力的降低。

（三）长期减体重

长期减体重是指运动员在一段较长时间内持续保持低体重或保持其体重在一定幅度范围内，一般情况下每周波动不超过其自身体重的2%。最佳的体重应该可以促进健康和改善运动能力，因此，体操、跳水、花样游泳、花样滑冰、舞蹈、长跑等项目以及特殊情况的运动员（如缺乏全身性耐力训练的射击运动员、哺乳期女运动员等），需要长期控制体重。如果一名运动员不能达到或保持其最佳体重，那么他就可能会产生不必要的心理压力。

1. 长期减体重的一般方法

运动员主要采用长期食用低能量膳食的方法控制体重，有时也间歇采用脱水措施，少数运动员还采用服泻药、食欲抑制剂或催吐等手段以期达到不切实际的低体重目标。科学的方法是在有氧耐力运动训练的基础上，适当控制饮食，造成适当的能量负平衡。有氧耐力运动减体重是通过提高脂肪代谢酶活性，促进脂肪分解与利用，抑制脂肪合成来实现的，因此减掉的主要是脂肪。运动员长期控体重时必须对体成分进行测量，并将减重目标的重心放在减脂而不仅仅是减体重上。

2. 长期减体重对运动员健康的影响

通过对女子体操运动员在控体重时体成分和营养的研究发现，过度控制饮食可对运动员造成以下不良影响。

（1）生长发育延缓。女子体操运动员的身高与体重显著小于同龄人或其他项目运动员，这一方面是由于选材时的倾向，另一方面也与长期控体重有关。

（2）月经紊乱。女运动员出现月经初潮推迟、月经紊乱，甚至闭经的可能性。

（3）营养不良。根据长期减体重女运动员营养摄入情况的报告可知，女运动员在长期减体重时普遍存在各种营养素缺乏的问题（表3-16）。因此，长期控制饮食可造成能量短缺，蛋白质、维生素及矿物质摄入不足，形成营养不良、营养素缺乏症、骨质疏松等。女运动员三重综合征（triad syndrome），即饮食紊乱、闭经和骨质疏松应引起广泛的注意。我国运动员更应该注意在低能量摄入的情况下，加大糖摄入的比例，注意补充维生素和矿物质。

▶ 表3-16 长期减体重女运动员营养摄入情况的报告

运动队	人数	年龄（岁）	体重（kg）	热量（kcal/d）	蛋白质（%）	脂肪（%）	糖（%）	维生素低于推荐量	矿物质低于推荐量	用制剂人数
美国										

续表

运动队	人数	年龄（岁）	体重（kg）	热量（kcal/d）	蛋白质（%）	脂肪（%）	糖（%）	维生素低于推荐量	矿物质低于推荐量	用制剂人数
国家体操队	32	16±3	48±5	1680±150	17	18	65	E	钙、锌、镁、铁	82
艺术体操	33	17±3	49±3	1705±150	18	20	62	E	钙、锌、镁、铁	88
中国										
国家体操队	12	16±3	40±4	1520±250	22	34	44*	B_1、C	钙、锌、铁、钾	70*
艺术体操队	9	16±4	44±3	1620±320	22	36	42*	B_1、C	钙、锌、铁	66*

* 均低于美国国家队。
资料来源：陈吉棣. 运动营养学［M］. 北京：北京医科大学出版社，2002.

（4）精神负担及压力增大。长期采用低能量膳食和脱水措施会使运动员长期处于一种精神应激状态，并感到饥饿和口渴，难以完成训练计划；同时由于害怕体重会影响技术发挥和比赛成绩而拒绝摄食，严重时可发展为神经性厌食，运动能力也会受到不同程度的影响。

（5）便秘。食物或液体摄入量过少，使胃肠道缺少应有的刺激造成便秘。

（6）对运动能力的影响。取决于运动员限制饮食的程度、减体重是否造成瘦体重丢失、脱水和营养缺乏等情况。

（四）运动员减体重期的膳食营养措施

运动员在减体重过程中必须注意合理的营养，否则会对健康造成损害。如在快速减体重时期，由于减去的体重主要是体液和瘦体重的丢失，极易造成脱水，而且减体重速度越快，脱水的程度也越严重，从而损害运动员的健康和运动能力。

1. 减体重的营养要求及措施

（1）提供安全的能量营养。一般来说，运动员每日的能量供给至少1 500 kcal，具体视运动员的体重和运动量而定；体重大及运动量大的运动员由于基础代谢及运动所消耗的能量高，每日供应量也应当较高。

"运动员减控体重期的膳食营养措施"知识点精讲

（2）摄取低能量但营养平衡的膳食。采取高蛋白（18% 或每日 2 g/kg 体重）、低脂肪（每日 1.4 g/kg 体重）、中糖膳食，保证一定的饮水量。提供充足的矿物质和维生素，必要时可采用一些专门为运动员研制的减体重期强化食物。研究表明，在补充强化食品后，脱水程度显著减轻，心血管系统负担减轻，运动员体力改善，肌肉抽搐的发生率降低。

（3）禁止使用利尿剂或药物减体重。

2. 运动员快速减体重期的饮食营养措施

在实践中，需要减体重 5%~10% 的运动员往往在比赛前 4~6 周开始控体重。北京体育科研所对 102 名运动员自控体重期间进行营养调查，根据他们比赛减重期摄入能量的不同分为 6 期，针对他们各期的不合理的情况采取措施，改进运动员自控时期代谢紊乱状况，以保存体力参赛。

第一期：摄入能量 3 500~4 500 kcal/d，平日运动量较大时期，减重者和不减重的运动员基本相同。配餐原则：高蛋白、低脂肪、适宜糖、高维生素、高矿物质和充分水；配餐特点：注重食物的多样化，主食、肉鱼蛋、蔬菜、水果、牛奶及奶制品、杂粮及豆制品等缺一不可。

第二期：摄入能量 2 500~3 000 kcal/d，赛前 2~6 周，慢性控体重期（减体重的 3%~5% 和 > 10% 的不同）。配餐原则：不控水，摄入低能量高营养价值的食物，如牛奶、蛋白、豆制品以及一些新鲜的蔬菜水果。

第三期：摄入能量 500~800 kcal/d，赛前 1~2 周，最后称重前三天，减体重超过 10% 的运动员基本处于禁食阶段，摄入能量低于 500 kcal/d。此期由于运动员处于半饥饿或全饥饿状态容易导致代谢性酸中毒，故称为急性控体重期（代谢紊乱期），是运动员最难控的阶段，也是体重最后到达比赛要求的关键阶段。配餐原则：必须增加矿物质、维生素的供给。为了增加运动员胃的充盈，减轻最难以忍受的饥饿感，建议少量多次进食蛋白质含量高的熟花生米，以保护胃黏膜，进食无或低能量的海带、果冻（不含糖）和魔芋食品，增加胃的充盈。少量多次给予富含钾等矿物质的低聚糖饮料。

第四期：称重后恢复期（不同项目时间从 2~16 h 不等），摄入能量从 500 kcal/d 逐渐恢复到 1 500 kcal/d。配餐原则：有条件者在胃肠外营养支持的同时辅以胃肠内营养，胃肠内营养以富含糖的半流质食物为主；条件不成熟以胃肠内营养支持为主。该期运动员体能的恢复速度是比赛制胜的关键。

第五期：比赛期，继续称重的项目仍需控制能量的摄入。配餐原则：以胃肠内为主（早期以高糖食物为主，逐渐增加蛋白质食品）；有条件增加胃肠外营养支持，纠正酸中毒和水电解质紊乱。

第六期：赛后恢复期。原则：严禁暴饮暴食，逐渐恢复到第一期平衡膳食期，完全胃肠内营养。

减体重期间，要高度重视和强调摄取平衡膳食。减体重期一日食物的总能量低，但需要达到安全水平，注意高蛋白质，低脂肪，适量的糖和充足的水分、矿物质及维生素。

（五）运动员减体重的注意事项

从目前看来，无论采用哪种方法减控体重或多或少均会对机体产生一些不利的影响。因此，合理减控体重的关键是减体重的速度和安全平衡的营养。

1. 科学的体重诊断

在减控体重前，应首先在专家的指导下对运动员进行体成分分析，确定是否需要减控体重。如果需要减体重，应在营养专家和队医及主教练的正确指导下进行，尽量在非赛季进行。运动员体脂的最低水平男性为5%~7%，女性为6%~10%，低于此水平时，不宜再减体重。

2. 合理的减重速度

运动员适宜的减体重速度是每周1 kg，每周不可超过2 kg。如果每周能量负平衡达到3 500~7 000 kcal，每周就可减少0.5~1 kg脂肪。成年人每日摄入能量1 000~1 500 kcal不至于出现不良后果。若每日摄入量严格控制在800 kcal或以下，就必须在医务监督之下进行。限制饮食会出现RMR（基础代谢率）和瘦体重的下降。

3. 严格的膳食摄入

如果要减掉体脂，能量摄入必须少于能量消耗。一日三餐要平衡膳食，饮食中应含有丰富的膳食纤维（蔬菜及各类水果），少吃高盐、高脂和高糖食物。日常膳食中应多吃全麦、谷类食物、水果和蔬菜；增加优质蛋白质的摄入，多吃牛肉、鱼肉等蛋白质含量高、脂肪含量少的肉制品；少吃油炸、膨化食品、甜食类食物。但是在减体重期内不能过分限制水的摄入，发汗方式仅在赛前最后1~2 d使用以使体重达到减重目标。

4. 合理的膳食习惯

早餐一定要吃，可避免因饥饿而摄入更多食物。戒掉消夜，如果感到饥饿时可适量补充一些牛肉干或者低糖水果。

5. 适当补充营养强化剂

可适当补充营养强化剂，如复合维生素等，以满足机体对维生素和矿物质的需要；或适当补充有利于减控体重的营养品，如左旋肉碱及膳食纤维类制品。

6. 科学的运动训练

控体重期运动员照常训练，并可增加运动负荷，增加一定强度的有氧训练和适当的力量训练，有助于保持去脂体重和肌肉力量。每次运动消耗能量 300 kcal（相当于中等强度跑、游泳和骑自行车 20 min 以上），每周 3~4 次。力量训练可采用 8~10 RM 的强度，每周进行 3~4 次。

7. 加强医务监督

在控体重期间，由于在严格控制饮食的基础上进行较高强度的运动训练，因此，运动员体能会出现明显下降，表现为血红蛋白、血清睾酮水平下降，而血尿素、肌酸激酶水平上升。所以，减控体重期间可通过监测运动员的体成分来判断减重的有效性，还应定期进行生化指标的监测，以便合理安排减重计划。

8. 注意个体差异

快速减体重时个体差异较大，必须根据每一个运动员的具体情况制订减体重速度和详细的饮食计划。

六、运动员体重回升和增加体重期的营养措施

减轻体重取决于战胜调节食物摄入量的自然倾向，而要维持体重必须在某种程度上依赖于对食物摄入的主动控制。因而一个需要认识的重要问题是"在体重维持或减体重期间，营养素选择应有所不同"。如果看不到两者的不同，很可能导致减脂后体重回升失控。

人体可以通过增加脂肪或肌肉组织使体重增加，但运动员的增体重是要求增加肌肉而不是增加脂肪。膳食中含有大量脂肪，而生活方式又缺乏运动的时候，脂肪就容易堆积。因此，增加体内脂肪量比较容易，而增加肌肉体重则必须通过一段时间具有相当强度的、连续的力量训练，并且对体力应激获得适应后才能使肌肉增长。肌肉增加通过蛋白质合成实现，因此在进行力量训练时，蛋白质的需要量应达到总能量的 10%~15%，即每日 1.5 g/kg 体重。但是单纯多吃蛋白质或氨基酸对肌肉、肌力或体力的增加是无效的，多余的蛋白质会在体内氧化分解，释放大量的氨，增加肝肾的负担。大量摄入肉、奶、蛋等高蛋白饮食可能会增加中老年期患冠心病的危险，而且在高蛋白饮食后，糖类物质的摄取减少，影响糖原储备，从而降低体能，使运动员常感疲劳，影响运动能力的发挥。

体重的增加每周不宜超过 1 kg。在实践中，单纯依靠肌肉组织的增长来增加体重有一定困难，可能会有少量脂肪伴随肌肉增长，可在肌肉增长后再

减去这些脂肪。限制脂肪体重过多增长的办法是控制增体重的速度每周不超过 1 kg。因此，运动员在进行力量训练时，要定期监测体重和体脂。

案例分析

[案例 1] 一名女子体操运动员，体重 43 kg，16 岁，每次训练 2~3 h，每周训练 5~6 d。在为期 2 周的集训后，她拒绝含有脂肪的食物，摄入的食谱如表 3-17。目前，她食欲不佳，体重明显下降，训练时感到体力不支，运动成绩明显下降。

▶ 表 3-17 体操运动员一日的食谱

	食物	热量（kcal）	糖（g）
早餐	150 g 面包	156	59
中餐	100 g 菠菜	24	4
	100 g 甜椒	22	5
	200 mL 酸奶	144	18
晚餐	100 g 羊肉	203	0
	200 g 香蕉	218	58
	100 g 马铃薯	76	17
	100 g 拌豆腐	83	4.2
	合计	926	165.2
	糖能量 %		71.36

根据以上材料，请回答以下问题。

（1）该运动员的食谱存在什么问题？

（2）请根据运动营养学的知识，提出详尽的改进措施。

[案例 2] 11 月 3 日，在休斯敦进行的 LFA26 综合格斗赛事中，汉考克与对手查理战至第二回合时，受到重击后陷入昏迷。好在场下的医务人员及时冲进赛场急救，发现心脏停搏，第一时间实施了心肺复苏。当汉考克醒来的时候，医院已经为他注射了 8 袋生理盐水，将他从心脏衰竭、肾衰竭及严重脱水的危机状态中解救出来。这是近几年来，综合格斗赛场上出现的罕见的选手赛场心脏骤停事件。由于选手的身体情况监控以及相关的调查还没有

完全结束，尚不能确定导致汉考克心脏骤停的直接诱因，但可以肯定的是，这个赛场意外与其过分脱水减重存在着很大关系。

汉考克身高 1.82 m，日常体重为 215 lb（97.5 kg）左右。在他之前参加的十几场综合格斗比赛中，大多为体重标准为 185 lb（83.9 kg）的中量级比赛，偶尔还会参加 205 lb（93.0 kg）重量级比赛。这次是汉考克的第二场次中量级比赛，为了能够在比赛时尽可能具有临场的体重优势，汉考克在称重前三天经历了异常艰辛的减重过程。最终，他以 170.5 lb（77.3 kg）称重结果顺利过关。其实，汉考克如此大幅度地减重也是无奈之举。已连负两场的汉考克一直希望取得几场令人印象深刻的胜利来赢得终极格斗冠军赛的关注。这对于以地面技术见长的汉考克来说，只能通过减重做最后的一搏。

汉考克事件再次为搏击减重问题敲响警钟。著名裁判麦肯锡无比严肃地指出：过分减重对选手造成的伤害，已经超出了兴奋剂的危害！

资料来源：搜狐网体育，2017-11-16　21：46

根据以上材料，请回答以下问题。

（1）快速减体重对运动员健康有哪些影响？

（2）运动员减体重有哪些营养要求？

（3）运动员快速减体重期应如何安排饮食营养措施？

（4）为防止过度减重和减少减控体重对身体产生的不利影响，运动员应注意哪些事项？

复习思考题

1. 人体的能量消耗主要有哪几个方面？各有何特点？
2. 人体能量消耗量的测定方法有几种？简述其基本原理。
3. 试述不同项目运动员能量营养需求的特点。
4. 减脂健身人群的膳食营养措施有哪些？
5. 运动员常用的减重方法有哪些？
6. 运动员快速减体重对健康和运动能力有何影响？
7. 长期控体重对运动员的健康和运动能力有哪些影响？
8. 如何科学安排运动员减控体重期的膳食营养？

扫一扫：本章核心知识点即测即练

第四章
平衡膳食与运动

► **本章导语**

平衡膳食是合理营养的保证，是人体健康的物质基础。运动时的合理营养不但有利于促进健康，而且有利于提高锻炼效果和竞技运动能力。本章在介绍各类食物营养价值的基础上，阐述了膳食结构的模式和中国居民膳食指南的要点，同时详细介绍了健身人群的平衡膳食基本要求和运动员的膳食指南，并从应用性出发介绍了食谱编制的原则与方法。

► **学习目标**

1. 在了解各类食物的主要营养价值的基础上，熟悉中国居民膳食指南要点。
2. 掌握健身人群和运动员合理营养的要求、平衡膳食的原则及其膳食指南。
3. 根据食谱编制原则与方法，学会为不同人群科学地编制食谱。

第四章 平衡膳食与运动

▶ 本章思维导图

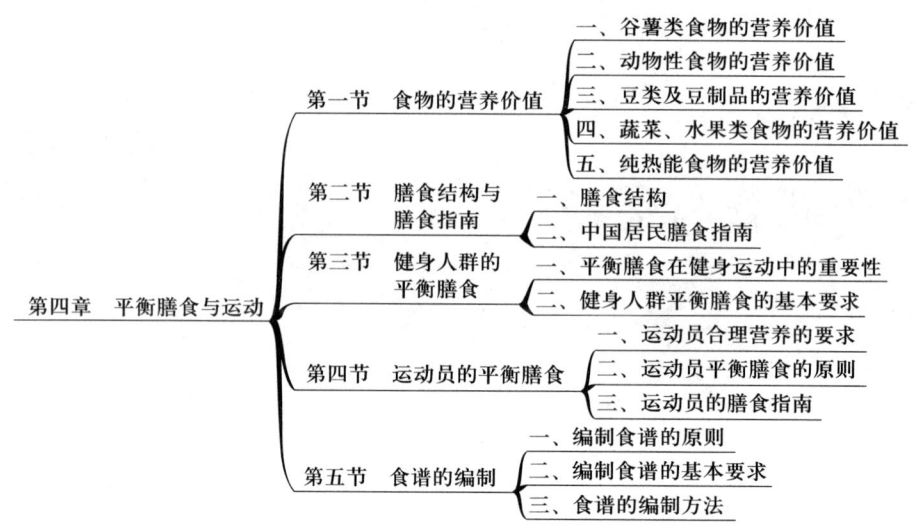

平衡膳食是合理营养的保证，是人体健康的物质基础。膳食营养是指通过摄取食物所获得的营养，主要是通过平衡膳食改善人体的能量储备、水合状态，减轻疲劳，促进运动后恢复，改善身体成分、免疫系统功能和健康状态，从而改善运动能力。

第一节 食物的营养价值

食物是供给人体能量和各种营养素的物质基础。自然界供人类食用的食物种类繁多，根据其性质和来源可分为植物性食物（如谷类、豆类、蔬菜及水果等）和动物性食物（如肉类、奶类和蛋类）两大类。从营养学角度，一般将食物分为谷类及薯类、动物性食物、豆类及其制品、蔬菜水果类和纯热能食物 5 类。各种食物由于所含的营养素和能量满足人体需要的程度不同，营养价值也不相同。食物所含营养素和能量满足人体需要的程度越高，其营养价值也越高。掌握它们的营养价值，就可以从中合理地选择组成平衡膳食。

一、谷薯类食物的营养价值

谷薯类食物主要提供糖类、蛋白质、膳食纤维及 B 族维生素。

(一)谷类食物的营养价值

谷类食物主要包括米、面、杂粮,如稻米、小麦、玉米、小米和高粱等,是中国传统膳食的主体。我国居民膳食中 50%~70% 的能量、50% 以上的蛋白质、部分矿物质及 B 族维生素来源于谷类食物,是提供人体所需能量的最经济和最重要的食物来源。谷类食物的营养素种类较丰富,主要包括以下几类:

"谷类、薯类及杂豆类的营养价值"知识点精讲

1. 蛋白质

谷类食物中蛋白质的含量在 7.5%~15% 之间,主要包括谷蛋白、球蛋白和白蛋白等,但谷类蛋白质因必需氨基酸的组成不平衡,多数缺乏赖氨酸、苏氨酸、色氨酸、苯丙氨酸及蛋氨酸含量偏低,玉米中还缺乏色氨酸,因而使谷类食物蛋白质的营养价值低于动物性食物。

2. 糖类

谷类食物中的糖类主要为淀粉,含量在 70% 以上,是人类最理想、最经济的能量来源,我国居民膳食中 50%~70% 的能量来源于谷类食物中的糖类。谷类中的淀粉在结构上可分为直链淀粉和支链淀粉,支链淀粉易溶于水,较黏稠,易消化,使血糖升高的幅度较大;直链淀粉则相反。如糯米中含支链淀粉较多,所以口感会更软糯。

3. 脂类

谷类食物中的脂肪含量低,大米、小麦为 1%~2%,玉米和小米可达 4%。从玉米和小麦胚芽中提取的胚芽油,80% 为不饱和脂肪酸,其中亚油酸占 60%,具有降低血清胆固醇、防止动脉粥样硬化的作用。

4. 矿物质

谷类食物矿物质含量为 1.5%~3%,主要是磷和钙,多以植酸盐形式存在,消化吸收较差。谷类食物含铁少,每 100 g 谷类食物中的铁含量为 1.5~3 mg。

5. 维生素

谷类食物是膳食 B 族维生素的重要来源,如维生素 B_1、维生素 B_2、维生素 B_6、烟酸和泛酸。玉米和小米含有少量的胡萝卜素。谷类加工的精度越高,维生素损失得就越多。

全谷物食物的特点

（二）薯类食物的营养价值

薯类含有丰富的淀粉、膳食纤维以及多种维生素和矿物质。常见的薯类有马铃薯（土豆）、甘薯（红薯、山芋）。薯类是低脂、高钾的食物，并且富含纤维素和果胶等，可以促进肠道蠕动，预防便秘。薯类的维生素 C 含量与其他根茎类蔬菜类似。

常见谷薯类食物的营养成分见表 4-1。

▶ 表 4-1 谷薯的营养成分表

食物	蛋白质（g）	糖类（g）	脂肪（g）	维生素 B_1（mg）	维生素 B_2（mg）	维生素 C（mg）	维生素 E（mg）	钾（mg）	铁（mg）	锌（mg）	钙（mg）
稻米	7.4	77.9	0.8	0.11	0.05	0	0.46	103	2.3	1.7	13
小麦粉（标准粉）	11.2	73.6	1.5	0.28	0.08	0	1.8	190	3.5	1.64	31
玉米（鲜）	4	22.8	1.2	0.16	0.11	16	0.46	238	1.1	0.9	0
马铃薯	2	17.2	0.2	0.08	0.04	27	0.34	342	0.8	0.37	8
甘薯（红心）	1.1	24.7	0.2	0.04	0.04	26	0.28	130	0.5	0.15	23

资料来源：杨月欣．中国食物成分表（第一册）[M]．2 版．北京：北京大学医学出版社，2009．

二、动物性食物的营养价值

鱼、禽、蛋和瘦肉含有丰富的蛋白质、脂类、维生素 A、B 族维生素、铁、锌等营养素，是平衡膳食的重要组成部分，是人体营养需要的重要来源。

（一）畜肉的营养价值

畜肉类包括猪、牛、羊等的肌肉和内脏。畜肉的肌肉颜色呈暗红色，故又称为红肉。

1. 蛋白质

畜肉蛋白质含量占 10%~20%。畜肉类蛋白质含有充足的必需氨基酸，而且在种类和比例上接近人体的需要，且易于消化吸收，是利用率高的优质蛋白质。

2. 脂类

畜肉的脂肪含量因牲畜的肥瘦程度及部位有较大差异,如肥猪肉脂肪含量可达 90%,而猪里脊肉仅含脂肪 7.9%,瘦牛肉含脂肪 2.3%。畜肉类脂肪以饱和脂肪酸为主,另有少量的卵磷脂、胆固醇和游离脂肪酸。胆固醇多存在于动物的内脏中。

3. 糖类

畜肉中的糖类以糖原形式存在于肌肉和肝脏中,含量极少。宰杀后的保存过程中还会由于酶的分解作用而逐渐下降。

4. 矿物质

畜肉类食物中的矿物质含量为 0.8%~1.2%,其中钙含量约为每 100 g 含 7.9 mg,但铁、磷较多,铁多以血红素铁的形式存在,因其生物利用率高,是膳食铁的良好来源。

5. 维生素

畜肉中维生素 A 和 B 族维生素的含量丰富,动物内脏,特别是肝脏、肾脏含量更为丰富。

常见畜肉的营养价值见表 4-2。

▶ 表 4-2 常见畜肉的营养价值

食物	蛋白质（g）	脂肪（g）	钙（g）	铁（g）	维生素 B_1（mg）	维生素 B_2（mg）	胆固醇（mg）
猪肉（肥瘦）	13.2	37	6	1.6	0.22	0.16	80
猪肉（肥）	2.4	88.6	3	1	0.08	0.05	109
猪肉（瘦）	20.3	6.2	6	3	0.54	0.1	81
牛肉（肥瘦）	19.9	4.2	23	3.3	0.04	0.14	84
羊肉（肥瘦）	19	14.1	6	2.3	0.05	0.14	92
猪心	16.6	5.3	12	4.3	0.19	0.48	151
猪肝	19.3	3.5	6	22.6	0.21	2.08	288
猪肾	15.4	3.2	12	6.1	0.31	1.14	354
猪脑	10.8	9.8	30	1.9	0.11	0.19	2 571

资料来源：杨月欣. 中国食物成分表（第一册）[M]. 2 版. 北京：北京大学医学出版社，2009.

(二)禽肉的营养价值

禽类主要有鸡、鸭、鹅等。禽肉的营养价值与畜肉相似,不同点在于脂肪含量较少且熔点较低,其中亚油酸的含量可达20%,易于消化吸收。禽肉蛋白质的氨基酸组成接近人体的需要,含量约为20%,质地较畜肉细嫩且含氮浸出物多,故禽肉炖汤的味道较畜肉鲜美。

常见禽肉的营养价值见表4-3。

▶ 表4-3 常见禽肉的营养价值

食物	蛋白质(g)	脂肪(g)	钙(g)	铁(g)	维生素 B_1(mg)	维生素 B_2(mg)	胆固醇(mg)
鸡肉	19.3	9.4	9	1.4	0.05	0.09	106
鸭肉	15.5	19.7	6	2.2	0.08	0.22	94
鹅肉	17.9	19.9	4	3.8	0.07	0.23	74
鸡腿	16	13	6	1.5	0.02	0.14	162
鸡胸脯肉	19.4	5	3	0.6	0.07	0.13	82
鸡翅	17.4	11.8	8	1.3	0.01	0.11	113

资料来源:杨月欣. 中国食物成分表(第一册)[M]. 2版. 北京:北京大学医学出版社,2009.

(三)水产品的营养价值

水产品主要包括鱼、虾、蟹和贝类,富含优质蛋白质、脂类、维生素和矿物质。

1. 蛋白质

水产品蛋白质含量一般为15%~25%,其肌纤维细短,间质蛋白少,组织软而细嫩,较畜、禽肉更易消化,一般消化率达到87%~98%,是蛋白质的良好来源,但在氨基酸组成中,色氨酸含量偏低。

2. 脂类

水产品含脂肪很少,一般仅为1%~3%,但因种类不同而脂肪差别较大,如鲤鱼含脂肪约10.4%,鳕鱼仅为0.5%左右。水产品的脂肪主要分布在皮下和内脏周围,多由不饱和脂肪酸组成,通常占80%以上,熔点低,常温下为液态,消化吸收率达95%,含有的长链多不饱和脂肪酸,具有降低血脂、防治动脉粥样硬化的作用。水产品的胆固醇含量一般约为100 g含100 mg,但鱼子中含量较高,如鲳鱼籽胆固醇含量为100 g含1 070 mg,虾籽胆固醇为每 100 g 含 896 mg。

3. 矿物质

水产品矿物质含量占 1%~2%，磷的含量占总灰分的 40%，此外钙、钠、氯、钾、镁含量丰富。钙的含量较畜肉高，是钙的良好来源，海产鱼类含碘丰富。

4. 维生素

水产品是维生素 B_2 的良好食物来源，如 100 g 黄鳝中含 2.08 mg 维生素 B_2；海鱼的肝脏含丰富的维生素 A 和维生素 D。由于鱼肉中含有硫胺素酶，因此在生鱼存放时可破坏维生素 B_1，但加热可破坏此酶。

常见水产品的营养价值见表 4-4。

▶ 表 4-4　常见水产品的营养价值

食物	蛋白质（g）	脂肪（g）	钙（g）	铁（g）	维生素 B_1（mg）	维生素 B_2（mg）	胆固醇（mg）
青鱼	20.1	4.2	31	0.9	0.03	0.07	108
鲫鱼	17.1	2.7	79	1.3	0.04	0.09	130
带鱼	17.7	4.9	28	1.2	0.02	0.06	76
河虾	16.4	2.4	325	4	0.04	0.03	240
鱿鱼	17.4	1.6	44	0.9	0.02	0.06	268

资料来源：杨月欣. 中国食物成分表（第一册）[M]. 2 版. 北京：北京大学医学出版社，2009.

（四）奶类的营养价值

奶类是一种营养成分齐全、组成比例适宜、易于消化吸收、营养价值高的天然食品，富含初生幼仔生长发育所需的全部营养素。食用最普遍的乳类食品是牛奶，与人乳相比，牛奶含蛋白质较多，而乳糖低于人乳，故以牛奶代替母乳时，应适当对其进行调整使其接近人乳组成，这有益于婴儿的生长发育。奶类食品主要提供优质蛋白质、维生素 A、核黄素和钙。

鲜奶经加工可制成各种奶制品，如液态奶、酸奶、奶酪和奶粉等。增加奶类摄入有利于儿童少年的生长发育，促进成人骨健康。儿童应从小养成饮用牛奶、早餐吃奶酪、酸奶的习惯。对于乳糖不耐受人群，可选择酸奶或低乳糖奶产品。

奶类是由水、脂肪、蛋白质、乳糖、矿物质、维生素等组成的复杂乳胶

▶ "奶及奶制品的营养价值" 知识点精讲

体。奶的各种成分除脂肪含量变动较大外,其他成分基本上是稳定的。

1. 奶的营养价值

(1) 蛋白质。牛奶中蛋白质平均含量为 3%,主要由酪蛋白、乳清蛋白和乳球蛋白组成。奶蛋白消化吸收率为 87%~89%,生物学价值为 85,属优质蛋白。

(2) 脂类。乳脂肪含量约为 3%,以微粒状的脂肪球分散在乳浆中,吸收率达 97%。乳脂肪中脂肪酸组成复杂,短链脂肪酸含量较高,是乳脂肪风味良好及易消化的原因。油酸占 30%,亚油酸和亚麻酸分别占 5.3% 和 2.1%,此外还有少量的卵磷脂、胆固醇。

(3) 糖类。牛奶中的糖类主要为乳糖,其含量比人乳少,甜度为蔗糖的 1/6,有调节胃酸、促进胃肠蠕动和促进消化液分泌的作用,还能促进钙的吸收和助长肠道乳酸杆菌繁殖,抑制腐败菌的生长。

(4) 矿物质。牛奶中矿物质含量为 0.7%~0.75%,富含钙、磷、钾。100 mL 牛乳中含钙约 100 mg,且吸收率高,是钙的良好食物来源。奶中铁含量低,用牛奶喂养婴儿时应注意铁的补充。

(5) 维生素。牛奶含有人体所需的各种维生素,其含量与奶牛的饲养方式有关,放牧期牛奶中维生素 A、维生素 D、胡萝卜素和维生素 C 含量较冬春季在棚内饲养有明显增多。

2. 乳制品的营养价值

乳制品包括消毒牛奶、奶粉、酸奶和炼乳等,因加工方法不同,其营养成分有很大的差异。

(1) 消毒鲜奶。新鲜牛奶经过滤、加热杀菌后制成的饮用奶。在加热消毒过程中,维生素 B_1 和维生素 C 大约损失 20%,其他营养素与鲜奶的差别不大。

(2) 奶粉。奶粉包括全脂奶粉、脱脂奶粉、调制奶粉,是将鲜奶经杀菌、浓缩、喷雾干燥处理而制成的粉状奶制品。由于加工不同,其营养成分具有一定的差别。

(3) 酸奶。酸奶是一种发酵奶制品,奶经过乳酸菌发酵后,使乳糖变成乳酸,蛋白质凝固和脂肪不同程度的水解,形成独特的风味,备受食用者喜爱。酸奶营养丰富,易消化,还可刺激胃酸分泌。乳酸菌中的乳酸杆菌和双歧杆菌为肠道益生菌,进入肠道后可抑制一些腐败菌的生长,调整肠道菌群,防止腐败生成的胺类物质对人体的不良影响,对维持人体健康有重要作用。

(4) 炼乳。炼乳一般分为淡炼乳和甜炼乳两种,是鲜奶经过特殊工艺处理后,经浓缩去除 1/3 的水分,再经灭菌而成。淡炼乳因受加工的影响,维生素有较大的损失。甜炼乳因添加大量的糖,营养不平衡,不适合喂养婴儿。

（五）蛋类的营养价值

蛋类有鸡蛋、鸭蛋、鹅蛋、鹌鹑蛋等，经常食用的是鸡蛋，是优质蛋白的主要来源。

1. 蛋白质

蛋类含蛋白质为 13%～15%。鸡蛋蛋白含有人体所需的各种氨基酸，而且氨基酸组成与人体需要相近，易于消化吸收，其生物学价值达 95，是最理想的优质蛋白质。在评价食物蛋白质营养质量时，常以鸡蛋蛋白质作为参考蛋白。

2. 糖类

蛋类含糖类较少，蛋清中主要含甘露糖和半乳糖；蛋黄中主要含葡萄糖，多以与蛋白质结合的形式存在。

3. 脂类

蛋类脂肪主要集中在蛋黄内，呈乳融状，大部分为中性脂肪，还有一定量的卵磷脂和胆固醇。脂肪分散成细小颗粒，故易于消化吸收。每个鸡蛋含胆固醇约 290 mg，是胆固醇含量较高的食物。

4. 矿物质和维生素

蛋类是各种矿物质的良好来源，含铁、磷、钙等矿物质较多，还有丰富的维生素 A、维生素 D、维生素 B_1 及维生素 B_2 等，但蛋中的矿物质和维生素多集中在蛋黄内。由此可见，蛋的营养成分分布不均匀，蛋黄比蛋清含有较多的营养成分。

常见蛋类的营养价值如表 4-5。

▶ "蛋类的营养价值"知识点精讲

▶ 表 4-5 常见蛋类的营养价值

食物	蛋白质（g）	脂肪（g）	糖类（g）	维生素 A（μg）	维生素 B_1（mg）	维生素 B_2（mg）	钙（mg）	铁（mg）	胆固醇（mg）
鸡蛋	13.3	8.8	2.8	234	0.11	0.27	56	2	585
鸡蛋白	11.6	0.1	3.1	0	0.04	0.31	9	1.6	0
鸡蛋黄	15.2	28.2	3.4	438	0.33	0.29	112	6.5	1 510
鸭蛋	12.6	13	3.1	261	0.17	0.35	62	2.9	565
鹌鹑蛋	12.8	11.1	2.1	337	0.11	0.49	47	3.2	515

资料来源：杨月欣. 中国食物成分表（第一册）[M]. 2 版. 北京：北京大学医学出版社，2009.

三、豆类及豆制品的营养价值

豆类分为大豆类和杂豆类,是我国居民膳食中优质蛋白质的重要来源。

(一)大豆的营养价值

大豆类主要包括黄豆、黑豆和青豆等,其营养价值主要包括以下几个方面:

1. 蛋白质

"大豆及其制品的营养价值"知识点精讲

大豆中蛋白质含量为35%~40%,是含蛋白质最丰富的植物性食物。大豆蛋白质的氨基酸组成接近人体的需要,而且富含谷类蛋白较为缺乏的赖氨酸,是与谷类蛋白质互补的天然理想食品,故大豆蛋白为优质蛋白,具有较高的营养价值。

2. 脂类

大豆中脂肪含量为15%~20%,不饱和脂肪酸占85%,其中亚油酸占50%以上。此外,大豆油中还含有1.64%的磷脂和植物固醇。由于大豆富含不饱和脂肪酸,是防治高血压、动脉粥样硬化等疾病的理想食物。

3. 糖类

大豆中糖类占25%~30%,其中只有一半是可供利用的淀粉、半乳糖、蔗糖等,而另一半则是人体不能消化吸收的寡糖,如棉子糖和水苏糖,它们在肠道细菌作用下发酵产生二氧化碳和氨,可引起腹胀,故称为产气因子。

4. 维生素

大豆中B族维生素含量较多,尤其是硫氨酸和核黄素。此外,还含有少量的维生素E、维生素K和胡萝卜素等。

5. 矿物质

大豆中的植物化学物类和抗营养因子

大豆富含钙、磷、铁等,但铁的吸收率较低。

6. 抗营养因子

大豆中含有一些抗营养因子,如蛋白酶抑制剂、产气因子和植物红细胞凝集素等,可影响人体对某些营养素的消化吸收。

(二)豆制品的营养价值

尽管大豆的营养价值很高,但烹饪方法不当会影响其消化吸收率,如整粒熟大豆的蛋白质消化率仅为65.3%,而加工成豆浆可达84.9%,豆腐可提高到92%~96%。经过不同的加工方法制成的豆制品,如豆浆、豆腐、豆腐干、干燥豆制品(如腐竹)、腐乳、豆豉和臭豆腐等,成为我国居民膳食中的重要组成部分。

豆腐中蛋白质含量为 8%，但由其制成的豆腐干及其他制品中蛋白质可达 17%~45%，且是生物价值较高的优质蛋白质。豆浆含蛋白质在 1.8% 左右，是多种营养素含量丰富的传统食品。用绿豆或黄豆制作的豆芽中维生素 C 含量为每 100 g 含 6~8 mg，在蔬菜供应淡季可多食豆芽作为维生素 C 的来源。大豆经发酵工艺还可制成豆腐乳、豆瓣酱、豆豉等，其中的蛋白质因部分分解而更易于消化吸收，而且某些营养素含量也会增加，如豆豉在发酵过程中，由于微生物作用可合成维生素 B_2，每 100 g 豆豉中 B 族维生素含量为 20.61 mg，明显高于其他豆类食品。

常见大豆及豆制品的营养价值见表 4-6。

▶ 表 4-6 常见大豆及豆制品的营养价值

食物	糖类（g）	脂肪（g）	蛋白质（g）	维生素 A（mg）	维生素 B_1（mg）	维生素 B_2（mg）	钙（mg）	铁（mg）
黄豆	34.2	16	35	37	0.41	0.2	191	8.2
豆腐（北）	2	4.8	12.2	5	0.05	0.03	138	2.5
豆腐（南）	2.6	2.5	6.2	0	0.02	0.04	116	1.5
豆浆	1.1	0.7	1.8	15	0.02	0.02	10	0.5
油豆腐	4.9	17.6	17	5	0.05	0.04	147	5.2
豆腐干	11.5	3.6	16.2	0	0.03	0.07	308	4.9

资料来源：杨月欣. 中国食物成分表（第一册）[M]. 2 版. 北京：北京大学医学出版社，2009.

（三）杂豆类的营养价值

杂豆类包括大豆以外的其他干豆类，如绿豆、红豆、芸豆等。这些豆类糖类含量较高，含 50%~60% 的淀粉，所以经常被作为主食看待。杂豆蛋白质含量约 20%，低于大豆，但氨基酸的组成与大豆相同，尤其是富含谷类蛋白质缺乏的赖氨酸，因此与谷类食物搭配食用，可以起到很好的蛋白质互补作用。杂豆脂肪含量仅为 1%，但 B 族维生素含量比谷类高，且富含钙、磷、铁、钾、镁等矿物质。

常见杂豆的营养成分见表 4-7。

▶ 表 4-7 杂豆类的营养成分表

食物	蛋白质（g）	糖类（g）	脂肪（g）	维生素 B_1（mg）	维生素 B_2（mg）	维生素 C（mg）	维生素 E（mg）	钾（mg）	铁（mg）	锌（mg）	钙（mg）
赤小豆	20.2	63.4	0.6	0.16	0.11	0	14.36	860	7.4	2.2	74
绿豆	21.6	62	0.8	0.25	0.11	0	10.95	787	6.5	2.18	81

资料来源：杨月欣. 中国食物成分表（第一册）[M]. 2版. 北京：北京大学医学出版社，2009.

四、蔬菜、水果类食物的营养价值

"蔬菜水果的营养价值"知识点精讲

蔬菜和水果种类繁多，富含维生素、矿物质、膳食纤维，且能量低，对于满足人体微量营养素的需要，保持人体肠道正常功能以及降低慢性病的发生风险等具有重要作用，是膳食的重要组成部分。蔬果中还含有各种植物化合物、有机酸、芳香物质和色素等成分，能够增进食欲，帮助消化，促进人体健康。

（一）糖类

蔬菜水果主要含小分子糖类、淀粉、纤维素和果胶等。胡萝卜、西红柿、南瓜和甘薯等含糖类较多。水果含糖的种类和数量差异较大，如苹果和梨以果糖为主；桃、李、柑橘以蔗糖为主；葡萄、草莓则以葡萄糖和果糖为主。土豆、藕等根茎类的蔬菜含有较多淀粉。蔬菜水果所含的纤维素、半纤维素、木质素和果胶是人们膳食纤维的主要来源，在体内不参与代谢，较多的果胶对果酱、果冻的加工有重要意义。

（二）维生素

新鲜蔬菜、水果是人体维生素 B_2、维生素 C、叶酸和胡萝卜素的重要来源（表 4-8）。水果中维生素的含量也因品种不同而异。深绿色蔬菜的维生素 C 含量较高，黄、红和绿色蔬菜中胡萝卜素的含量较高。深色蔬菜具有营养优势，每餐摄入的深色蔬菜需占蔬菜总量的 1/2。

▶ 表 4-8　常见蔬菜和水果的维生素含量表

蔬菜	胡萝卜素（μg）	维生素 B_2（mg）	维生素 C（mg）	水果	胡萝卜素（μg）	维生素 B_2（mg）	维生素 C（mg）
西兰花	7 210	0.13	51	中华猕猴桃	130	0.02	62
韭菜	1 410	0.09	24	柑橘	890	0.04	28
胡萝卜（黄）	4 010	0.04	16	芒果	897	0.04	23
红笕	1 490	0.10	30	苹果	20	0.02	4
南瓜	890	0.04	8	葡萄	50	0.02	25
菜花	30	0.08	61	桃	20	0.03	7
冬瓜	80	0.01	18	草莓	30	0.03	47
大白菜	120	0.05	31	鲜枣（鲜）	240	0.09	243
豌豆	250	0.14	0	梨	33	0.06	6

资料来源：杨月欣. 中国食物成分表（第一册）[M]. 2 版. 北京：北京大学医学出版社，2009.

（三）矿物质

蔬菜水果中的矿物质含量丰富，主要含钙、磷、铁、钾、钠、镁、铜等，是矿物质的食物来源。每 100 g 绿叶蔬菜一般含钙在 100 mg 以上，含铁 1~2 mg，如菠菜、雪里蕻（雪里红）、油菜、苋菜等含钙较多。但蔬菜中存在草酸，不仅影响蔬菜本身所含钙和铁的吸收，而且还影响同时食用的其他食物中钙和铁的吸收。因此在选择蔬菜时，不能只考虑其钙的绝对含量，还应注意其草酸的含量。草酸是一种有机酸，能溶于水，故含草酸多的蔬菜可先在开水中焯一下去除部分草酸，以利于钙、铁的吸收，但焯水过程也容易导致水溶性维生素的丢失，所以一般而言不宜以蔬菜作为钙、铁的主要来源。

（四）芳香物质、有机酸和色素

蔬菜水果中常含有各种芳香物质和色素，使食品具有特殊的香味和颜色，赋予果蔬良好的感官性状。

水果中的有机酸以苹果酸、柠檬酸和酒石酸为主，此外还有乳酸、琥珀酸等，有机酸因水果种类、品种和成熟度不同而异。有机酸能够促进食欲，有利于食物的消化。同时有机酸可使食物保持一定的酸度，对维生素 C 的稳定性具有保护作用。

五、纯热能食物的营养价值

纯热能食物包括油脂类、淀粉、食用糖和酒类，主要提供能量。其中油脂类可分为植物油和动物脂肪两大类，常见的植物油有花生油、菜籽油、棉籽油、芝麻油和调和油等，常见的动物脂肪有猪油、牛油、羊油等。

油脂类不仅是高能量的食物，而且还能提供给人体必需脂肪酸、脂溶性维生素，其还能促进脂溶性维生素的吸收，是人们膳食中的重要组成成分。

油脂的营养价值因其吸收率的高低而不同，植物油的组成以亚油酸、亚麻油酸等多不饱和脂肪酸为多，熔点低，在室温下呈液态，吸收率高，且维生素E含量高。动物脂肪以饱和脂肪酸为多，熔点高，在常温下呈固态，不易被人体消化和吸收，胆固醇含量也比较高，食用过多可使血液胆固醇含量升高，对心血管健康不利。而植物油中含有植物固醇，可降低胆固醇，所以植物油的营养价值比动物脂肪高。

坚果的营养价值

第二节　膳食结构与膳食指南

人类食物的种类虽多，除母乳外，任何单一食物都不能在质和量上满足人体对营养素的需要，因此，将不同种类的食物合理搭配，来满足机体对各种营养素的需求称为合理营养。通常将这种全面达到营养要求的膳食称为合理膳食或平衡膳食。平衡膳食是指按照不同年龄、身体活动和能量的需要所设计的膳食模式，使人体的营养需要与膳食供给之间保持平衡状态，这种模式推荐的食物种类、数量和比例，能最大限度地满足不同年龄阶段、不同能量水平的健康人群的营养与健康需要。

合理营养是人体健康的物质基础，平衡膳食则是实现合理营养的根本途径。改善膳食结构、均衡饮食和增加运动量能够促进个人健康，增强体质，减少慢性病的发生风险。

"平衡膳食与膳食结构"知识点精讲

一、膳食结构

膳食结构是指居民膳食中食物的种类和数量的相对构成，适宜的膳食必须合理搭配多种食物，才能达到平衡膳食的目的。

膳食结构类型具有一定的地域性，因其总是与当地民族特点、传统饮食习惯、现实营养状况、消费结构以及整个国民经济发展相适应的。当今世界上的膳食结构类型大致分为以下4种常见的模式。

（一）经济发达国家膳食模式

经济发达国家膳食模式，即高蛋白、高脂肪、高能量膳食，其以欧美发达国家为代表。这种膳食人群容易产生营养过剩，其肥胖症、心血管疾病、糖尿病与肿瘤的发生较为多见。

（二）东方型膳食模式

东方型膳食模式是以植物性食品为主，动物性食品相对不足，食物质量不高，但能量基本上可满足人体的需要。这类膳食容易出现蛋白质、能量等营养不足，以致体质低下，健康状况不良。我国过去基本上属于这一类型。

（三）日本膳食模式

日本膳食模式是以植物性食品为主，动物性食物为辅，能量、蛋白质、脂肪摄入均衡，动物性蛋白质占膳食蛋白质总量的50%，并有丰富蔬菜、水果等。这类膳食既保留了东方传统膳食的优点，又吸取了西方膳食的长处，膳食结构比较合理，基本符合营养要求。

（四）地中海膳食模式

地中海膳食模式，膳食中富含植物性食物，鱼、禽适量，还有少量的蛋、奶酪和酸奶，主要食用油为橄榄油，多数人有饮用葡萄酒的习惯，以意大利、希腊等地中海地区国家为主的该膳食模式居民，其心脑血管疾病发生率很低，因此这种膳食模式受到人们的关注。

二、中国居民膳食指南

膳食指南是根据营养科学原则和当地百姓健康需要，结合当地食物生产供应情况及人群生活实践，由政府或权威机构研究并提出的食物选择和身体活动指导意见。膳食指南提出了一个通俗易懂、简明扼要的合理膳食基本要求，是一个有效的宣传普及材料，每隔几年根据人群营养的新问题、新趋势进行修订。

▶ "中国居民膳食指南"知识点精讲

自1989年我国营养学会首次发布《中国居民膳食指南》至今已有30年的历史。最新一版《中国居民膳食指南（2016）》紧密结合我国居民营养问题和最新营养科学进展修订而成，以大众的营养需求和健康利益为根本，对居民如何进行合理膳食、适量运动、保持健康体重，避免不平衡膳食带来的疾病具有普遍性的指导意义。同时，结合我国居民的膳食结构特点设计了中国居民平衡膳食宝塔（图4-1），把平衡膳食的原则转化成各类食物的生重量，并以直观的形式表现出来，便于居民理解和在日常生活中实行。

图 4-1　中国居民平衡膳食宝塔

资料来源：中国营养学会. 中国居民膳食指南（2016）[M]. 北京：人民卫生出版社，2016.

《中国居民膳食指南（2016）》中提出了6条核心推荐条目，即：食物多样、谷类为主；吃动平衡、健康体重；多吃蔬果、奶类、大豆；适量吃鱼、禽、蛋、瘦肉；少盐少油、控糖限酒；杜绝浪费、兴新食尚。

（一）食物多样，谷类为主

膳食指南的核心观点是平衡膳食，而实现平衡膳食的基本途径是食物多样。食物中人体必需的营养素有40多种，而人体每天对各种营养素的需要量各不相同，并且每种天然食物中的营养素及有益膳食成分的种类和含量也各有不同，除母乳对 0~6 月龄婴儿外，没有任何一种食物可以满足人体所需的能量及全部营养素。因此，只有多种食物合理搭配才能组成平衡膳食，满足人体对能量的和各种营养素的需要。

我国居民膳食指南建议食物多样，指平均每天摄入 12 种以上、每周 25 种以上食物。若量化一日三餐的食物多样性，建议谷薯类食物品种平均每天 3 种以上、每周 5 种以上；蔬菜水果类平均每天 4 种以上、每周 10 种以上；动物性食物类平均每天 3 种以上、每周 5 种以上；大豆坚果类平均每天 2 种以上、每周 5 种以上。按一日三餐食物品种数的分配，早餐至少摄入 4~5 个品种，午餐摄入 5~6 个品种，晚餐 4~5 个品种，零食 1~2 个品种。

谷类为主是平衡膳食的基础，一般成年人每天可摄入谷薯类 250~400 g。餐餐有谷物，但每餐的主食不能仅吃精白米面，还需将全谷物和杂豆融入一日三餐，平均每天摄入全谷物和杂豆类 50~150 g。薯类在我国作为主食和蔬菜，平均每天可摄入 50~100 g，但需注意在食用薯类时，要相应减少谷类的食用量。

（二）吃动平衡，健康体重

食物摄入量和身体活动量是保持能量平衡、维持健康体重的两个主要因素。健康体重是指维持机体各项生理功能正常进行，充分发挥身体功能的体重，其体重构成的各组分比例恰当。我国健康成年人的 BMI 应在 $18.5\sim23.9\ kg/m^2$ 之间。如果吃得过多或运动不足，多余的能量就会在体内以脂肪的形式积存下来，体重增加，形成超重或肥胖，可增加糖尿病、高血压、冠心病等疾病的发病风险；相反如果吃得过少或动得过多，由于能量摄入不足或能量消耗过多引起体重过低或消瘦，可导致营养不良，诱发疾病的发生。

因此，通过合理的"吃"和科学的"动"，保持吃动平衡，不仅可以保持健康体重，保持美好体型，还可以增进心肺功能，改善糖、脂代谢和骨骼健康，调节心理平衡，增强机体免疫力，降低肥胖、心血管疾病、2 型糖尿病、癌症等威胁人类健康的慢性病的风险，提高生活质量，延年益寿。

根据《中国居民膳食营养素参考摄入量（DRIs）2013 版》，我国成年人轻体力活动者能量需要量男性为 2 250 kcal，女性为 1 800 kcal。中、重体力劳动者或活动量大的人，每天能量摄入应适当增加 300~500 kcal。因此，每餐食不过量，一日三餐，定时定量，重视早餐，不漏餐。

身体活动指增加能量消耗的骨骼肌活动，包括家务、职业、交通和主动性运动等。每天身体活动的能量消耗量应占总能量的 15%~30%

（300~700 kcal）。因此，在日常生活中应积极参加日常身体活动，每周至少进行5天中等强度身体活动，累计150 min以上，主动身体活动最好每天6 000步。减少久坐时间，每小时起来动一动。

不同的食物产生的能量不同，各种运动方式消耗的能量也不相同，两者之间简单的对应，可以参考表4-9。

▶ 表4-9 每100 g食物对应60 kg体重的人的运动量（单位：min）

	米饭	油条	青菜	猪肉（肥瘦）	牛肉（肥瘦）	牛奶	青鱼	鸡肉汉堡	薯片（油炸）
散步（3 km/h）	45	155	4	160	50	20	45	115	245
快走（5.6 km/h）	30	100	3	105	35	15	30	75	160
慢跑（8 km/h）	15	50	1	50	15	7	15	35	75
自行车（16 km/h）	30	95	3	100	30	15	30	75	155
爬楼	25	75	2	80	25	10	25	60	120
下楼	40	130	3	130	40	20	40	95	205
爬山	15	55	1	55	20	8	15	40	85
游泳	20	65	2	65	20	9	20	50	100
篮球	20	65	2	65	20	9	20	50	100
足球	15	55	1	55	20	8	15	40	85
排球	40	130	3	130	40	20	40	95	205
高尔夫球	40	130	3	130	40	20	40	95	205
乒乓球	30	95	3	100	30	15	30	75	155
羽毛球	25	85	2	90	30	10	25	65	135
网球	15	55	1	55	20	8	15	40	85
太极拳	30	95	3	100	30	15	30	75	155
遛狗	40	130	3	130	40	20	40	95	205
超市购物	45	155	4	160	50	20	45	115	245
洗碗、扫地	50	170	4	170	55	25	50	125	265
打牌下棋	75	255	7	265	85	35	80	195	410
看电视	115	385	10	395	125	55	120	290	610

（三）多吃蔬果、奶类、大豆

新鲜蔬菜水果、奶类、大豆及豆制品是平衡膳食的重要组成部分，坚果是膳食的有益补充。多吃蔬菜和水果、天天喝牛奶，常吃大豆及其制品，对一个人的健康至关重要。因此，在日常生活中，应做到餐餐有蔬菜，保证每天摄入 300~500 g 蔬菜，深色蔬菜应占 1/2；天天吃水果，保证每天摄入 200~350 g 新鲜水果，果汁不能替代鲜果；每天摄入 300 g 奶或相当量的乳制品；经常吃豆制品及适量的坚果。

根据我国 2010—2012 年中国居民营养与健康状况监测结果显示，我国城乡居民平均每标准人日蔬菜的摄入量为 269.7 g，水果的摄入量为 40.7 g，奶类及其制品的摄入量为 24.7 g，大豆类及制品摄入量为 10.9 g。由此可见，目前我国居民蔬菜摄入量逐渐下降，水果、大豆、奶类摄入量仍处于较低水平。

（四）适量吃鱼、禽、蛋、瘦肉

鱼、禽、蛋和瘦肉均属于动物性食物，富含优质蛋白质、脂类、脂溶性维生素、B 族维生素和矿物质等，是平衡膳食的重要组成部分。此类食物蛋白质的含量普遍较高，其氨基酸组成更适合人体需要，利用率高，但脂肪含量较多，能量高，有些含有较多的饱和脂肪酸和胆固醇，摄入过多可增加肥胖和心血管疾病等的发病风险，因此摄入要适量。每周吃鱼 280~525 g，畜禽肉 280~525 g，蛋类 280~350 g，平均每天摄入总量 120~200 g。优先选择鱼类和禽类，吃鸡蛋不弃蛋黄，少吃肥肉、烟熏和腌制肉制品。但目前我国居民鱼、畜禽肉和蛋类摄入比例不适当，畜肉摄入过高，鱼禽肉摄入过低。

（五）少盐少油，控糖限酒

食盐、烹调油和蔗糖是食物烹饪或加工食品的主要调味品，过多摄入这些调味品与肥胖密切相关。此外，高盐高脂饮食还可增加心脑血管疾病的发生风险。因此，人们要养成清淡饮食的习惯，少吃高盐和油炸食品。建议成人每天食盐（包括酱油和其他食物中的食盐量）的摄入量不超过 6 g，烹调油的食用总量不超过 30 g。控制添加糖的摄入量，每天不超过 50 g，不喝或少喝含糖饮料和食用高糖食品。

白酒基本上是纯能量食物，不含其他营养素。无节制地饮酒，会使食欲下降，食物摄入量减少，以致发生多种营养素缺乏、急慢性酒精中毒、酒精性脂肪肝，严重时还会造成酒精性肝硬化。从健康的考虑出发，男性和女性成年人每日饮酒应该不超过酒精 25 g 和 15 g，孕妇和儿童青少年应忌酒。换算成不同酒类，25 g 酒精相当于啤酒 750 mL、葡萄酒 250 mL、38°白酒 75 g 和高度白酒 50 g；15 g 酒精相当于啤酒 450 mL、葡萄酒 150 mL、38°白酒 50 g 或高度白酒 30 g。

水是人体重要的组成成分，健康成年人每天需要水 2 500 mL 左右。出现口渴已经是身体明显缺水的信号，因此不能等到口渴才去喝水。人体补充水分的最好方式是饮用白开水。在温和的气候条件下，成年男性每日最少饮用 1 700 mL（约 8.5 杯）水，女性最少饮用 1 500 mL（约 7.5 杯）水。对于运动量大、劳动强度高或暴露于高温、干燥等特殊环境下的人，如运动员、农民、军人、矿工、建筑工人、消防队员等，全天的饮水推荐量应大大超过普通人，并需要考虑同时补充一定量的矿物质。

（六）杜绝浪费，兴新食尚

食物不仅承载了营养，也反映了文化传承和生活状态。优良的饮食文化是实施平衡膳食的保障，同时也是减少浪费、保证饮食卫生、享受亲情和保障营养的良好措施。

我国虽然地大物博，但人口众多，人均食物资源并不丰富，可浪费食物的现象仍广泛存在。2013 年由热心公益人士发起的"光盘行动"，倡导厉行节约，反对铺张浪费，带动大家珍惜粮食、吃光盘子中的食物，得到了从中央到民众的支持，成为 2013 年十大新闻热词、网络热度词汇之一。珍惜食物，按需备餐，提倡分餐不浪费。

食物在生产、加工、运输、储存等过程中，易遭受致病性微生物、寄生虫和有毒有害等物质的污染，可导致食源性疾病。选择当地、当季食物，能最大限度地保障食物的新鲜度和营养。购买预包装食品要注意看清食品标签上的食品的生产日期、保质期、配料、质量（品质）等级等。选择新鲜卫生的食物和适宜的烹调方式；食物制备生熟分开，熟食二次加热要热透；学会阅读食品标签，合理选择食品。

在家就餐，动手制备食物，不但可以熟悉食物和烹饪技巧，更重要的是可以加强家庭成员的沟通、传承尊老爱幼风气、培养儿童和青少年良好饮食习惯、促进家庭成员的相互理解和情感沟通。同时，在家就餐也是保持饮食卫生、平衡膳食、避免食物浪费的简单有效措施。多回家吃饭，享受食物和亲情；传承优良文化，兴饮食文明新风。

世界各国和地区的膳食指南

第三节 健身人群的平衡膳食

不同于高强度训练状态的竞技体育运动,大众健身运动一般是指根据不同年龄和身体状况确定的中等强度运动,即"轻体育"。大众健身运动不拘泥于固定的形式,包括慢跑、游泳、健身操、篮球、足球等,人们可以根据自己的喜好和身体状况,选择适合自己的大众健身方式。人们在健身运动中,会消耗一定的糖、脂肪、蛋白质以及维生素和水,而这些物质都来源于膳食。因此,健身运动离不开合理的膳食营养。

一、平衡膳食在健身运动中的重要性

随着现代社会人们的生活压力增加、工作时间增长,许多人开始通过运动的方式来维持身体机能的平衡与健康。研究表明,体育锻炼能改善神经系统的调节功能,提高神经系统对人体活动时错综复杂变化的判断能力,并使人体适应内外环境的变化,保持机体生命活动的正常进行。

在运动过程中,随着人体神经系统兴奋性提高,体温上升,内脏器官活动增强,血液循环增强,体内的物质代谢加强,水、糖、蛋白质等物质的消耗也会随之增加。而这些物质主要来自膳食,只有及时足量补充才能保证身体各部位正常运转,保证良好的运动效果。如果无法通过合理的膳食营养进行补充,将会导致体内调节失衡,使锻炼者生理功能及运动能力下降,出现乏力、疲劳等生理反应。长期如此,不但无法促进身心健康,还将使得身体进入亚健康状态。因此,体育锻炼之后合理的膳食显得尤为重要。美国最近的一项调查也指出,人们锻炼效果的85%与膳食营养有关。只有合理的营养,才能促进肌肉的生长,达到锻炼的目的。不少健身教练提出"一半靠练,一半靠吃"的观点,就是让人们重视运动时的膳食营养。合理营养与运动锻炼是维持和促进健康的两个重要条件。以科学合理的营养为物质基础,以运动锻炼为手段,用锻炼的消耗过程换取锻炼后的超量恢复过程,使机体积聚更多的能源物质,从而提高各器官系统的功能。此时获得的健康,较之单纯以营养获取的健康上升到一个新的高度。因为合理营养配合健身锻炼,在获得健康的同时也获得了良好的身体素质。

二、健身人群平衡膳食的基本要求

（一）能量保持平衡

健身运动时机体能量消耗相对较大，只有及时地补充充足的能量，才能满足机体正常需要，保持充沛的体力和储备必要的能量。然而，过多的能量又会导致体脂增多、身体发胖、工作能力降低，因此健身运动时，膳食要科学、合理，要因个人、运动项目、运动强度和运动时间而异。不同的运动项目、运动强度和持续时间，总的能量消耗不同。对健身人群而言，每日会额外消耗 150~400 kcal 的热量，要根据人体能量消耗的具体情况进行补充，做到吃动平衡。同时注意糖类、脂类和蛋白质三大能源物质的比例适当。

（二）摄入充足的维生素

由于健身运动时机体代谢旺盛、激素分泌增加、大量排汗，因而维生素的损失较多，所以要补充充足的维生素。同时，合理增加维生素还可提高运动成绩。对维生素的需要量，因运动项目不同而有所区别，长时间的耐力性项目对维生素 B_1 和维生素 C 的需要量很大。

过多服用某一种维生素可造成维生素之间的不平衡，长期过多服用维生素不但不能改善工作能力，还会产生不良影响，使机体维生素代谢水平提高，导致一旦维生素摄入量较少时，就更易出现缺乏症状。各种维生素摄入量应保持适宜比例，才能使各种维生素在体内发挥良好作用。例如，维生素 B_1、维生素 B_2 和烟酸三者之间的比例保持在 1∶1∶10 较为合理。

（三）遵守合理的膳食制度

膳食制度包括严格的饮食时间、饮食质量以及饮食的分配。进食时间要与健身锻炼的时间相适应。运动后应休息 30 min 以上再进食，因为运动时体内血液集中于运动器官，消化器官相对缺血，此时进食对消化不利。进食后应休息 1.5~2.5 h 才能进行剧烈运动，因为进食后胃肠道被食物充盈，不利于运动。同时，运动也会影响消化功能的正常进行。

（四）食物应当营养平衡和多样化

正确地选择食物是保证营养质量的关键，选择食物要讲究营养，尽量选择营养丰富、易消化吸收、符合运动需要的食物。具体选择食物时，要注意重视主食的摄入，如米、面、馒头等。主食中含有丰富的糖类，能供给运动者充足的能量。要避免选食过多的肉类，因其不仅不会提供充足的能量，相反会给人体带来许多危害，如过多的蛋白质摄入可同时带入过多的脂肪，长此以往会引起高血脂、冠心病等。另外，动物蛋白和植物蛋白的比例要适宜，应多食牛奶和豆制品以代替部分肉类。

（五）正确地烹调加工

烹调时尽量保留食物的营养成分，注意食物的色、香、味，增进食欲。特别应强调增加生食的蔬菜，以减少营养素的损失。少吃或不吃油炸食物、肥猪肉、烤鸭、腊肉、奶油等，它们可能带给体内过多的脂肪，导致肥胖的发生。

第四节　运动员的平衡膳食

良好的营养是运动员取得优异运动成绩的重要因素之一。营养不当，会使运动员的生理功能和运动能力下降，影响训练效果和运动成绩。随着体育科学的发展，人们对营养的认识已不仅仅是维护运动员的身体健康，而是进一步研究如何根据不同运动项目运动员体内物质代谢的特点，科学地利用营养因素以促进运动成绩的提高。

一、运动员合理营养的要求

（一）保持能量摄入与消耗的动态平衡

运动员摄入的能量应与机体消耗的能量保持动态平衡。在不同训练期运动员的运动强度、运动量不同，消耗能量也不一样。因此，应对摄入能量的多少做出适时调整。能量摄入不足，会使运动员机能下降，健康受损，常见于大运动量训练后食欲下降或膳食不当的运动员；而能量摄入过多，则会使体内脂肪增加，对运动能力的提高也不利，常见于因伤病或其他原因不能正常训练而膳食未能有效控制的运动员。摄入的能量是否恰当，可通过调查和计算膳食能量的摄入和消耗来评定，也可以通过测定体重和体成分来估计。

"运动员膳食营养的要求"知识点精讲

（二）三大能量营养素配比适当

膳食中糖（表4-10）、脂肪和蛋白质（表4-11）含量的比例合适，有利于体内代谢过程的协调平衡，更好地发挥运动能力。运动员膳食中应有

55%~60% 的糖，10%~15% 的蛋白质和 25%~30% 的脂肪。同时，还应注意必需氨基酸之间的平衡、饱和与不饱和脂肪酸之间的平衡、可消化的糖与纤维素之间的平衡以及动植物性食品之间的平衡。应根据不同性质运动的代谢特点，适当调整三种能量营养素的比例。如力量性运动需要提高蛋白质的比例，速度性和耐力性运动需要提高糖的比例，游泳运动员可适当增加脂肪的比例。

▶ 表 4-10 运动员糖的推荐摄入量

目标	糖的推荐摄入量
急性运动	
最佳肌糖原储备	7~12 g/kg/d
肌糖原快速恢复 < 8 h	1~1.2 g/kg 运动后立即补充，每小时重复，直到膳食消耗量。例如在恢复早期可以采用小饼干每隔 15~60 min 补充
超长运动开始前，在餐前补充，提高糖利用率	运动前 1~4 h，补充 1~4 g/kg
大于 1 h 的中等强度或间歇运动	0.5~1.0 g/kg/h（30~60 g/h）
长期或每天运动	
低强度或技巧性运动（控体重）	3~5 g/kg/d
中等强度日常恢复或需求	5~7 g/kg/d
耐力运动日常恢复与能量需求	7~12 g/kg/d
亚极限运动日常恢复与能量需求	≥ 10~12 g/kg/d

资料来源：Burke, Kiens, and Ivy 2004.

▶ 表 4-11 运动员与健身人群蛋白质的最大需求量

运动人群	最大蛋白质需求量（g/kg/d）
安静人群	0.8~1.0
休闲体育锻炼人群	0.8~1.0
力量为主运动员（男）：训练的早期阶段	1.5~1.7

续表

运动人群	最大蛋白质需求量（g/kg/d）
力量为主运动员（男）：训练阶段	1.0~1.2
耐力为主运动员（男）	1.2~1.6
青春期运动员（男）	1.5~2.0
女性运动员	比男性运动员低15%

资料来源：Lemon 2000；Tarnopolsky 2006。

（三）维生素摄入充足

运动时，体内代谢加强，激素分泌与酶的活性增强，使体内维生素消耗增加，同时由于大量排汗，维生素的丢失增多；另一方面，体内有充足的维生素储备，可改善机体工作能力，提高运动成绩。因此，运动员对维生素的需要量较多，尤其要注意 B 族维生素（B_1、B_2、PP）与能量消耗之间的平衡。运动员在大运动负荷训练或比赛时容易发生维生素缺乏，致使运动能力下降，产生疲劳，抗病能力降低，造成损伤，且伤后的康复较慢。当给运动员补充维生素后，其机能得到改善，运动能力得到恢复或提高。但补充过多的维生素是无益的，如脂溶性维生素补充过多可引发中毒，从而对机体造成伤害。补充维生素应以平衡膳食供给为主，必要时可适当补充维生素制剂。

（四）矿物质摄入适量

由于运动时代谢增强，常量元素与微量元素的消耗均增加，随汗液丢失也增多，运动负荷还会造成机体对矿物质的吸收能力降低，因而常造成运动员的矿物质缺乏。运动员的缺铁性贫血发生率较高，我国成年运动员为 5%，青少年为 15%。微量元素铜、锌等对人体的代谢过程有重大影响。因此，运动员需及时补充矿物质，尤其应重视微量元素的补充。

（五）摄入足够水

出汗是运动中机体的主要散热方式，每蒸发 1 g 汗可散热 2.38 kJ（0.57 kcal）。出汗率与能量的消耗量、运动强度以及环境温度呈正相关。汗液的成分中 98%~99% 是水，大量出汗会使机体脱水。脱水会使机体的生理机能和运动能力下降，严重时会危及生命。因此，摄入充足的水是维持机体生理功能和运动能力的重要保证。在长时间耐力运动中，补充含糖和电解质的运动饮料不仅可以提供外源性的能源物质，还可以维持水盐平衡，起到促进运动能力的作用。

二、运动员平衡膳食的原则

▶"运动员合理膳食的原则"知识点精讲

平衡膳食系由多种食物构成，它提供足够的热能和各种营养素，满足人体正常生理的需要，而且还保持各种营养素之间数量的平衡，以利于消化、吸收和利用。由于不同项目的运动员在不同的训练周期和比赛期体内的物质代谢显著不同，对营养物质的需求也不相同，因此，膳食营养的质量和数量以及分配原则应适应不同训练周期时的生理变化，帮助运动员取得最佳的训练效果、竞技能力和比赛成绩，同时保证良好的健康状态。

（一）食物的数量和质量要满足需要

运动员膳食的数量应满足运动训练和比赛能量消耗的需要，使运动员保持适宜的体重和体脂；在质量上应保证全面营养需要和适宜的配比。运动员食物中能源物质蛋白质、脂肪和糖的比例应适应不同项目训练和比赛的需要。

（二）食物应多样化，保证营养平衡

食物包括谷薯类食物（如米、面、杂粮等）、蔬菜和水果，奶和奶制品，畜禽肉蛋、水产品，豆制品以及烹饪用油、白糖等。一个参加集训的运动员，当其能量消耗为 14 644~18 410 kJ（3 500~4 400 kcal）时，一日的基本食物应有 500 g 主食、300~400 g 肉类、250~500 mL 牛奶、500 g 以上的蔬菜、少量豆腐或其他豆制品等成分，能量不足或过多时，可用主食、食用油或甜食等进行调节。由于剧烈运动会造成机体内酸性代谢产物堆积，使体内酸度增高，运动能力降低，因此运动员应多摄入蔬菜、水果等食物，增加体内碱储备，这有利于体内维持酸碱平衡。由于紧张的训练和比赛，运动员经常处于交感神经的兴奋状况下，消化功能较弱。因此，应选择容易消化的食物，减少油炸食品的摄入。

（三）食物应当浓缩、体积小

运动员一日食物的总重量不宜超过 2.5 kg。体积过大的食物会影响运动能力的发挥，尤其是有合理冲撞的运动项目（如足球）。

（四）一日三餐食物能量的分配应符合运动训练或比赛期的需要

运动员在上午训练时，早餐应有较高的能量，并含有丰富的蛋白质、矿物质和维生素。在下午训练时，午餐应适当加强，但要避免胃肠负担过重。晚餐的能量一般不宜过多，以免影响睡眠。早餐、午餐和晚餐的能量大致为30%、40%和30%。在大运动量训练时，能量消耗量大或训练时间长，饮食受时间限制，可适当加餐，加餐的能量为一日能量的5%，但应注意增添营养全面、容易消化或能量密度比较高的食物，如巧克力等。

（五）进食时间应考虑消化功能和个人饮食习惯

进餐时间与运动时间或比赛时间应有一定间隔，特别是正餐，由于食物较多且复杂，消化器官的负担较重，更应注意进餐时间。一般应在运动结束后休息 30 min 以上，大运动量后要休息 45 min 以上才能进餐。另外，进餐后宜间隔 1.5~2 h 再运动，因为进餐后不久，一方面胃中食物充盈限制了膈肌的活动，影响呼吸，对运动不利；另一方面，进食后立即运动，由于血液的重新分配，导致消化系统的血流量减少，不仅妨碍食物的消化吸收，还会引起胃肠不适、腹痛等，影响运动能力。

三、运动员的膳食指南

近几年来，国内对国家和省市集训队优秀运动员的营养调查和监控数据表明，运动员中已无严重营养不良情况，运动员贫血的检出率显著降低，但膳食能量的分布仍存在脂肪占总能量的百分比过高（多数＞40%总热量），尤其是动物性食物过多使饱和脂肪酸比例增加，而糖的比例过低（多数＜50%总热量）。还有部分运动员同时存在蛋白质营养过度、高胆固醇、高盐以及维生素B、维生素A和锌、铁、钙不足等营养问题。这些问题的出现与运动员缺少营养知识，对膳食营养平衡的重要性认识不足，忽视主食、水分和蔬菜的重要价值以及与选择食物不当等都有关系。运动员的平衡膳食要注意以下几个方面：

"运动员膳食指南"知识点精讲

（一）食物多样，谷类为主，营养平衡

谷类食物是中国人的主食，主要包括大米、小麦、玉米、小米、高粱以及由其制成的相关食品等，其提供的营养素以糖为主，并提供蛋白质和其他营养素。运动员糖的摄入对运动中的能量释放和运动后恢复均具有十分重要的作用。但运动员营养调查发现，主食类缺口达20%~50%。因此，运动员

膳食中必须增加谷类食物的摄入，同时注意食物的多样性，保证营养平衡。

（二）食量和运动量平衡，保持适宜体重和体脂

运动员的肌肉成分及其质量是获得好成绩的关键，因此，运动员应保持动吃平衡，即保持能量的消耗与摄入之间的平衡，维持适宜的体重和体脂。

（三）多吃蔬菜、水果、薯类、豆类及其制品

蔬菜和水果主要提供维生素、矿物质和膳食纤维，包括一定量的糖，是运动员保持身体中碱储备最重要的来源，可中和运动中产生的大量酸性产物，延缓运动性疲劳的产生。

运动员能量消耗大，蛋白质需要量高于正常人，薯类、豆类及其制品富含优质蛋白质，可以使运动员的蛋白质得到及时补充。

（四）每天喝牛奶或酸奶

运动员蛋白质不仅应满足数量上的要求，更重要的是优质蛋白质的摄入应占蛋白质摄入量的 1/3 以上。奶和奶制品不仅可以为运动员提供丰富的优质蛋白质，而且可以为运动员提供优质的钙等，并可以避免摄入过多的脂肪。

（五）肉类食物要适量，多吃水产品

肉类食物以提供蛋白质为主。目前，运动员基本上不存在肉类食物供给不足的问题，反而是红肉提供的动物蛋白过量，造成饱和脂肪酸过多，影响运动员的身体健康和运动成绩。因此，在运动员膳食中，肉类食物要适量，必要时增加蛋类和鱼类等水产品的摄入。

（六）注重早餐和必要的加餐

运动员上午的训练和比赛量很大，必须保证每天早餐的能量份额和质量，必要时要在运动训练中间加餐，以保证运动训练和比赛时的能量需要。

（七）重视补液和补糖

运动员营养调查发现，随着运动员能量消耗的增加，丢失体液也增多，很容易发生脱水；同时供给的能源物质中糖往往不足。因此，运动员必须根据运动项目的特点，在运动前、运动中和运动后及时补液和补糖。

（八）在医学指导下合理使用运动营养补充剂

由于运动员对某些营养素的消耗特别多，无论如何均衡膳食，有些营养素还是不足，因此，在医学指导下适当、有针对性地使用特殊运动营养补充剂，如肌酸、蛋白粉和某些维生素等，可弥补膳食营养的不足，促进运动员的运动能力的提高和运动性疲劳的恢复。

运动员的平衡膳食可总结为"五个一"原则，即大多数运动员一天的膳食要包括一斤粮食、一斤蔬菜、一斤水果、一斤奶、一两豆制品，但根据运动量的变化和体重大小，可以进行适当调整。

第五节　食谱的编制

编制食谱是膳食调配中一项经常性的工作，也是实现平衡膳食的具体措施。编制食谱的目的是使运动时的能量和营养素的供给量符合标准，满足运动训练和比赛时的需要，并使供给营养的食物具体化，配成适当的饭菜。

▶ "食谱的编制"知识点精讲

一、编制食谱的原则

（一）保证营养平衡

饮食调配与保证合理营养密切相关。合理营养原则必须通过具体、合理的饮食调配得到贯彻。因此，编制食谱时首先应根据运动员对营养素的需要量，选择包括谷类、蔬菜、豆类、油脂、奶类、水果和动物性食物等多种原料，使其在质和量方面符合合理营养的要求，以保证各种营养素的全面、平衡。

（二）合理分配食物

编制食谱时，必须将每天需要的食物适当地分配到全天的各餐之中，如果分配不当，就不能充分发挥食物的营养价值，还会使运动员感到不适。如在一日三餐中，有的餐次食物过多，使人过饱，就会增加胃肠道负担，影响食物的消化和吸收。反之，如果食物过少，可使人很快出现饥饿感。

（三）照顾饮食习惯

饮食习惯是长期适应一定的生活环境与条件形成的结果。编制食谱时，要照顾运动员的饮食习惯，选择运动员喜欢吃的食物，并按照其习惯加以烹调，这样才能使食物被充分摄入、消化、吸收和利用。

（四）注意饭菜口味

饮食的色、香、味等感官性状是刺激运动员食欲的重要因素。色香味俱全的食物不仅可以保持运动员大脑皮质的适度兴奋，促进食欲，还有利于食物的消化和吸收。

（五）变换花色品种

食物品种多样化能充分利用各种食物在营养价值上的各自特点及营养的互补作用。因此，在饮食调配中，要不断变换食物种类，尽量避免每天饭菜的重复。

（六）考虑季节因素

膳食调配时，要注意季节的变换。夏季饭菜应清爽可口，并可适当选用有酸味和辛香的食物以增进食欲；冬季饭菜则以浓厚为宜，可以富含油脂，味浓色重。

二、编制食谱的基本要求

（一）平衡膳食的调配

（1）能量平衡：能量摄入与消耗保持平衡。

（2）蛋白质、脂肪与糖的供能比例合理：蛋白质 10%～15%，脂肪 20%～30%，糖 55%～60%。并应根据运动员所从事的专项不同，确定三者的供能比例。

（3）氨基酸的比例：必需氨基酸占 40%。

（4）氮、钙、磷的比例：12∶0.66∶1。

（5）其他营养素的比例：参照营养素供给标准。

（6）适当的膳食纤维。

（二）平衡膳食的组成

（1）谷类、薯类：30%～35%。

（2）动物性食物和豆类：20%～25%。

（3）蔬菜、水果、坚果类：35%～40%。

（4）油脂、精制糖类：2%~3%。
（5）盐和其他调味品：2%。

三、食谱的编制方法

（一）确定一日的能量供给量

参照中国居民膳食营养素参考摄入量（DRIs）中能量推荐量（RNI）或优秀运动员一日能量供给推荐值（AI），根据年龄、性别、运动项目、运动强度、运动量以及身体状况等条件进行确定。以下以一名跳水运动员每日所需能量的供给标准（2 700 kcal）为例来编制食谱。

（二）计算宏量营养素全日提供的能量

根据优秀运动员每日供能营养素的供能比例推荐参考值，计算供能营养素一日需提供的能量。蛋白质需要提供能量 405 kcal（2 700 kcal×15%），脂肪需要提供能量 675 kcal（2 700 kcal×25%），糖需要提供能量 1 620 kcal（2 700 kcal×60%）。

（三）计算每日供能营养素的需要量

根据能量系数计算出蛋白质的需要量为 101 g（405 kcal÷4 kcal/g），脂肪的需要量为 75 g（675 kcal÷9 kcal/g），糖的需要量为 405 g（1 620 kcal÷4 kcal/g）。

（四）计算供能营养素每餐需要量

根据优秀运动员每日三餐能量供应比例推荐参考值，分别计算出各种供能营养素的每餐需要量，具体见表 4-12。

▶ 表 4-12　每日三餐供能营养素的需要量

供能营养素	早餐	午餐	晚餐	合计
分配比例（%）	30	40	30	100
蛋白质（g）	30.3	40.4	30.3	101
脂肪（g）	22.5	30.0	22.5	75
糖（g）	121.5	162.0	121.5	405

（五）确定主、副食的品种和数量

根据食物成分表中各种食物的供给营养素含量来确定主、副食的品种和数量。表 4-13 列举了一些食物提供的能量和营养素含量。

▶ 表 4-13　一些食物提供的能量和营养素含量

食物名称	可食部（%）	能量（kcal）	蛋白质（g）	脂肪（g）	糖（g）
小米粥	100	46	1.4	0.7	8.4
馒头	100	223	7.0	1.1	47.0
米饭（蒸）	100	116	2.6	0.3	25.9
烙饼（标准粉）	100	259	7.5	2.3	52.9
猪肉（里脊）	100	155	20.2	7.9	0.7
带鱼	76	127	17.7	4.9	3.1
豆腐干（熏）	100	154	15.8	6.2	8.8
油豆腐	100	245	17.0	17.6	4.9
鸡蛋	88	144	13.3	8.8	2.8
牛乳	100	54	3.0	3.2	3.4
香蕉	59	93	1.4	0.2	22.0
红富士苹果	85	49	0.7	0.4	11.7
芦柑	77	44	0.6	0.2	10.3
豆油、花生油	100	899	0	99.9	0

资料来源：杨月欣. 中国食物成分表（第一册）[M]. 2 版. 北京：北京大学医学出版社，2009.

1. 主食

主食的品种和数量主要根据食物中的糖含量来确定。

早餐：糖的需要量为 121.5 g，可选择小米粥、馒头和香蕉。假使小米粥提供 20% 的糖，则需要小米粥：121.5 g×20%÷（8.4 g/100）= 289 g；馒头提供 70% 的糖，则需要馒头：121.5 g×70%÷（47 g/100）= 181 g；香蕉提供 10% 的糖，则需要香蕉：121.5 g×10%÷（22 g/100）÷59% = 93.6 g。

中餐：糖的需要量为 162 g，可选择米饭、烙饼和苹果。假使米饭提供

50%的糖，则需要米饭：162 g×50%÷（25.9 g/100）=313 g；烙饼提供40%的糖，则需要烙饼：162 g×40%÷（52.9 g/100）=122 g；苹果提供10%的糖，则需要苹果：162 g×10%÷（11.7 g/100）÷85%=163 g。

晚餐：糖的需要量为121.5 g，可选择米饭、馒头和芦柑。假使米饭提供50%的糖，则需要米饭：121.5 g×50%÷（25.9 g/100）=235 g；馒头提供40%的糖，则需要馒头：121.5 g×40%÷（47 g/100）=103 g；芦柑提供10%的糖，则需要芦柑：121.5 g×10%÷（10.3 g/100）÷77%=153 g。

2. 副食

副食的品种和数量主要根据食物中的蛋白质含量来确定。以午餐为例，进行如下计算：

（1）计算主食中的蛋白质重量。早餐中糖的需要量为121.5 g，按照主食的计算方法，选择小米粥（提供糖20%）289 g，馒头（提供糖70%）181 g和香蕉（提供糖10%）93.6 g。以此计算出主食中的蛋白质含量为：289 g×（1.4/100）+181 g×（7.0/100）+93.6 g×（1.4/100）×59%=17.48 g。

午餐中糖的需要量为162 g，按照主食的计算方法，选择米饭（提供糖50%）313 g、烙饼（提供糖40%）122 g和苹果（提供糖10%）163 g。以此计算出主食中的蛋白质含量为：313 g×（2.6/100）+122 g×（7.5/100）+163 g×（0.7/100）×85%=18.3 g。

晚餐中糖的需要量为121.5 g，按照主食的计算方法，选择馒头（提供糖40%）103 g、米饭（提供糖50%）235 g和芦柑（提供糖10%）153 g。以此计算出主食中的蛋白质含量为：103 g×（7.0/100）+235 g×（2.6/100）+153 g×（0.6/100）×77%=14.03 g。

（2）计算副食应提供的蛋白质重量。

早餐副食提供的蛋白质含量为：30.3 − 17.48 = 12.82 g。

中餐副食提供的蛋白质含量为：40.4 g − 18.3 g = 22.1 g。

晚餐副食提供的蛋白质含量为：30.3 g − 14.03 g = 16.27 g。

（3）确定副食中动物性食物和豆制品的重量。早餐副食由牛奶和鸡蛋提供，假使提供牛奶250 mL，则鸡蛋应提供蛋白质为：12.82−250 mL×（3.0 g/100 mL）=5.32 g，则需要鸡蛋：6.82 g÷（13.3 g/100）÷88%=45.5 g。

设定中餐和晚餐副食中蛋白质的2/3由动物性食物提供，1/3由豆制品提供，则：

中餐动物性食物应提供蛋白质：22.1 g×2/3=14.73 g；豆制品应提供蛋白质：22.1 g×1/3=7.37 g。若选择猪肉（里脊），则需要：14.73 g÷

（20.2/100）=72.9 g；若选择豆腐干（熏），则需要：7.37 g÷（15.8/100）=46.65 g。

晚餐动物性食物应提供蛋白质：16.27 g×2/3=10.85 g；豆制品应提供蛋白质：16.27 g×1/3=5.42 g。若选择带鱼，则需要：10.85 g÷（17.7/100）÷76%=80.7 g；若选择油豆腐，则需要：5.42 g÷（17.0/100）=26.6 g。

（4）选择蔬菜的品种和数量。根据不同季节蔬菜的供应情况，考虑与动物性食物和豆制品配菜的需要来选择蔬菜的品种和数量。

通常每人每天所吃的蔬菜量在 500 g 左右，基本上能满足人体维生素和矿物质的需要，其中最好 50% 是绿叶蔬菜。此外，黄色、橙色、红色蔬菜也尽量食用，以保证胡萝卜素、维生素 B_2 和维生素 C 的摄取。食用蔬菜的种类越多越好，最好每天能有 3~5 种。

（六）确定纯能量食物的量

纯能量食物主要指油脂，应以植物油为主。早餐脂肪需要量为 22 g，其中小米粥含脂肪量为：289 g×（0.7/100）=2.023 g；馒头含脂肪量为：181 g×（1.1/100）=1.991 g；香蕉含脂肪量为：93.6 g×（0.2/100）×59%=0.11 g；牛奶含脂肪量为：250 mL×（3.2/100）=8 g；鸡蛋含脂肪量为：45.5 g×（8.8/100）×88%=3.524 g，则油脂的需要量为：22 g−（2.023+1.991+0.11+8+3.524）g=6.35 g，可以选择豆油、花生油或色拉油。

午餐脂肪需要量为 30 g。其中米饭含脂肪量为：313 g×（0.3/100）=0.939 g；烙饼含脂肪量为：122 g×（2.3/100）=2.806 g；苹果含脂肪量为：163 g×（0.4/100）×85%=0.554 g；猪肉（里脊）含脂肪量为：72.9 g×（7.9/100）=5.76 g；豆腐干（熏）含脂肪量为：46.65 g×（6.2/100）=2.89 g，则油脂的需要量为：30 g−（0.939+2.806+0.554+5.76+2.89）g=17.1 g，可以选择豆油、花生油或色拉油。

晚餐脂肪需要量为 22 g，其中米饭含脂肪量为：235 g×（0.3/100）=0.705 g；馒头含脂肪量为：103 g×（1.1/100）=1.133 g；芦柑含脂肪量为：153 g×（0.2/100）×77%=0.234 g；带鱼含脂肪量为：80.7 g×（4.9/100）×76%=3.005 g；油豆腐含脂肪量为：26.6 g×（17.6/100）=4.682 g，则油脂的需要量为：22 g−（0.705+1.133+0.234+3.005+4.682）g=12.24 g，可以选择豆油、花生油或色拉油。

根据以上计算和国人膳食的特点，为跳水运动员制定以下食谱（表4-14）。

▶ 表 4-14　跳水运动员的食谱（2 700 kcal）

早餐		中餐		晚餐	
食谱	配料	食谱	配料	食谱	配料
小米粥	289 g	米饭	313 g	米饭	235 g
馒头	181 g	烙饼	122 g	馒头	103 g
牛奶	250 mL	青椒肉片	猪肉 72.9 g，青椒 200 g，豆油 10 g	清蒸带鱼	带鱼 80.7 g，色拉油 6 g
油煎鸡蛋	鸡蛋 1 个，豆油 6 g	西芹豆腐干	豆腐干（熏）46.65 g，西芹 150 g，豆油 7 g	青菜油豆腐	油豆腐 26.6 g，豆油 6 g
香蕉	93.6 g	苹果	163 g	芦柑	153 g

（七）食谱的评价与调整

应用食物成分表核算食谱所提供的能量和各种营养素的含量，与 DRIs 或优秀运动员营养推荐标准比较，相差在 10% 上下为符合要求，否则需要增减或更换食物的品种或数量。

在评价时，不必严格要求每份食谱的能量和各类营养素均与 DRIs 或优秀运动员营养推荐标准相一致。一般情况下，每天的能量、蛋白质、脂肪和糖的量出入不应很大，其他营养素以一周为单位进行计算和评价即可。

案例分析

中国居民膳食指南的演变

中国居民膳食指南从 1989 年发布第一版开始，经过了多次演变，2016 年推出了最新的一版，这其中有些内容是相同的，有些内容则有所变化（表 4-15）。

▶ 表 4-15　1989—2016 年中国居民膳食指南的演变

1989 版	1997 版	2007 版	2016 版
食物要多样 饥饱要适当 油脂要适量 粗细要搭配	食物多样、谷类为主 多吃蔬菜、水果和薯类 常吃奶类、豆类或其制品	食物多样，谷类为主，粗细搭配 多吃蔬菜水果和薯类 每天吃奶类、大豆或其制品	食物多样，谷类为主 吃动平衡，健康体重

续表

1989 版	1997 版	2007 版	2016 版
食盐要限量 甜食要少吃 饮酒要节制 三餐要合理	经常吃适量鱼、禽、蛋、瘦肉；少吃肥肉和荤油 食量与体力活动要平衡，保持适宜体重 吃清淡少盐的膳食 饮酒应限量 吃清洁卫生、不变质的食物	常吃适量的鱼、禽、蛋、瘦肉 减少烹调油用量，吃清淡少盐的膳食 食不过量，天天运动，保持健康体重 三餐分配要合理，零食要适当 每天足量饮水，合理选择饮料 饮酒应限量 吃新鲜卫生的食物	多吃蔬果、奶类、大豆 适量吃鱼、禽、蛋、瘦肉 少盐少油，控糖限酒 杜绝浪费，兴新食尚

根据以上材料，请回答以下问题。

（1）比较 1989—2016 年中国居民膳食指南演变的异同。

（2）中国居民膳食指南的演变说明了什么？

复习思考题

1. 简述谷类食物的营养价值。
2. 试比较肉类和大豆类食物蛋白质的营养价值。
3. 如何提高大豆食物的利用率？
4. 何谓膳食结构？常见的膳食模式有哪些？
5. 试述中国居民膳食指南（2016）的主要内容。
6. 健身人群平衡膳食的基本要求有哪些？
7. 试述运动员平衡膳食的原则和膳食指南。
8. 食谱编制的原则与方法有哪些？

扫一扫：本章核心知识点即测即练

第五章
运动营养补充剂

> ▶ **本章导语**
>
> 随着竞技体育的飞速发展,要求运动员承受超负荷的运动训练,以不断提高运动成绩。为了适应大运动量和高强度的运动训练,仅依靠平衡膳食难以满足专业运动训练引起的机体大量物质的消耗与恢复,可额外地使用具有一定功能的运动营养补充剂。本章在介绍运动营养补充剂概念和分类的基础上,阐述了运动营养补充剂的使用原则,重点阐述了常见运动营养补充剂对运动能力的影响及使用方法。
>
> ▶ **学习目标**
>
> 1. 了解运动营养补充剂概念和分类。
> 2. 明确使用运动营养补充剂的原则。
> 3. 掌握各类运动营养补充剂的功能、使用原则与方法。

第五章　运动营养补充剂

▶ 本章思维导图

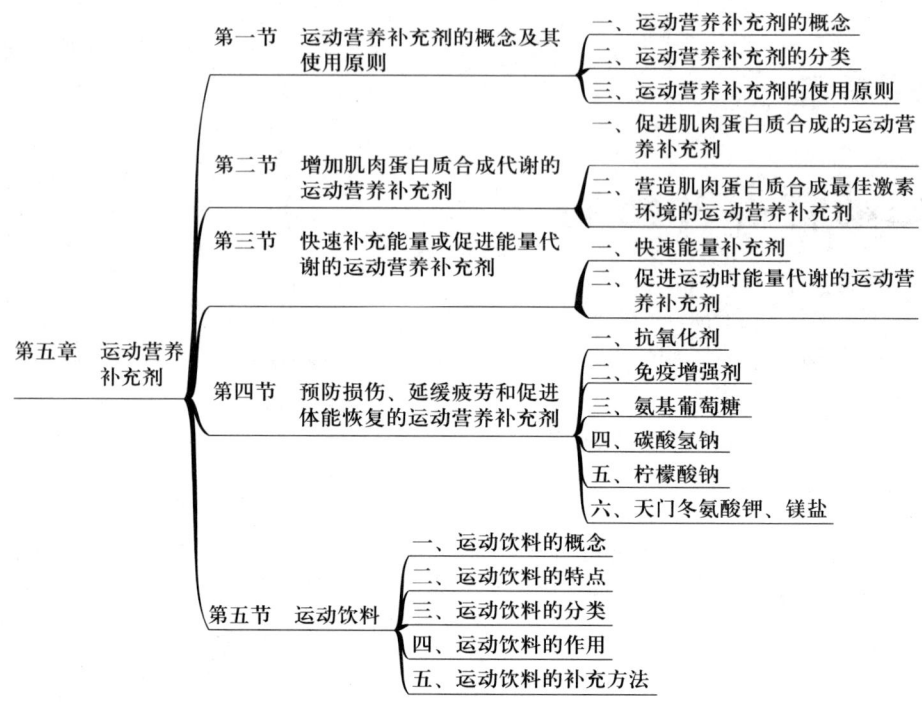

运动训练或比赛时体内激素分泌增加，物质代谢加强，能源物质被大量消耗，酸性产物积聚增多，导致机体内环境发生变化，很容易引起运动性疲劳的发生。为了适应大运动量和高强度的运动训练，可以额外地使用具有一定功能的运动营养补充剂。

第一节　运动营养补充剂的概念及其使用原则

一、运动营养补充剂的概念

▶ "运动营养补充剂"知识点精讲

目前，国内外对运动营养补充剂还没有一个统一的概念。美国将运动营养补充剂归于膳食补充剂的范畴，美国《膳食补充剂、健康与教育法案》（1994）将膳食补充剂定义为一种可添加到膳食中的产品，可以是维生素、氨基酸、矿物质、草药、植物性物质或其他可补充到膳食中的膳食物质或浓缩物、代谢物、组成物、提取物的一种或几种物质的混合物。总之，具有强力作用的膳食补充剂被理解为运动营养补充剂。

美国《膳食补充剂、健康与教育法案》（1994）相关资料

我国对运动营养补充剂的称谓有很多，如运动营养品、强力营养素、强力营养物质、高效运动营养因子、运动营养保健品、运动营养补充剂等。目前普遍认为，运动营养补充剂是适用于专业或业余运动人群食用的，能满足运动人体的特殊营养需要或具有特定运动营养保健功能的食品或口服制品，其主要作用在于提高运动能力、促进疲劳恢复和防治运动引起的机体机能紊乱与疾病。在运动营养补充剂中，大多数成分是从自然食物中提取的具有特定功效的活性物质，也有一些特定的成分虽不具有营养素的特征，但可以调节身体的物质代谢。根据运动员身体特点及运动项目不同，在正常膳食营养的基础上合理地使用运动营养补充剂，可以有效地提高运动员的运动能力。

二、运动营养补充剂的分类

运动营养补充剂按照功效可分为：增加肌肉蛋白质合成代谢的运动营养补充剂；提供能量或促进代谢的运动营养补充剂；预防损伤、延缓疲劳和促进体能恢复的运动营养补充剂等。

（一）增加肌肉蛋白质合成代谢的运动营养补充剂

这类营养补充剂可以促进肌肉蛋白质的生物合成，增长肌肉的体积和力量，提高运动员的运动能力。

（二）快速补充能量或促进能量代谢的运动营养补充剂

这类营养补充剂是为了满足运动员的特殊膳食需要，作为一类快餐食品帮助运动员快速地补充能量，或者促进机体的物质代谢，促进运动时能量的生成，从而有效地提高运动员的运动能力。

（三）预防损伤、延缓疲劳和促进体能恢复的运动营养补充剂

这类营养补充剂能够有效地预防运动损伤，延缓运动疲劳的产生，促进运动员体能的恢复。尽管其中有些未发现具有有效提高运动员运动能力的效用，但是能有助于维持或促进大强度训练期间运动员的身体健康。

三、运动营养补充剂的使用原则

（1）在严格的科学指导下使用。
（2）具有明确的功效原理，且必须是合法的。
（3）具有安全性。超过安全上限（UL值）可损害健康。
（4）注意个体差异。对强力营养物质的反应存在明显的个体差异，没有一种运动营养补充剂对所有运动员都有效。
（5）运动营养补充剂不能取代运动训练。运动营养补充剂的使用必须在科学训练的前提下，并以膳食营养为基础。

第二节　增加肌肉蛋白质合成代谢的运动营养补充剂

运动员通常通过运动训练提高肌肉力量并伴有肌肉体积的增大，从而提高肌肉的做功能力。肌肉体积和肌肉力量的增加需要合成蛋白质的原料以及促进蛋白质合成的最佳激素环境。

一、促进肌肉蛋白质合成的运动营养补充剂

大量实践证明，补充乳清蛋白、酪蛋白、大豆蛋白、卵白蛋白可以有效地促进运动员蛋白质的生物合成，对提高运动员的运动能力有着非常重要的作用。蛋白质的水解产物包括某些寡肽和游离氨基酸等，也能够促进运动员蛋白质的生物合成。

（一）乳清蛋白

乳清蛋白是利用现代生产工艺从牛奶中提取的蛋白质，牛奶中87%是水，13%的固体中37%是乳糖，30%是脂肪，27%是乳蛋白，6%是矿物质。而乳蛋白中只有20%是乳清蛋白，80%都是酪蛋白，即牛奶中乳清蛋白含量仅为0.702%。乳清蛋白中含有大量的支链氨基酸，且胆固醇、脂肪、乳糖含量低，易消化，易吸收，在蛋白质中具有最高的生物利用价值。

乳清蛋白具有促进机体蛋白质的合成，提高机体免疫能力，延缓中枢疲劳的发生和发展，提高机体的抗氧化能力和提供能量等生物学功能。乳清蛋白对于需要严格控制体重的运动员（如摔跤、柔道、体操运动员等）来说是

最佳的蛋白质补充剂，它不但可以在控制体重期间为运动员提供优质的蛋白质以维持机体正常蛋白质的合成、降低身体脂肪含量，而且可以维持运动员的运动能力。在高原训练期间，适量补充乳清蛋白对维持运动员身体机能水平，提高高原训练的效果也具有重要作用。

在大负荷运动训练期间，为了保证肌肉的恢复和促进身体功能水平提高，乳清蛋白的摄入量可以提高到总蛋白质摄入量的50%甚至以上。在一般训练期，乳清蛋白补充量维持在每天20 g左右，就能够充分发挥作用。对于健身健美爱好者来说，为了尽快地壮大肌肉，乳清蛋白的摄入量一般在每天50 g左右。但是，过量摄入蛋白质包括乳清蛋白，对壮大肌肉和提高肌肉的质量没有好处，容易引起血氨升高，反而会对机体产生不利的影响。

（二）大豆蛋白

大豆蛋白是从大豆中提取和浓缩而来的，是一种良好的蛋白质补充剂。大豆蛋白的补充对降低血浆甘油三酯和低密度脂蛋白水平、缓解机体钙流失、防治骨质疏松具有积极意义，可明显改善目前我国运动员中普遍存在的因大量摄入高脂膳食而引起的血脂升高现象。

摄取大量的大豆蛋白没有明显的副作用，但应注意在高原训练期间不宜大量补充大豆蛋白，因为大豆蛋白摄入增加可能会引起胃肠胀气和腹部不适等。

（三）氨基酸

氨基酸是蛋白质的基本结构单位，补充氨基酸营养一方面可作为合成蛋白质的基本组成成分，另一方面许多氨基酸本身在体内具有重要的生物学功能。

1. 谷氨酰胺

谷氨酰胺（Gln）是肌肉中含量最多的游离氨基酸，占全身50%以上，它能转运2分子氮，是体内氮的主要转运者。运动中、运动后大量Gln从肌肉释放，Gln持续下降是过度训练的指标之一。

Gln是蛋白质、核酸、谷胱甘肽以及其他重要生物大分子合成的必需营养素，并且是合成嘌呤和嘧啶核苷酸的重要氨基酸来源。Gln对运动能力的影响主要表现在Gln不仅是一种强有力的胰岛素分泌刺激剂，而且为蛋白质的合成提供充足的氨基酸。因此，Gln是促进蛋白质合成、维持身体功能水平的重要营养补充剂，但大量补充Gln会导致血氨升高，从而对运动能力产生一定影响。建议服用量为5~10 g/d，在运动或比赛后服用。

2. 支链氨基酸

支链氨基酸（BCAA）包括亮氨酸、异亮氨酸和缬氨酸，它们都是必需氨基酸。补充支链氨基酸促进运动能力的提高体现在两方面：① 在持续运动中提高耐力，改善中枢的抗疲劳能力。② 促进肌肉力量增长。在长时间运动过程中，当肌糖原、肝糖原大量消耗时，支链氨基酸动员加强，血液中支链氨基酸含量降低，从而使血液中游离色氨酸浓度升高，使大量的色氨酸进入脑内并转变为5-羟色胺，从而降低中枢神经系统的兴奋性，导致中枢性疲劳的发生。而补充支链氨基酸可以维持血液中支链氨基酸浓度，一方面通过脱氨基作用生成 α-酮酸，通过三羧酸循环氧化分解生成能量供运动机体所利用；另一方面减少色氨酸进入中枢的数量，降低中枢神经系统中5-羟色胺的生成，从而改善中枢神经系统的功能，延缓疲劳的发生。同时，支链氨基酸中的亮氨酸及其代谢产物能抑制蛋白水解酶的活性，减少蛋白质的分解，并作为蛋白质合成的原料促进蛋白质的合成，使瘦体重增加。

支链氨基酸以低剂量补充效果较好，而且应在运动前 30 min 服用，长时间运动多采用 0.5 g/h 的剂量补充。

3. β-羟基-β-甲基丁酸盐

β-羟基-β-甲基丁酸盐（β-hydroxy-β-methylbutyrate，HMβ）的主要作用是可抑制蛋白水解酶的活性。因此，在膳食中增加 HMβ 可抑制蛋白质分解，有利于肌肉蛋白质合成，可以有效地增加肌肉的体积，提高肌肉的力量。研究表明，力量训练时，补充 1.5~3.0 g/d HMβ 钙盐 3~4 周，瘦体重增加 0.4~0.7 kg。橄榄球运动员在 7 周训练期中，每天补充 3 g HMβ，同时增加糖类和肉类蛋白质的摄入。结果发现，第 3~4 周时，瘦体重平均增加约 2.7 kg，同时血清 CK 和 LDH 活性下降，尿 3-甲基组氨酸排泄减少，从而说明肌肉蛋白质分解减少，并减轻由于剧烈运动造成的肌细胞微细损伤。另外，补充 HMβ 可以促进脂肪分解，有利于脂肪的燃烧，使瘦体重增加。

HMβ 是亮氨酸的代谢产物，人体可以合成少量的 HMβ，一般每天合成 0.25~1.0 g 的 HMβ。但是，要想获得足量的 HMβ，仅靠自身合成和食物供给是远远不够的。因此，必须依靠额外补充 HMβ 才能满足运动机体的需要。HMβ 的推荐服用量为 3 g/d，每次 1 g，分三次服用，同时补充肌酸、磷酸盐效果更佳。

（四）活性肽

肽是两个或两个以上的氨基酸以肽键相连的化合物。具有活性的多肽称为活性肽（Active peptides，AP），又称生物活性肽（Bioactive peptides，

BAP）或生物活性多肽。寡肽是多肽的一种，由 2~6 个氨基酸组成，也称小肽，在人体内发挥生理功能。现代营养学研究发现，人类摄食的蛋白质经消化道的酶作用后，大多是以小肽形式吸收的，以游离氨基酸形式吸收的比例很小。小肽比游离氨基酸吸收更多、速度更快，表明小肽的生物效价和营养价值比游离氨基酸更高，食用安全性极高。

活性肽有多种多样的生理功能，如促进免疫、激素调节、抗菌、抗病毒、降血压、降血脂等作用。这些是原蛋白质或组成氨基酸所不具备的独特的生理机能，且许多活性肽的组成氨基酸并不一定是必需氨基酸，这就为利用蛋白质资源，特别是那些原本认为生物效价不高的蛋白质资源利用提供了新的机遇，活性肽是当前国际食品界最热门的研究课题和极具发展前景的功能因子。现今，利用植物性蛋白质生产的活性肽主要有大豆肽、玉米肽、小麦肽、核桃肽等；利用动物性蛋白原料生产的活性肽主要有乳蛋白肽、牡蛎肽、胶原肽等。

运动后补充含糖的大豆肽，能刺激胰岛素的分泌，从而促进血糖进入肌肉，并加速肌细胞内的肌糖原合成，肌糖原的储量比单独补充糖高 38%，增加运动耐久力。运动后及时、快速补充大豆肽或小麦肽等活性肽，一方面能够快速为骨骼肌提供氨基酸，抑制或缩短体内"负氮平衡"的副作用，另一方面能增加骨骼肌的抗氧化能力，减轻骨骼肌氧化损伤的程度，且能刺激机体睾酮和胰岛素生长因子 -1 的分泌，对减少肌肉蛋白质降解，增加骨骼肌蛋白质的生物合成，促进肌肉运动疲劳的恢复将产生良好作用，而且不增加胃肠负担。因此，目前有不少以大豆肽、小麦肽等生物活性肽为原料开发的运动营养补充剂。

大豆肽和小麦肽

二、营造肌肉蛋白质合成最佳激素环境的运动营养补充剂

肌肉蛋白质的合成除了需要提供外源性的优质蛋白质外，还需要提供促进蛋白质合成的最佳激素环境。人体内与蛋白质合成代谢有关的主要激素有睾酮、生长激素和胰岛素等。

（一）促进睾酮分泌的运动营养补充剂

雄性激素是一类含 19 个碳原子的类固醇激素，体内主要有睾酮、双氢睾酮、雄烯睾酮、去氢表睾酮、去氢表雄酮硫酸盐等，由于睾酮的量最大，表现出的生物效应最大，故常被作为雄性激素的代表。睾酮与运动能力密切相关，主要表现为睾酮一方面具有同化作用，可促进骨骼肌蛋白质合成，增强肌力；另一方面可促进促红细胞生成素的产生和直接促进骨髓造血；此外，它还能促进磷酸肌酸的合成，减少尿中肌酸的排出等。

目前用于提高睾酮的运动营养补充剂主要有蒺藜皂苷和蒺藜提取物、锌、硼、传统的补肾中药以及通过兴奋检测的中药产品等。蒺藜皂苷具有雄性激素样作用，能刺激人体促性腺激素（LH 和 FSH）的分泌，进而促进睾酮的合成、分泌，导致血液中睾酮含量的升高，从而促进骨骼肌蛋白质的生物合成。如运动员每天服用蒺藜提取物 250~750 mg，连续 40~90 d，可有效促进肌肉的增长。另外，有机铬、Gln 等是强有力的胰岛素分泌的刺激剂，能有效促进机体胰岛素的分泌，不仅可以促进骨骼肌中肌糖原的生物合成，而且可有效促进骨骼肌蛋白质的合成。

（二）促进生长激素分泌的运动营养补充剂

生长激素与运动能力的关系主要体现在生长激素能够促进蛋白质合成，促进机体的快速恢复，从而提高运动能力。

OKG 是由天然的鸟氨酸（ornithine）和 α- 酮戊二酸（α-ketoglutarate）混合而成。α- 酮戊二酸是 Gln 的前体物质，当机体摄入 OKG 后，可利用鸟氨酸和 α- 酮戊二酸合成 Gln。

OKG 一方面能够促进内源性生长激素、胰岛素和胰岛素样生长因子 I 的分泌，促进蛋白质的生物合成，抑制肌纤维蛋白质的降解，起到修复肌肉损伤的作用；另一方面可以阻止因应激引起的肌肉内"谷氨酰胺池"水平的降低，提高谷 Gln 水平，从而提高机体免疫功能。另外，OKG 还可以增加脂肪分解代谢速率，具有减少体脂的作用。

目前，在售的 OKG 为鸟氨酸与 α- 酮戊二酸按 2∶1 混合而成，10~15 g/d，长期服用，可以促进内源性胰岛素、生长激素的分泌，抑制体内蛋白质的降解，对于增进肌肉质量和促进能源物质恢复具有积极意义，目前尚未发现明显的副作用。

第三节　快速补充能量或促进能量代谢的运动营养补充剂

能量代谢紊乱是导致运动性疲劳发生和发展的主要原因，要维持运动员承受大负荷强度的训练以及提高运动员再训练能力，就必须保证机体充足的能量储备，维持能量代谢的平衡。

一、快速能量补充剂

（一）膳食替代粉、能量棒或能量胶

这类营养品主要含有高糖，同时含有适量的蛋白质和脂肪，并强化了一定剂量的维生素和矿物质。大多数人将这类营养品视为营养密集型零食，方便地为运动员提供特殊的膳食需要，并作为快餐食品和其他低营养价值食物的很好替代品。当运动员没有时间很好地用餐或训练和比赛前需要减少食物量时，这些营养品可在运动前或运动后提供糖、蛋白质和其他营养素，目的是使运动员的营养素摄入很快达到理想状态。但这仅仅是为了提高供能营养素的膳食利用度，不能长时间替代正常膳食。

（二）中链甘油三酯

椰油和棕榈仁油中含有丰富的中链甘油三酯（MCTs），其脂肪酸的碳链上有6~12个碳原子，远远短于所摄入的大多数甘油三酯中的碳链长度。MCTs能够被直接地吸收，并迅速代谢成脂肪酸与甘油。从代谢效果上看，它像糖一样可以方便、迅速地被氧化并释放能量，且中链脂肪酸不需要左旋肉碱的参与即可转移到线粒体中进行代谢。有一些证据表明，它能增强脂肪氧化的活性，提高能量生成的速率。在一项评价糖以及糖加MCTs对自行车计时赛成绩影响的研究中，补糖组可提高100 km路程的成绩，而糖加MCTs组没有进一步提高成绩。另一项研究表明，MCTs摄入时间的选择是影响耐力成绩的一个重要因素。在计时赛前摄入400 mL 3.44%的MCTs溶液，并在计时赛过程中添加10%的葡萄糖溶液，能够提高整个计时赛中的表现。因此，补充MCTs可降低运动机体对糖原的依赖性，提高对脂肪的依赖性，是成绩明显提高的原因。需要注意的是，对大多数运动员来说，MCTs的最大摄入量不得超过30 g（270 kcal），否则就会极大增加肠胃不适（包括腹泻）的风险。因此，MCTs在提高总体能量摄入方面存在一定的限制。

二、促进运动时能量代谢的运动营养补充剂

（一）肌酸

正常人体内肌肉肌酸含量为120~125 mmol/kg干重肌肉。目前尚无

法确定人体肌肉中肌酸的准确含量，但已知人体肌肉肌酸含量的上限为160 mmol/kg 干重肌肉。短时间补充剂酸，15~30 g/d，补充5~7 d后，总肌酸储量增加15%~30%，磷酸肌酸的储量增加10%~40%。

肌酸和磷酸肌酸组成人体肌酸池，大约96%的肌酸池存在于骨骼肌，骨骼肌中磷酸肌酸占总肌酸池的2/3。健康成人体内的肌酸池总量非常恒定，运动或膳食的变动对安静状态下的肌酸池含量影响甚微。补充肌酸可以使肌肉组织中肌酸池含量增加，磷酸肌酸含量增加，从而提高高强度运动时ATP再合成的能力，维持高强度运动时ATP水平的稳定，这对提高机体的最大做功能力具有积极的意义。因此，补充肌酸可提高间歇性高强度运动的运动能力。但是，补充肌酸对机体耐力的影响不大。

在运动实践中，当运动员的肌酸储备量较低时，肌酸的补充通常采用冲击量（肌酸负荷）法，即15~30 g/d，补5~7 d，总肌酸储备量可增加15%~30%，磷酸肌酸储量增加10%~40%。当运动员的肌酸和（或）磷酸肌酸含量较高时，肌酸的补充可采用维持量法，即2~5 g/d，持续4~5周。此法可以长时间维持肌肉内磷酸肌酸浓度在较高的水平上，从而对维持和提高运动员的快速运动能力十分有利。

运动员补充肌酸应与含糖饮料同服，以利于肌酸的吸收。同时在服用肌酸期间，每天应补充充足的水以保证细胞水合作用的进行，防止使用肌酸后出现肌肉发紧、发僵或痉挛的副作用。但是不能用热水冲服肌酸，以防止肌酸水合物结构的改变。同时，也不能和橘子汁或含咖啡因的饮料一起服用，前者所含的酸性物质会使肌酸水合物变性，而咖啡因具有利尿作用，容易导致机体脱水，影响肌细胞的水合作用。

肌酸补充不当也会产生一些副作用，如肌肉出现僵硬、痉挛等现象，并且使体重增加。因此，大剂量补充肌酸时一定要注意水的补充，减少肌肉僵硬、痉挛现象的发生。同时，运动员应注意做好充分的准备活动，注意肌肉的牵拉，避免肌肉拉伤。同时，运动员从事对体重有严格要求的运动项目时应慎服肌酸。

（二）1,6- 二磷酸果糖

1,6- 二磷酸果糖（FDP）是糖代谢的中间产物，它不但是细胞内的供能物质，而且可刺激磷酸果糖激酶和丙酮酸激酶的活性，促进糖酵解，从而改善人体缺氧状态下的应激适应水平，改善无氧代谢能力。因此，外源性FDP作为强力营养补充品一方面可促进内源性FDP、ATP成倍增多，改善微循环，增加心肌供血，减少心肌耗氧量，促进红细胞向组织释放更多的氧，改善骨骼肌利用氧气的能力；另一方面也可以增加运动时的能量供应，延缓疲劳的发生和发展，提高训练效果。因此，1，6-二磷酸果糖是国际上公认的细胞强壮剂。

口服 1，6-二磷酸果糖比服葡萄糖或淀粉引起的胰岛素效应要低，所以在运动前、中、后任何时间都可以服用。目前，1，6-二磷酸果糖高能营养液的主要成分包括 1，6-二磷酸果糖、苹果酸、柠檬酸、低聚葡萄糖、维生素、牛磺酸等。

（三）L-肉碱

L-肉碱可促进肌内脂肪酸转移进线粒体，使脂肪酸供能能力提高。不少人认为，L-肉碱可提高长时间运动中脂肪酸氧化速率，减少肌糖原的消耗，可以提高长时间耐力性运动项目的成绩。但也有学者认为，L-肉碱也可对短时间大强度运动有益，其原理是 L-肉碱可与乙酰辅酶 A 反应（乙酰 CoA + L-肉碱 ⇌ 乙酰左旋肉碱 + CoA），增加游离辅酶 A 的释放，降低乙酰辅酶 A/辅酶 A 比率，从而激活丙酮酸脱氢酶系活性，减少丙酮酸的堆积和乳酸的生成。

人体内 L-肉碱可以从外源性食物中获得或在体内合成。通过食物摄入的 L-肉碱在体内的可利用率为 100%，增加 L-肉碱的摄入可明显提高血清游离肉碱水平。因此，L-肉碱缺乏可通过口服 L-肉碱得到改善。一般有良好膳食的人不需要额外补充 L-肉碱，但运动员，特别是纯素食的运动员对 L-肉碱的需要量可能超过一般人，运动员每日补充 4 g L-肉碱可明显提高最大摄氧量，增强运动能力。在运动训练中，运动员补充 L-肉碱的通用剂量为 1~2 g/d。

（四）牛磺酸

牛磺酸是一种含硫的氨基酸，在人体内总量一般为 23~28 g，其中 15~16 mg 存在于血浆，75% 以上存在于骨骼肌中。牛磺酸大部分在细胞内，除在中枢神经系统中的含量仅次于 Gln 外，在其他组织中的含量都远远高于其他氨基酸。

牛磺酸可促进肌细胞对糖和氨基酸的摄取和利用，加速糖酵解速率，促进机体糖原的合成，提高运动能力。牛磺酸能明显提高运动大鼠血浆支链氨基酸的浓度，可减少色氨酸进入大脑的数量，保持中枢神经的兴奋状态，延缓运动性疲劳的产生或减轻疲劳的程度，增强机体运动能力。

（五）咖啡因

目前，市场上有不少含有咖啡因的食品或药品（表 5-1）。过去，咖啡因一直作为被国际奥委会严格控制使用的物质，明确设定了一个可接受的限定标准。直到 2004 年，咖啡因才从国际奥委会罗列的禁用药物名单上删除。研究表明，咖啡因一方面能提高脂肪和肌糖原的利用率，另一方面能提高肌纤维兴奋性，且影响运动中枢到运动神经元的信号转导，从而可以提高人体运动能力（图 5-1）。

▶ 表 5-1 不同食物中咖啡因含量

产品	计量单位	每单位咖啡因含量（mg）
咖啡因片剂	1 片	200
咖啡，酿制	240 mL	135
咖啡，脱咖啡因	240 mL	5
咖啡，浓咖啡	57 mL	100
巧克力，黑	1 条（43 g）	31
巧克力，牛奶	1 条（43 g）	10
红牛	240 mL	80
软饮料，经典可口可乐	355 mL	34
茶，绿茶	240 mL	15

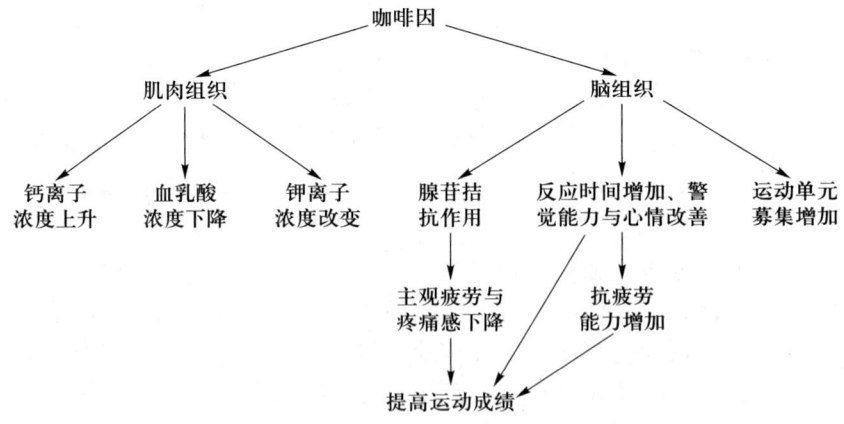

图 5-1 在短时间高强度运动中咖啡因增力机制

摄入咖啡因的剂量达到每千克体重 3~9 mg 或总量约为 250 mg，可提高耐力运动成绩，同时还可能提高短时间高强度的运动能力。但是大量服用咖啡因会出现胃肠不适、头痛、心动过速、心神不宁、易怒、肌肉震颤、血压升高以及左心室肌产生期前收缩等副作用，从而影响运动能力的发挥。因此，运动员使用咖啡因时应慎重。

第四节　预防损伤、延缓疲劳和促进体能恢复的运动营养补充剂

一、抗氧化剂

运动过程中，在增加氧消耗的同时，自由基生成也会增多，导致脂质过氧化，损伤细胞。膳食中主要的抗氧化营养素为维生素 E、维生素 C 和 β-胡萝卜素。牛磺酸、谷胱甘肽和微量元素硒、锌等对运动员的抗氧化能力提高也有良好影响。黄酮类化合物是膳食的常见成分，在山楂、猕猴桃中存在，能快速作用于羟自由基，抑制脂质过氧化作用。除此以外，螺旋藻类、番茄红素等特殊营养品也具有抗氧化作用，均可加速自由基的消除，促进体能的恢复。

番茄红素是一种强有力的抗氧化剂，属胡萝卜素类物质，人体自身不能合成，存在于大多数水果和蔬菜中，如番茄、番石榴、西瓜和柚子等，是一种天然的生物色素。由于其独特的化学结构，可消除自由基，尤其是氧自由基，从而可以预防细胞损伤并修复已损伤的细胞。据报道，番茄红素的抗氧化能力比维生素 E 高 100 倍。

二、免疫增强剂

在体内，谷氨酰胺（Gln）不仅能够刺激生长激素、胰岛素的分泌，促进蛋白质的生物合成，抑制蛋白质的分解，而且对维持机体的免疫功能有着非常重要的作用。研究证明，所有免疫细胞的复制都需要 Gln。当血浆 Gln 含量低于 600 μmol/L 时，免疫细胞 RNA 合成下降，白细胞介素 2、免疫球蛋白合成减少，巨噬细胞吞噬能力下降。由于 Gln 只能由肌细胞合成，不能由免疫细胞合成，因此，当 Gln 供应不足时，机体的免疫机能下降。

许多因超负荷训练引起的运动员免疫力下降都可能与体内 Gln 减少有关。马拉松跑后即刻或 2 h 补充含 5 g Gln 的饮料可减少运动后感染的出现。所以，Gln 被称为是挖掘肌肉功能潜力的关键物质。另外，补充 Gln 有助于维持运动中血清 Gln 水平的稳定，减少脑抑制性神经递质及其前体的生成，对长时间运动时中枢机能的改善有积极的作用。

Gln 补充的口服剂量一般为每日每千克体重 0.3~0.6 g，也可采用鸟氨酸和 α-酮戊二酸合剂（OKG），这样可减轻体内的氨负荷。

三、氨基葡萄糖

氨基葡萄糖是一种生理状态的氨基单糖，目前，世界上公认的对骨关节炎有效的物质就是人体关节软骨中的生理物质——氨基葡萄糖单体。氨基葡萄糖安全性好，无明显的副作用，可以长期服用，一般停药后能维持疗效数月。

四、碳酸氢钠

1~10 min 的运动项目，如 400 m、800 m、1 500 m 跑、场地自行车以及速滑等项目，主要依靠无氧糖酵解系统来供能，此时产生大量的乳酸导致肌肉细胞内 pH 降低，引起运动性疲劳的发生。增加机体的碱储备、提高骨骼肌缓冲酸的能力能够有效延缓这类运动项目引起的运动性疲劳，提高运动成绩。补充碳酸氢钠被认为是实现这一效果的有效方法。

研究表明，碳酸氢钠摄入量与运动成绩之间有一定的剂量—效应关系，在运动前 1~2 h 内摄入 200 mg/kg 体重的碳酸氢钠有助于提高运动成绩。300 mg/kg 体重可能是最佳剂量，小于 100 mg/kg 体重的剂量对运动成绩没有影响。摄入超过 300 mg/kg 体重的碳酸氢钠会导致胃肠不适（胃胀、腹部不适和腹泻）。

五、柠檬酸钠

柠檬酸钠又称为枸橼酸钠，其作用机制类似于碳酸氢钠，它能够提高细胞外液的缓冲能力，并促进细胞内氢离子的外流。补充柠檬酸钠可以抑制血液中 pH 的降低，可提高 2~4 min 高强度运动的运动能力。柠檬酸钠的常用剂量为 300~500 mg/kg 体重。与碳酸氢钠一样，服用过量的柠檬酸钠可能引起腹泻、腹痛、水肿等不良反应。

六、天门冬氨酸钾、镁盐

天门冬氨酸钾、镁盐是氨基酸盐，是等量的天门冬氨酸钾与天门冬氨酸镁盐的混合物。其主要生理功能包括：① 加强脂肪酸氧化，节省糖原的利用。② 加速氨转变为尿素和 Gln，减少血清中氨的堆积，延缓运动性疲劳的发生。③ 在缺氧情况下，能维持心肌收缩力，对心肌有保护作用。天门冬氨酸钾、镁盐的常用剂量为每天 2~7 g，少量使用是安全的，大剂量长期使用的副作用尚不清楚。

第五节 运动饮料

运动时由于肌肉收缩，能量代谢加剧，产生大量的能量，可使体温升高。为了散发体内的热量，体内流向体表的血液增多，出汗增加。运动时出汗增多，如不能及时补液，就会造成脱水。轻度脱水（体重的2%）时，血容量即可减少，心脏负担增加，影响运动能力；此时人会感到口渴和尿量减少。脱水量为体重的 4%~5% 时，就会出现严重的口渴、心率加快、体温升高，严重影响心血管功能。另外，在长时间的运动训练和比赛中，大量的能源物质消耗会导致运动性疲劳的过早发生和发展，进而影响运动能力和运动成绩。及时补充运动饮料能够改善心血管系统的功能，预防脱水发生和发展以及能源物质的耗竭对运动能力的不利影响。因此，运动饮料的合理使用对于改善机体的代谢过程，促进体温调节，维持正常生理功能以及提高运动能力具有积极意义。

"运动饮料"
知识点精讲

一、运动饮料的概念

运动饮料是：营养素组成及其含量能适应运动员或参加体育锻炼、体力活动人群的生理特点，能为机体补充水分、电解质和能量，可被迅速吸收的饮料。

二、运动饮料的特点

运动饮料是根据运动时机体消耗的特点而配制的,可以有针对性地补充运动时丢失的营养,起到保持、提高运动能力,加速运动后疲劳消除的作用。运动饮料具有以下特点:

(一)一定的糖含量

由于运动引起肌糖原的大量消耗,而肌肉又加大对血糖的摄取,因此引起血糖下降,若不能及时补充,工作肌肉会因此而乏力。另一方面因大脑90%以上的供能来自血糖,血糖的下降将会使大脑对运动的调节能力减弱,并产生疲劳感。

(二)适当的维生素

由于运动会消耗大量的体能和维生素,所以饮料中含有丰富的维生素是对运动后身体的很好补充,尤其是维生素B_{12},蔬菜中含量很少,主要存在于动物性食物中。它因含有钴而呈红色,又称为红色维生素。它很难直接被人体吸收,只有与钙结合,才能有利于人体的机能活动。

(三)适量的电解质

运动出汗导致钾、钠等电解质大量丢失,从而引起身体乏力,甚至抽筋,导致运动能力下降。而饮料中的钠、钾不仅用于补充汗液中丢失的钠、钾,还有助于水在血管中的停留,使机体得到更充足的水分。如果饮料中的电解质含量太低,则起不到补充的效果;若太高,则会增加饮料的渗透压,引起胃肠不适,并使饮料中的水分不能尽快被机体吸收。

(四)少咖啡因、无碳酸气和酒精

碳酸气会引起胃部的胀气和不适;咖啡因有一定的利尿作用,会加重水的丢失;此外咖啡因和酒精还对中枢神经有刺激作用,不利于运动后的恢复,故而不推荐运动后饮用含咖啡因饮料。

运动饮料与其他饮料之间的区别见表5-2。

表 5-2　运动饮料与其他饮料的比较

饮料种类	糖种类	糖含量	电解质	营养素	渗透压	碳酸气	咖啡因
碳酸饮料	蔗糖	≥10%	微量	无	高	有	无或有
茶饮料	蔗糖	≥10%	微量	微量	高	无	有
矿泉水	无	无	微量	无	极低	无	无
果汁	果汁或果糖	≥10%	不均衡	维生素	高	无	无
乳饮料	乳糖或加蔗糖	≥10%	不均衡	维生素	高	无	无
运动饮料	低聚糖、葡萄糖、蔗糖、果糖	5%~10%	适量	维生素B、维生素C、牛磺酸、肌醇	低	无	无

三、运动饮料的分类

为了适合不同人群的需要，运动饮料因组成成分不同具有不同的功能。一般来说，运动饮料可分为普通运动饮料和功能性运动饮料两大类。普通运动饮料的主要作用是补充人体在运动中所消耗的能源物质，而功能性运动饮料除了加入运动中所需要的能源物质外，还添加了某些特殊的营养成分，以满足某些人群的特殊需要。

运动饮料是为了满足运动员或极少人群的特殊需要而设计的。根据不同人群的需求，可将普通运动饮料分为大众运动饮料、健身运动饮料和专业运动饮料三种。大众运动饮料是适用于那些追求时尚的人群饮用的，是市场上消费群体最大的运动饮料，主要适用于参加体育活动较少，或仅仅是参加一般性的体育活动的人群；健身运动饮料主要是为一些经常参加体育锻炼的人群所设计的，这部分人群由于运动量较大、消耗的能源物质比较多，所以在这类饮料的组成上除了能源物质的种类和数量外，还添加了相应的抗疲劳物质；专业运动饮料是为专业或业余运动员专门设计的运动饮料。由于竞技体育的目的就是为了提高运动成绩，因此运动员必须承受超负荷的运动刺激才能不断地提高运动成绩，专业运动饮料主要成分除了糖类、矿物质和维生素外，还添加了一些特殊强化的营养成分（如蛋白质、肌酸、抗氧化剂等），其目的是提高运动员承受更大运动负荷的能力，促进运动后疲劳的消除和身体功能的恢复，同时这类运动饮料对各种营养素组成和数量的要求更高，在补充时间上要求更严格。

四、运动饮料的作用

（一）及时补充水分，维持体液正常平衡

运动饮料含有钾、钠、钙、镁等电解质，成分与人体体液相似，饮用后更能迅速被身体吸收，及时补充人体因大量运动出汗所损失的水分和矿物质，使体液达到平衡状态。

（二）迅速补充能源物质，维持血糖的稳定

运动时肌肉需要消耗大量血糖。糖是人体最经济、最直接的主要能源物质，它以糖原的形式储存于骨骼肌和肝脏中。由于体内的糖储备有限，在运动时如因大量消耗而没有补充，肌肉就会乏力，运动能力也随之下降。因此，运动饮料中含有一定量的糖，其浓度一般在4%～8%，并且以低聚糖（如低聚果糖、低聚异麦芽糖、大豆低聚糖等）为主，这样既可以降低甜度和渗透压，又可以在不影响吸收的情况下提供更多的糖，维持运动中血糖的稳定，从而提高耐力，延缓疲劳并加速运动后的恢复。

（三）改善和提高代谢调节能力

运动饮料添加了各种营养成分，可以起到减轻运动疲劳的作用。如维生素B_1是糖代谢过程中关键性的物质，能有效调节能量代谢；维生素C有抗氧化的作用，能够清除因运动产生的自由基，减少其对机体的伤害，延缓疲劳的发生；适量的牛磺酸和肌醇，可以促进蛋白质的合成，防止蛋白质分解，调节新陈代谢，加速疲劳的消除等。

（四）改善体温调节和心血管机能

人在剧烈运动时，体内产热增加，出汗成为体温调节的主要途径。然而出汗过多会引起脱水，导致血容量减少。血容量的减少不仅会增加心血管系统的负担，而且会进一步减少皮肤血流量，从而引起排汗量降低，机体散热能力下降，体温上升。运动中及时补充运动饮料，不仅可以补水，而且饮料中的钠、钾还有助于水在血管中的停留，对维持心血管机能和体温调节具有非常重要的作用。

五、运动饮料的补充方法

很多人在感到口渴时才想到补水，这是不正确的。因为当人感到口渴

时，身体已丢失了体重的 3% 左右的液体，此时人体的生理功能和运动能力都已下降。因此，科学的做法是运动前、中、后都注意及时补水。

运动前 2 h 补充 500 mL 的运动饮料，可增加体内肌糖原、肝糖原储备。运动中宜采用少量多次的饮用方式，以防胃部不适，每 15~20 min 补充 125~250 mL 运动饮料，可延长运动时间，延缓疲劳的发生。运动后及时补充丢失的液体，可加速恢复体内失去的水分、糖分、矿物质等，促进肌糖原和肝糖原的迅速恢复，达到消除疲劳的作用，方法是每丢失 1 000 g 体重，补充 1 000 mL 液体。

案例分析

确凿的证据表明，耐力运动中出现疲劳的主要原因是比赛造成肌肉收缩能力的下降。然而，当运动员在马拉松比赛期间不得不减慢速度或者决定放弃冲刺金牌时，也受到一些神经中枢因素的影响，如动机、情绪和毅力。1986 年，Eric Newscholme 博士建立了一个有关血液代谢变化与神经中枢因素之间关系的全新假设。该假设提出，长时间耐力运动中，血液游离脂肪酸（FFA）浓度会明显增加。FFA 和色氨酸都能与血液中的蛋白质载体——白蛋白结合，它们共同争夺相同的结合位点。因此，通过增加 FFA，色氨酸被 FFA 代替与白蛋白结合，从而导致血液中游离色氨酸浓度增加。长时间运动中，由于骨骼肌中支链氨基酸（BCAA）氧化反应的增加，造成血液中 BCAA 浓度显著降低。因此，血液中游离色氨酸浓度和 BCAA 浓度的比值明显增加。由于 BCAA 和色氨酸通过血脑屏障上的共同载体进入中枢神经系统，因此，血液中 BCAA 浓度的降低和游离色氨酸浓度的升高，就会导致进入中枢神经系统中的色氨酸增多，并使色氨酸在脑内生成 5-羟色胺增多。而 5-羟色胺是一种抑制性神经递质，可以导致中枢疲劳的发生，从而导致运动强度的降低。这种假设含义之一就是补充 BCAA，会使血液中 BCAA 浓度增加，从而使进入脑内的色氨酸减少，延缓中枢疲劳的发生，进而提高运动成绩。

许多研究采用几种不同运动和设计不同方法研究了口服 BCAA 对耐力运动成绩的影响。其中一些研究报告了 BCAA 对提高运动成绩有积极的作用，符合上面的假设。目前，提高耐力运动成绩的最重要的营养措施是摄入糖溶液。因此，为了促使提高机能的营养补充剂在耐力运动中更实用，糖溶液中添加了 BCAA，但在过去的十几年里，许多研究都做出了这类比较，然而没有一项研究观察到 BCAA 的额外作用。

"中枢疲劳"假设的另外一种暗示是，运动中摄入色氨酸会缩短疲劳发生的时间。几项研究对这一假设进行了验证。结果发现，即使大剂量补充色氨酸，导致血液中色氨酸/BCAA 的比值增加，仍未发现 BCAA 对运动成绩有任何促进作用。从而得出以下结论：通过摄入 BCAA 或色氨酸的糖饮料来控制大脑中色氨酸的含量，既不能改变大脑中 5-羟色胺活性，也不能改变长时间运动中脑组织中 5-羟色胺活性，对改善中枢疲劳的作用不大。

总之，Newsholme 博士的假设很吸引人，引发了关于中枢疲劳的分子机制以及其对耐力运动成绩影响的创新性研究。但是，"中枢性疲劳假设"似乎对运动员比赛成绩没有实际的影响，因为补充 BCAA 的含糖营养品与单独补糖相比，没有产生额外的效果。

根据以上材料，请回答下列问题。

（1）补充 BCAA 能否有效地提高耐力运动的成绩？

（2）如果补充 BCAA 能提高耐力运动的成绩，其可能的机制是什么？

（3）在运动实践中，如何科学、合理地使用运动营养补充剂？

复习思考题

1. 试述运动营养补充剂的概念与分类。
2. 运动营养补充剂有哪些使用原则？
3. 简述乳清蛋白的生物学功能。
4. 在运动实践中，如何正确地使用肌酸？
5. 试述运动饮料的特点和功能。

扫一扫：本章核心知识点即测即练

第六章

运动训练和比赛的合理营养

▶ **本章导语**

　　无论是运动员还是健身运动者,除遗传和训练外,安全且合理的营养是增强体质、提高运动能力和取得最佳运动成绩的重要因素。根据运动项目、训练安排、机能状态的不同,进行有针对性的营养补充,不仅能保证训练和比赛的顺利进行,而且是运动能力提高和超水平发挥的基础。本章介绍了常见健身运动项目的代谢特点,阐述了常见项目健身者的营养措施,同时根据不同项目运动员的特点,重点阐述了不同项目运动员在训练期和比赛期的营养特点与措施,介绍了运动员过度训练、运动性贫血的营养干预措施。

▶ **学习目标**

　　1. 熟悉在大众健身和竞技体育运动过程中机体的营养特点,重点掌握不同项目健身运动者和运动员在锻炼期或训练期、比赛期的合理营养措施。
　　2. 了解运动员过度训练、运动性贫血的营养干预方法。

第六章　运动训练和比赛的合理营养

▶ 本章思维导图

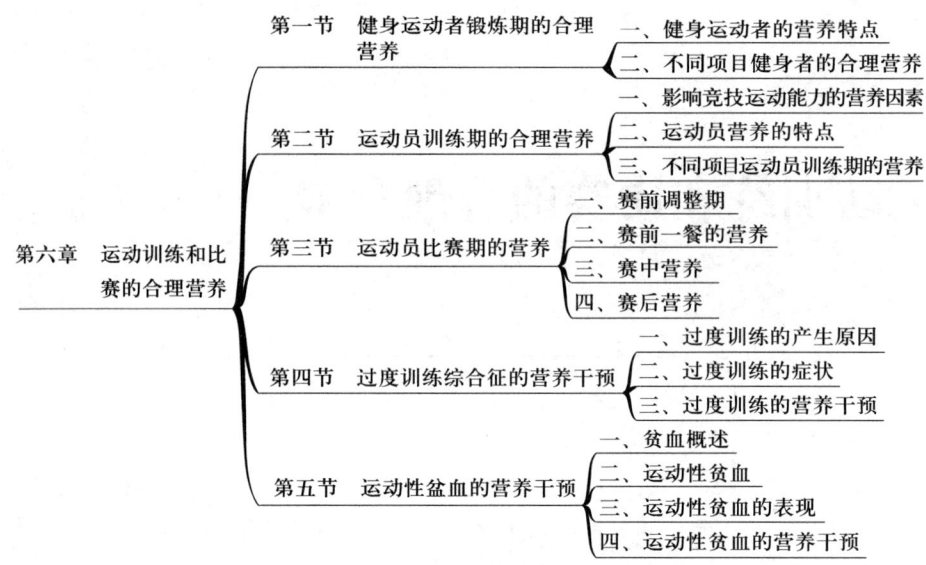

合理营养是保持身体健康和运动能力的物质基础，是影响身体素质的先决条件，是增强体质和提高运动成绩的关键因素。无论是普通的健身者还是从事不同专项训练的运动员，在训练期和比赛期均应遵循平衡膳食、合理营养的饮食原则。膳食能量应能够满足运动训练和比赛的需要，以保证健身者和运动员的体重和体脂维持在适宜水平。对于不同专项的运动员要根据专项的供能特点以及运动强度和持续时间的差异进行合理膳食，必要时可科学、合理地选择和使用运动营养补充剂。

第一节　健身运动者锻炼期的合理营养

一、健身运动者的营养特点

"健身人群的营养特点"知识点精讲

膳食营养对健康及运动能力的影响越来越受到人们的重视。健身运动者吃什么、吃多少、什么时间吃，对其锻炼效果起着举足轻重的作用。因此，健身运动者的膳食营养需求主要体现在以下几个方面：

（一）对能量营养素的需求

糖类的分解反应简单，容易氧化燃烧；脂肪和蛋白质的分解反应比较复杂，不易氧化，在体内不能完全燃烧，蛋白质的代谢产物堆积使体液变成酸性，会加速疲劳的产生。因此，作为健身者的能源应以谷类食物和动物性食物为主，食用水果搭配坚果类为辅。

（二）注意蛋白质的补充

目前，国内的健身运动者蛋白质缺乏已很少见，运动锻炼后是否需要增加蛋白质，目前意见尚不一致。但是对于需要增肌的健身运动者或者健身运动者在加大运动量时应适当增加蛋白质的摄入量，而且应增加优质蛋白质的摄入。在补充蛋白质的同时，必须补充适量的蔬菜、水果等碱性食物，防止蛋白质代谢产物堆积使血液变为酸性而产生疲劳感。

（三）必须补充矿物质

健身运动者矿物质的需要量与正常健康人无显著差别，但在大运动量或在高温环境下锻炼时，也会出现矿物质不足引起的肌肉无力和运动能力下降等情况。一般健身者每天食盐需要量为 6～10 g，钙为 1 000～1 200 mg，铁为 20～25 mg。

（四）关注维生素的补充

运动时能量的消耗量增加，而 B 族维生素大多数是与代谢相关酶的辅酶，因此，保证维生素 B_1、维生素 B_2、维生素 B_6 以及生物素、烟酸和泛酸等摄入充足，对于运动时的物质代谢和能量代谢具有非常重要的作用。与此同时，由于运动时生物氧化的加剧，机体产生的氧自由基显著增多，从而会大量消耗体内的抗氧化物质。因此，运动健身者在高强度运动前、后最好摄入富含维生素 C 和维生素 E 的食物或服用适量的维生素 C、维生素 E 制剂，这可以减轻运动后肌肉酸痛、消除疲劳、恢复体力。

（五）注意补充水分

由于健身运动时体温升高导致出汗量的增加，从而导致体内水分的丢失。因此，健身运动时必须注意水的补充。健身者的水分摄取量应以满足机体失水量、保持水分平衡为原则，不能单凭是否口渴来判断。如果不及时补充水分，不仅会发生脱水现象，还会增加心血管负担，引起循环功能障碍，导致肾功能损害。健身者在运动前应补液 400～700 mL；日常锻炼无明显出汗的情况下，每日水分的需要量为 2 000~3 000 mL；大量出汗时，应采取少量多次补给；长时间大量出汗时，应每隔 30 min 补液 150~250 mL。

二、不同项目健身者的合理营养

在大众体育锻炼活动中，由于不同的健身项目其代谢特点不同，其膳食营养也有着不同的特点。

（一）跑步健身者的合理营养

随着社会的发展，近年来跑步健身的热度逐渐升温，甚至在普通健身人群中也出现了越来越多的半程或全程马拉松爱好者。当然，更为常见的是每周 3~5 次，每天 5~10 km 的跑步健身人群。

1. 跑步健身运动的营养代谢特点

长跑是以有氧耐力素质为基础，以有氧代谢供能为特点，要求有较高的心肺功能及全身的抗疲劳工作能力。跑步健身时的能量消耗量与跑步速度和跑步距离有关，对于普通跑步健身者的跑步过程能耗可以通过以下公式进行估算：

跑步时能量消耗量（kcal）= 体重（kg）× 跑步距离（km）

例如，某人体重 60 kg，跑步 5 km，则大约消耗能量 300 kcal。

由于跑步健身运动是以糖与脂肪的有氧氧化供能为主，其代谢过程相对平缓。

2. 跑步健身运动时的营养措施

（1）保持能量摄入与消耗的平衡。由于有氧运动消耗糖类与脂肪，但其代谢过程相对平缓。因此，均衡体质人群只需保证糖类、脂肪的正常摄入，无须刻意增加摄入量；低血糖或偏瘦人群可适当增加糖类的摄入；偏肥胖体质人群则应适当减少糖类摄入并严格控制脂肪摄入量。但是对于经常进行超长距离长跑的健身者来说，虽然运动强度较小但时间较长，体力消耗较大，要求膳食中有较全面的营养成分，以增加机体能源物质的储备，在丰富的维生素、矿物质成分中，突出铁、钙、磷、钠、维生素 C、维生素 B_1 和维生素 E 的含量，有利于提高有氧耐力。

（2）重视水的补充。跑步过程由于运动量较大，时间较长，而且运动处于持续状态，容易导致很多跑步健身者出现水分补充不够及时的情况。对于普通跑步健身者来说，通常需要在跑步过程中最少增加一次水的补充。如果跑步时间在 0.5 h 左右，补充普通的白开水或矿泉水即可；如果跑步时间在 1 h 以上，建议跑步过程中增加 2~3 次饮水；如果出汗较多或在夏季跑步，可以饮用运动饮料。需要注意的是，运动饮料含糖在 5% 左右，一瓶（500 mL）运动饮料的热量约为 100 kcal，这部分能量需在一天总能量摄入中予以考虑。

跑步健身爱好者日常饮食可参考表 6-1。

▶ 表 6-1　跑步健身者的食谱举例

餐次	食物名称	配料	重量（g 或 mL）
早餐	面包	面包	150
	凉拌黄瓜	黄瓜	100
		盐	1
		芝麻油	3
	鲜牛奶	牛奶	300
	香蕉	香蕉	150
午餐	米饭	米饭（蒸，粳米）	200
	土豆炖牛肉	牛肉	80
		土豆	100
		花生油	5
		盐	1
		酱油	3
		白糖	3
	香菇青菜	青菜	100
		香菇	50
		花生油	5
		盐	1
	包菜鸡片	鸡胸脯肉	30
		卷心菜	100

续表

餐次	食物名称	配料	重量（g 或 mL）
午餐	包菜鸡片	花生油	3
		盐	1
	番茄鸡蛋汤	番茄	100
		鸡蛋	50
		花生油	2
		盐	1
	运动饮料	运动饮料	500
晚餐	馒头	馒头	200
	肉末豆腐	内酯豆腐	80
		猪肉	30
		色拉油	3
	蒜泥西兰花	西兰花	100
		大蒜	3
		色拉油	3
	紫菜虾皮汤	紫菜	5
		虾皮	5
		色拉油	2

上述食谱中各餐次供能营养素和能量分配情况见表 6-2。

▶ 表 6-2　食谱中各餐次供能营养素和能量分配情况统计表

	早餐	中餐	晚餐	总
蛋白质（%）	11.08	16.96	15.59	14.81
脂肪（%）	22.90	25.93	30.52	26.35
糖（%）	66.02	57.20	53.89	58.87
能量（%）	29.77	41.42	28.81	100

以上食谱的总能量大约 2 400 kcal，安排了较多的液体，可以较好地满足跑步健身者的营养需求。

（二）球类健身者的合理营养

1. 球类健身运动的营养代谢特点

篮球、排球、足球等大球类项目具有运动强度大、能量消耗高、能量转换率高且运动时间长等特点。对于健身人群来说，其能量消耗与跑步相似，低于职业运动员。表 6-3 是普通健身人群与职业运动员进行一场比赛的能量消耗量。

"球类健身的营养要点"知识点精讲

▶ 表 6-3　普通健身人群与职业运动员大球比赛的能量消耗（均按体重 70 kg 计算，单位：kcal）

	足球（一场 90 min）	篮球（一场 60 min）	排球（一场 60 min）	跑步（60 min）
健身者	735	455	280	420（慢跑，6 km/h）
运动员	1 050	560	420	840（快跑，12 km/h）

以足球为主要健身项目的人群，通常不会每天都进行一场 90 min 的比赛，通常是进行每周 3~5 次、每次 30~45 min 的半场比赛，有条件的话，每周会进行 1 次 90 min 的全场比赛。日常小比赛每队人数通常也是 5~8 人，这样每次的能量消耗量为 300~400 kcal。篮球的情况也类似，日常锻炼时能量消耗量为 300~400 kcal。排球相对来说能量消耗量低一些，而在欧美国家更加广泛开展的沙滩排球，能量消耗量要高于普通排球，与足球、篮球类似。

乒乓球、羽毛球、网球等小球类项目对力量、速度、耐力、灵敏、柔韧等素质有较高的要求。乒乓球、羽毛球、网球等运动项目的能量消耗不尽相同，1 h 的乒乓球、羽毛球、网球的健身能量消耗量大约是 280 kcal、385 kcal、490 kcal。实际上，小球运动的能量消耗量与对手的运动水平密切相关，水平接近，比赛激烈，则能量及各种营养素消耗较多；相反，水平差异较大时，则运动量较小，能量及各种营养素的消耗也较少。

2. 球类健身运动的营养措施

（1）注意能量的补充。对于以大球类项目为主要健身项目的人群来说，首先应根据运动量的大小，提供充足的能量，糖、蛋白质和脂肪占总能量摄入的比例应为 60%~65%、10%~15% 和 20%~30%，应保证以高糖为中心，尤其在运动前 3~4 h 采用高糖膳食。同时，大球类运动项目属于集体项目，个体差异较大，应根据健身者各自的运动强度和运动时间的长短来确定能量的补充量。

（2）适量补充优质蛋白质。球类运动大多数是在神经高度紧张的情况下进行运动，应注意蛋白质的补充。一般情况下，蛋白质的需要量应占总能量的 12%～15% 或 1.2～2.0 g/kg 体重，应选择含优质蛋白质的食物。

（3）补充充足的维生素。对于小球类运动项目健身人群来说，食物中应含丰富的蛋白质、糖以及维生素 B_1、维生素 B_2、维生素 B_6、维生素 C、维生素 E、维生素 A 和叶酸等，适当增加胆碱和泛酸的摄入。球的体积越小，食物中维生素 A 的量应更高些。

（4）注意水和矿物质的补充。脱水是球类运动引起疲劳的主要原因，特别是足球活动时间较长且在室外进行，矿物质、水分丢失较多，因此在大球类运动时注意补液可减轻疲劳感，提高运动耐力。即使在小球类运动时，体内物质代谢变化也很大，能耗增加，出汗增多易使水、矿物质和维生素丢失增多。所以，对于小球类运动项目健身者来说，锻炼时及时补充水、矿物质和维生素可能比补充蛋白质、糖类和脂肪更加重要。一场球赛可失水 2 L 左右，健身者在运动前、中、后及时补液，宜选择低糖、等渗的运动饮料，以积极主动、少量多饮为原则。

球类健身运动爱好者日常饮食可参考表 6-4。

▶ 表 6-4　球类健身者的食谱举例

餐次	食物名称	配料	重量（g 或 mL）
早餐	面包	面包	150
	凉拌黄瓜	黄瓜	100
		盐	1
		芝麻油	3
	鲜牛奶	牛奶	300
	香蕉	香蕉	150
午餐	米饭	米饭（蒸，粳米）	200
	清蒸鸡腿	鸡腿	100
		花生油	3
		盐	1

续表

餐次	食物名称	配料	重量（g 或 mL）
午餐	香菇青菜	青菜	100
		鲜香菇	50
		花生油	5
		盐	1
	洋葱炒猪肝	猪肝	50
		洋葱	80
		花生油	5
		盐	1
		酱油	3
		白砂糖	3
	番茄鸡蛋汤	番茄	100
		鸡蛋	50
		花生油	2
		盐	1
	运动饮料	运动饮料	500
晚餐	面条	面条（富强粉）	200
	肉末豆腐	猪肉（肥瘦）	30
		内酯豆腐	80
		色拉油	2
		盐	1
	红烧鲫鱼	鲫鱼	100
		色拉油	3
		盐	1
		酱油	3

续表

餐次	食物名称	配料	重量（g 或 mL）
晚餐	青椒土豆丝	青椒	50
		土豆	100
		色拉油	3
		盐	1

上述食谱中各餐次供能营养素和能量分配情况见表 6-5。

▶ 表 6-5　食谱中各餐次供能营养素和能量分配情况统计表

	早餐	中餐	晚餐	总
蛋白质（%）	11.45	15.63	19.37	15.50
脂肪（%）	23.21	32.31	27.37	28.10
糖（%）	65.34	52.34	53.41	56.56
能量（%）	30	40.07	29.93	100

以上这份食谱，总能量大约为 2 500 kcal，由于在这份食谱中加入了 50 g 猪肝，极大提高了维生素 A 的含量，使其达到了 3 622 μgRE，可以较好地满足球类人群的营养需求。通常来说，每周 1~2 次的猪肝摄入即可较好满足维生素 A 的需要。

（三）增肌人群的合理膳食

除了减脂以外，增肌也是很多健身人群的目的，出于对"马甲线""八块腹肌"等的追求，让增肌变得非常流行。

1. 增肌健身者的营养代谢特点

肌肉的增加主要是通过肌肉的力量练习实现的，通过对肌肉的规律刺激，使肌肉吸收更多的氨基酸，促进肌肉蛋白质的生物合成，使肌纤维的直径变粗，达到增肌的目的。力量练习时，主要依靠磷酸原系统和糖的无氧酵解系统来供能，运动持续时间短，运动强度大，但总能量消耗不大。

2. 增肌健身者的营养措施

（1）补充足够的能量。肌肉生长是需要消耗能量的，没有足够的能量，

"增肌健身的营养要点"知识点精讲

就不可能保证肌肉的正常生长。因此，对于增肌健身者来说，必须保证能量营养素的摄入，蛋白质、糖类和脂肪的比例应为3∶2∶1，做到适量糖、低脂肪和高蛋白质。进行增肌健身时，为了减少脂肪含量，一定要注意糖类的摄入量，既不能过多使之转化为脂肪，也不能太少而影响正常的供能。

（2）适当增加蛋白质的摄入量。增肌的本质是增肌蛋白质的合成代谢，因此对于有增肌需求的健身者来说，饮食中必须增加蛋白质的供给，特别是优质蛋白质。有些增肌健身者为了更快更好地达到增肌效果，在力量训练后"狂吃"20个鸡蛋，或者大量进食"蛋白质粉"，这是很不科学的。对于普通人来说，蛋白质的需要量为1.2 g/kg体重，对于进行力量训练的增肌健身者来说，可以把这一需要量提高到1.4~1.6 g/kg体重。也就是说，一个有增肌目的的健身者，如果按照70 kg体重来计算，需要比同样体重的普通人多进食14~28 g蛋白质，这相当于2~4个鸡蛋的蛋白质含量。在实际情况中，考虑到均衡饮食的情况，增肌人群在常规饮食中增加小半碗米饭、一个鸡蛋、一小块瘦肉或鱼类或禽类、一杯豆浆或一小块豆腐、一杯牛奶即可。相反，过量增肌蛋白质的摄入，多余的蛋白质会通过肝脏和肾脏代谢，从而增加机体负担。因此，对于增肌健身者而言，需要在保证日常膳食均衡的基础上，适量增加蛋白质，特别是优质蛋白质的摄入，保证优质蛋白质占到总蛋白质摄入量的一半以上。

（3）合理使用运动营养补充剂。运动营养补充剂能够快捷、高效和方便地为机体提供各种营养素，促进肌肉的生长和疲劳的恢复。对于增肌健身者来说，在早期不推荐使用更多的运动营养补充剂，只有当运动锻炼的量和强度达到一定程度时，才可适当使用一些运动营养补充剂。如适当使用肌酸提高肌肉中磷酸肌酸含量；适当使用乳清蛋白或大豆蛋白或谷氨酰胺等为骨骼肌蛋白质的合成提供充足的原料；适当使用蒺藜皂苷等促进机体睾酮、生长素和胰岛素等分泌，为促进肌肉蛋白质的生物合成提供适宜的激素环境。

有增肌需求的健身人群日常饮食可参考表6-6。

▶ 表6-6 增肌健身者的食谱举例

餐次	食物名称	配料	重量（g或mL）
早餐	面包	面包	150
	凉拌黄瓜	黄瓜	100
		盐	1
		芝麻油	3

续表

餐次	食物名称	配料	重量（g 或 mL）
早餐	鲜牛奶	牛奶	300
	煎鸡蛋	鸡蛋	60
		花生油	2
午餐	米饭	米饭（蒸，粳米）	200
	清蒸鸡腿	鸡腿	100
		花生油	3
		盐	1
	素鸡烧肉	猪肉（里脊）	50
		素鸡	100
		花生油	3
		盐	1
		酱油	3
		白砂糖	3
	香菇青菜	青菜	100
		鲜香菇	50
		花生油	5
		盐	1
	番茄鸡蛋汤	番茄	25
		鸡蛋	25
		花生油	2
		盐	1
午加餐	苹果	苹果	200
	运动饮料	运动饮料	300

续表

餐次	食物名称	配料	重量（g 或 mL）
晚餐	馒头	馒头（富强粉）	150
	清蒸青鱼	青鱼	100
		色拉油	2
		盐	1
	蒜泥西兰花	西兰花	100
		蒜头	3
		色拉油	2
		盐	1
	青椒土豆丝	青椒	50
		土豆	100
		色拉油	3
		盐	1
	紫菜虾皮汤	紫菜	10
		虾皮	10
		色拉油	1
		盐	1
	运动饮料	运动饮料	200

上述食谱中各餐次供能营养素和能量分配情况见表 6-7。

▶ 表 6-7 食谱中各餐次供能营养素和能量分配情况统计表

	早餐	中餐	晚餐	总
蛋白质（%）	14.94	19.12	21.03	18.46
脂肪（%）	34.42	33.83	19.80	29.77
糖（%）	50.75	47.22	59.88	52.08
能量（%）	29.45	40.37	30.17	100

以上这份食谱，总能量大约 2 450 kcal，含蛋白质 113 g，其中优质蛋白质在 70 g 以上，可以较好地满足增肌人群的营养需求。

第二节　运动员训练期的合理营养

除遗传和训练外，运动员营养是影响运动成绩的重要因素和基本手段之一，它不同于普通人群营养，具有自身独特的作用、特点和要求。

一、影响竞技运动能力的营养因素

（一）能源物质的耗竭

运动中最直接的能源物质是三磷酸腺苷（ATP），但人体内 ATP 的储存量很少，仅能维持剧烈运动几秒钟。此时就必须依靠 ATP 的再合成不断补充运动时 ATP 的消耗才能维持机体的运动能力。人体内脂肪的储存量虽然很多，但是脂肪不容易动用，因此需要有足够的糖原储备。当体内糖原耗竭时，ATP 合成的速度减慢，就会导致运动能力的下降。因此，在膳食营养过程中，保证运动员充足的糖类摄入是维持机体糖原储备的重要措施。

（二）水和电解质紊乱

由于在大强度运动训练中，运动员大量出汗，如果不能及时补充水和电解质，就会导致脱水和电解质的紊乱，引起体液量，尤其是血浆容量的减少，增加心脏和肾脏的负担，还会引起体温调节障碍，使体温升高等，从而降低机体的运动能力。

（三）维生素和微量元素不足或缺乏

维生素和微量元素是许多代谢酶的辅酶或辅助因子，具有调节机体代谢的功能，当它们缺乏或不足时就会使机体的物质代谢和能量代谢发生障碍，从而影响机体的运动能力。

（四）蛋白质供应不足

蛋白质是机体组织的重要组成成分，蛋白质摄入不足就有可能影响机体组织蛋白质的合成，影响机体组织，特别是骨骼肌的收缩功能，导致运动能力的降低。另外，除了糖、锌、铁以及维生素 A、维生素 C 外，蛋白质和氨基酸不足或缺乏也会使机体的免疫功能降低，从而影响运动员的竞技能力。

二、运动员营养的特点

运动员从事高强度的身体活动，短时间内需要大量的能量输出功率，并能快速恢复或达到超量恢复，因此运动员的营养具有以下特点：

"运动员营养的特点"知识点精讲

（一）能源物质的摄入量大

运动员在训练或比赛时能量消耗多，属于重体力活动或极重体力活动。一般来说，运动员每次训练课后体重的降低要超过 1 kg，尤其是夏季训练，出汗多时体重的日变化范围就更大。摄取充足的能源物质是运动员身体恢复的基础，也是运动能力提高的基础。

运动员训练或比赛中肌肉的收缩活动成为身体的应激源，这种应激不仅可以促进糖和脂肪的分解物质分解，而且可促进蛋白质的分解。增加蛋白质摄入不仅为机体蛋白质的合成提供原料，而且可刺激合成类激素的分泌，促进肌肉蛋白质的生物合成。一般运动员可以通过膳食补充满足对蛋白质的需要，也有部分运动员采用蛋白质补剂的形式，以获得自身蛋白质的合成最佳化。

（二）维生素摄入水平高

维生素在体内多参与辅酶的构成，由于运动员体内物质代谢和能量代谢增强，维生素的消耗量相应增多。因此，运动员应摄入较多的维生素，必要时必须补充维生素制剂才能满足运动时的需要。当维生素摄入不足时，不仅会使运动能力降低，训练适应能力下降，还可能使健康水平下降。

（三）矿物质的摄入量多

矿物质参与机体的构成，并参与调节机体的各项功能。在运动适应过程中，机体对矿物质的利用量增加，而且矿物质的丢失量也增多，常常会引起运动员体内某些矿物质不足，从而影响运动能力。因此，运动员膳食中矿物质的摄入量应高于常人，才能防止运动中矿物质的不足。

（四）合理使用运动营养补充剂

由于运动员在大强度训练中对营养物质的需求量很大，单纯依靠膳食提供的营养素很难满足机体的需要。因此,运动营养补充剂是高水平竞技运动员必需的,它不仅可以平衡营养素,还可以通过一些特殊的功能性物质调节机体的物质代谢和能量代谢过程,促进运动适应,提高训练效果,达到提高运动能力的目的。合理使用合法的运动营养补充剂,配合平衡膳食,是提高竞技运动能力的一项强有力的营养措施。

三、不同项目运动员训练期的营养

▶"不同项目运动员训练期的膳食营养"知识点精讲

运动员膳食营养与自身项目特点及平时训练和比赛的具体要求有密切的联系,针对不同运动项目特点和训练要求以及比赛的特殊性,有针对性地设计膳食营养,会对运动员发挥自身潜力、提高运动训练质量及创造最佳成绩产生重要的影响。

(一)耐力项目

1. 耐力项目运动的营养代谢特点

耐力项目包括长跑、马拉松、竞走、长距离自行车、长距离游泳和滑雪等项目,其训练具有运动时间长、运动强度中等、运动中无间歇等特点,虽然单位时间内能量消耗不大,但运动员总能量消耗大。在运动中主要以糖的有氧氧化供能为主,随着运动时间的延长,脂肪有氧氧化提供的能量越来越多(表6-8)。

▶ 表6-8 中长跑运动员供能特点

项目	有氧供能比例(%)	无氧供能比例(%)
800 m	60	40
1 500 m	80	20
5 000 m	95	5
10 000 m	97	3
马拉松	>99	<1

在运动过程中,能源物质(尤其是肌糖原)含量减少、体液丢失和体温升高等是影响耐力训练效果和耐力运动成绩的主要因素。另外,耐力性运动训练可增加机体内蛋白质的转换和更新,如提高血红蛋白的含量和有氧代谢

酶的活性。重复性、高冲击力的耐力运动容易引起损伤，会导致机体蛋白质的分解增加。且由于耐力运动员训练时需要消耗巨大的能量，所以一部分蛋白质也会参与氧化供能。特别是当运动员日常膳食中能量供应不能满足机体训练所消耗的能量时，蛋白质参与供能的比例会显著增加。此外，长期从事耐力项目训练的运动员容易产生缺铁性贫血。

2. 耐力项目运动的营养措施

（1）增加能量的摄入。耐力项目运动员运动时一般持续时间较长，主要以糖类和脂肪的有氧代谢提供能量，能量的消耗可达到150~1 800 kcal/h，每日的能量消耗量可达到3 500~8 000 kcal。因此，膳食应首先提供充足的能量，否则运动能力会下降。在能量摄入中处理好糖、脂肪、蛋白质三大能源的关系。膳食中糖类所提供的能量应为总能量的60%~70%。蛋白质供给量应丰富，使其占总能量的12%~14%。优秀耐力运动员蛋白质的摄入量应达到1.4~1.8 g/kg体重，以优质蛋白质为主，同时发挥动植物蛋白质的互补效应。为了促进肝内脂肪代谢，还应提供如牛奶、牛羊肉等富含蛋氨酸的食物。耐力运动对脂肪的利用和转换率高，脂肪摄入可略高于其他项目运动员，达到总能量的30%~35%，而且脂肪可缩小食物的体积，增加美味，并可节省肌糖原。

（2）增加糖的摄入，提高糖原储备量。糖是耐力运动员最主要的能源物质，增加糖原储备量对耐力极为重要，而增加膳食糖的摄入是增加糖原储备的重要措施。为提高运动能力和促进恢复，糖的摄取量应达到8~10 g/kg体重。研究发现，无训练者摄入混合膳食时，肌糖原约为80 mmol/kg湿肌，而有训练者摄取相似的膳食，肌糖原含量提高到125 mmol/kg湿肌；如摄取含糖8 g/kg体重的膳食，并减少训练量，则肌糖原含量可升高到175~200 mmol/kg湿肌。因此，比赛前数日，运动员在摄取中等至高糖膳食的基础上，逐渐减少运动训练量，可使肌糖原发生超量恢复，并处于较高水平的储备状态，在比赛时可延缓由于肌糖原消耗所引起的疲劳，节约肝糖原的分解。

（3）注重液体的补充。耐力项目的运动员，特别是在夏季或热环境下进行耐力训练，出汗量大，容易发生脱水。因此，在耐力性运动时补液非常重要。补液一般遵循少量多次的原则，补液量可按运动时体重的丢失量来确定，见表6-9。一般情况下，耐力运动中每间隔10~15 min可补充运动饮料150~450 mL，有利于维持机体内环境的稳定。补充的运动饮料应含糖量较低（≤6%的糖）并含少量的钠、钾、钙和镁等矿物质，既有利于胃的排空，也可提高运动能力。运动后可添加一些咸菜或菜汤。

▶ 表6-9 与运动中体重丢失相应的饮料摄取和频率

体重丢失速度（kg/h）	饮料摄取量（mL）	频率（min）
0.45	120	15
0.9	225	15
1.4	240	10
1.8	300	10
2.3	380	10
2.7	450	10

资料来源：Heidi Skolnik，2010

（4）供应充足的维生素。耐力性项目运动员因摄入不足和运动时因能量的生成增多引起的消耗增多等原因，常常容易引起B族维生素和维生素C的缺乏，从而影响其有氧运动能力。通常情况下，普通人群的维生素B_1的日补充量为1.5 mg，维生素C为30~60 mg，而耐力性项目运动员的维生素B_1的日补充量应达到3~5 mg，维生素C超过60 mg。维生素E具有参与肌肉组织的微循环调节和抗自由基氧化损伤的作用，能明显减少运动引起的脂质过氧化反应，因此对于耐力项目运动员具有特殊的意义。美国RDA（Recommended Dietary Allowance）的维生素E建议日服用量为10 mg（男）和8 mg（女），而一些学者采用200 mg/天的日补充剂量。

（5）增加铁等微量元素的摄入。耐力项目运动员尤其是女性运动员在训练过程中，一方面由于大量出汗导致铁的丢失增多，另一方面由于月经失血或不良的饮食习惯，导致体内的铁储备减少，容易发生缺铁性贫血，从而导致运动能力下降。为了改善运动员铁的营养水平，应提供含铁丰富的食物，如瘦肉、猪肝、鸭血等，这有助于维持血红蛋白水平，预防缺铁性贫血的发生，保证血液的输氧功能。为了增加铁的吸收，可增加维生素C（如橘子汁）的摄入量，必要时在医生的指导下可补充铁制剂，但要避免过量补充，以防止铁蓄积引起中毒。

表6-10是为身高175 cm、体重70 kg的男子马拉松运动员制定的食谱，总能量为4 600 kcal。

▶ 表 6-10 马拉松运动员训练时的食谱举例

餐次	食物名称	配料	重量（g 或 mL）
早餐	小米粥	小米粥	150
	油饼	油饼	200
	煎鸡蛋	鸡蛋	70
		油	3
		酱油	3
	凉拌莴苣	生菜	150
		盐	1
		油	3
	鲜牛奶	鲜牛奶	200
	芦柑	芦柑	150
早加餐	蛋糕	蛋糕	50
	运动饮料	运动饮料	25
午餐	米饭	米饭（蒸，粳米）	200
	面条	面条（煮，富强粉）	100
	青椒肉片	猪肉（后臀）	85
		青椒	200
		花生油	6
		盐	2
		酱油	3
	青菜烧油豆腐	青菜	250
		油豆腐	75
		花生油	6
		盐	1
	酱牛肉	酱牛肉	50

续表

餐次	食物名称	配料	重量（g 或 mL）
午加餐	苹果	苹果	250
	运动饮料	运动饮料	42
晚餐	米饭	米饭（蒸，粳米）	150
	馒头	馒头	100
	甘薯	甘薯	100
	清蒸大黄鱼	大黄鱼	150
		花生油	5
		盐	1
	清炒刀豆	刀豆	100
		花生油	6
		盐	1
	运动饮料	运动饮料	500
晚加餐	草莓	草莓	150
	酸奶	酸奶	200
	苏打饼干	苏打饼干	50

上述食谱中各餐次供能营养素和能量分配情况见表 6-11。

▶ 表 6-11　食谱中各餐次供能营养素和能量分配情况统计表

	早餐	中餐	晚餐	总
蛋白质（%）	9.87	14.24	15.12	12.97
脂肪（%）	37.93	33.66	17.82	30.45
糖（%）	52.17	52.28	67.06	56.64
能量（%）	35.02	35.25	293.73	100

（二）速度项目

1. 速度项目运动的营养代谢特点

短跑、跨栏、短距离游泳等速度项目，具有运动强度大、运动有间歇等特点。这一类运动项目在运动中高度缺氧，易出现氧亏，运动时的能量来源主要依靠磷酸原系统和糖无氧酵解系统供能，可使机体在短时间内生成大量的乳酸，引起运动性疲劳的发生，从而影响运动员的运动能力。

2. 速度项目运动员的营养措施

（1）保证糖类物质的摄入。速度项目运动员的营养特点应当符合体内的能源物质能被迅速动员，加速 ATP 和 CP 的再合成，并减少体内酸中毒的要求。因此，膳食中应保证糖类物质的充足供应，增加骨骼肌的糖原储备，以满足运动时能量的需要。

（2）增加蛋白质的摄入。由于肌肉剧烈收缩和神经活动高度紧张，应供给含蛋白质丰富的食物，其摄入量达 1.8 g/kg 体重，优质蛋白质至少占 1/3 以上。

（3）增加体内碱储备。由于速度性运动项目在运动时可产生乳酸，容易引起运动性疲劳的发生。因此，运动员在训练期必须增加体内碱储备，多吃蔬菜、水果等，不仅可以显著增加机体的碱储备，而且能保证机体摄入充足的 B 族维生素、维生素 C 以及磷、镁、铁等矿物质。蔬菜和水果的摄入量可达到每日总热量的 15%~20%，必要时可适当补充碳酸氢钠或柠檬酸钠。

（4）适当补充肌酸。短跑运动员以最大速度冲刺跑 40 m、60 m、80 m、100 m，跑步速度最快者体内 CP 利用最多，大部分的 CP 在 5~6 s 内使用；当骨骼肌中 CP 含量明显减少，糖酵解供能增加时，百米跑的速度开始下降，从而表明 CP 的利用对短跑的运动速度是关键。因此，速度项目的运动员应适量补充肌酸。当补充肌酸时要注意肌酸的水合状态，以防止产生肌肉僵硬，导致运动性损伤的发生。

表 6-12 是为身高 175 cm、体重 75 kg 的男子短跑运动员制定的食谱，总能量为 4 081 kcal。

▶ 表 6-12　短跑运动员训练时的食谱举例

餐次	食物名称	配料	重量（g 或 mL）
早餐	米粥	粳米粥	100
	馒头	馒头（蒸，富强粉）	150

续表

餐次	食物名称	配料	重量（g 或 mL）
早餐	煎鸡蛋	鸡蛋	100
		色拉油	3
		酱油	3
	清蒸茄子	茄子	100
		色拉油	3
		盐	1
	清炒豆角	豆角	100
		油	3
		盐	1
	酱牛肉	酱牛肉	50
早加餐	香蕉	香蕉	200
	蛋糕	蛋糕（蒸）	50
	运动饮料	运动饮料	500
午餐	米饭	米饭（蒸，粳米）	100
	面条	面条（煮，富强粉）	100
	莲藕肉片	猪肉（后肘）	90
		莲藕	100
		油	6
		盐	1
		酱油	3
	清蒸河蟹	河蟹	150
	清炒小白菜	青菜	200
		油	5
		盐	1
	橙子	橙子	150

餐次	食物名称	配料	重量（g 或 mL）
下午加餐	苏打饼干	苏打饼干	50
	运动饮料	运动饮料	850
晚餐	米饭	米饭（蒸，粳米）	150
	烧饼	烧饼	100
	莴苣炒猪心	猪心	100
		莴苣	150
		油	6
		盐	1
	清炒丝瓜	丝瓜	200
		油	4
		盐	1
	鲜菇鸭肉汤	鸭	150
		蘑菇	100
		油	2
晚加餐	酸奶	酸奶	200
	苹果	苹果	200

上述食谱中各餐次供能营养素和能量分配情况见表 6-13。

▶ 表 6-13　食谱中各餐次供能营养素和能量分配情况统计表

	早餐	中餐	晚餐	总
蛋白质（%）	14.88	15.94	23.69	17.79
脂肪（%）	21.81	29.27	28.21	26.51
糖（%）	63.21	54.76	47.95	55.62
能量（%）	32.99	38.69	28.32	100

（三）力量项目

1. 力量项目运动的营养代谢特点

举重、投掷和摔跤等力量性项目，运动员的体重一般较大，肌肉比较发达，具有较好的力量和爆发力以及有效的神经肌肉协调控制能力。由于完成力量性项目的时间比较短，肌肉输出功率比较高，供给肌肉活动所需的能量主要来源于磷酸原系统，部分来源于糖酵解系统。因此，除了应供给充足的能源物质、维生素和矿物质以外，力量性项目运动员还应注意蛋白质等营养物质的摄取。

2. 力量项目运动员的营养措施

（1）提供充足的蛋白质摄入，但应避免蛋白质摄入过量。中国运动员的蛋白质推荐摄入量为 1.2~2.0 g/kg 体重，平时训练蛋白质摄入量占总能量的 15%，在大运动量训练初期、减重期，可达总能的 20%，其中优质蛋白质占 1/2。但是，蛋白质的摄入量不宜超过 3.0 g/kg 体重，因为蛋白质摄入过多，会出现肝、肾负担加重，引起体液酸碱平衡紊乱和钙丢失等负面影响。

（2）保持食物多样化，增加体内碱储备。力量运动员应当进食多样的含有糖、维生素和矿物质的食物，应有丰富的钾、钠、钙、镁等电解质，食物中要增加蔬菜、水果，既增加体内的碱储备，还可预防因摄入蛋白质过多所引起的体液酸化。

（3）适当使用运动营养补充剂。适当补充促进肌肉合成代谢和肌力的特殊营养补充剂如肌酸、HMβ 等，以增加体内磷酸肌酸储备量，促进蛋白质合成，增加肌肉力量。

肌酸的补充应根据运动员的实际体重严格掌握剂量，一般冲击剂量为 20 g/d，服用 5~7 d，维持剂量为 2~5 g/d。肌酸最好与葡萄糖同时服用，可以刺激胰岛素分泌，使肌肉摄取肌酸的效率增加。研究证实，短期的补充肌酸（20~30 g/d，5~7 d）能够明显加快 ATP 通过 CP 分解的合成速度，提高肌肉的做功功率和肌肉力量，改善短时间爆发性用力项目的运动成绩。但是，举重运动员服用肌酸后一周以后（20 g/d），因肌肉水分含量增加、肌肉蛋白质合成速度加快等原因，通常可造成运动员体重有不同程度的增加同时伴有肌肉僵硬等不适感，这对于需要控制体重参加比赛的举重项目显然不利。因此，举重项目运动员服用肌酸应当慎重。

（4）合理减体重和增体重。控制体重是近半数以上举重运动员赛前需要面临的问题，其主要的解决方式是控制饮食饮水、增加运动消耗以及通过各种物理手段（如穿着不透气的尼龙运动服运动、桑拿等）乃至服用药物进行脱水等，其中不乏服用违禁药物。

举重运动员在赛前控制体重期间，应注重合理的营养保障，以免对身体健康造成损害。举重运动员控制体重时应注意以下营养问题：① 通常情况下，日能量摄入不应少于 6 278 MJ～100 452 MJ，且根据举重运动员的体重和赛前运动量大小酌情增减。② 在摄入低能量饮食的同时，适度增加蛋白质（2 g/kg 体重）补充，减少脂肪摄入（1.4 g/kg 体重），保障充足的维生素和矿物质。③ 必要时可以食用一些举重运动员控减体重专用的运动营养补充剂，如左旋肉碱、魔芋多糖等膳食纤维，但禁止使用利尿剂和其他一些对运动员身体健康危害较大的违禁药物控减体重。④ 举重和摔跤等运动员在减体重后应及时补液，这有利于脱水后心血管功能的恢复，高糖饮食（糖类占总能量的 70%）有利于维持减体重情况时下肢的无氧运动能力。

表 6-14 是为身高 170 cm、体重 85 kg 的男子举重运动员制定的食谱，总能量为 5 186 kcal。

▶ 表 6-14　举重运动员训练时的食谱举例

餐次	食物名称	配料	重量（g 或 mL）
早餐	小米粥	小米粥	150
	面包	面包	200
	煎鸡蛋	鸡蛋	70
		色拉	2
		酱油	3
	清蒸鸡大腿	鸡腿	100
		色拉	2
		盐	0.5
	花菜炒羊肉	花椰菜	150
		羊肉（瘦）	100
		色拉	2
		盐	1
	清炒包菜	包菜	150
		色拉油	2
		盐	1

续表

餐次	食物名称	配料	重量（g 或 mL）
早餐	鲜牛奶	鲜牛奶	200
	芦柑	芦柑	150
早加餐	苏打饼干	苏打饼干	50
	运动饮料	运动饮料	500
午餐	米饭	米饭（蒸，粳米）	150
	面条	面条（煮，富强粉）	200
	清蒸鲜贝	鲜贝	120
		色拉油	4
		盐	1
	凉拌胡萝卜	胡萝卜	50
		花生油	3
		盐	0.5
	酱牛肉	酱牛肉	50
	香菇鸡汤	香菇	100
		母鸡（一年内）	100
		盐	0.5
		花生油	3
	芒果	芒果	200
午加餐	运动饮料	运动饮料	500
	鸡蛋蛋白粉	蛋白粉	20
晚餐	小米粥	小米粥	200
	油饼	油饼	100
	甘薯	甘薯（红心）	200

续表

餐次	食物名称	配料	重量（g 或 mL）
晚餐	蘑菇青鱼片	青鱼	100
		蘑菇	100
		花生油	3
		盐	1
	荷兰豆炒火腿肠	荷兰豆	100
		火腿肠	70
		色拉油	3
		盐	0.5
	清蒸茄子	茄子	100
		色拉油	2
		盐	1
	运动饮料	运动饮料	500
晚加餐	酸奶	酸奶	200
	桃	桃	250

上述食谱中各餐次供能营养素和能量分配情况见表 6-15。

▶ **表 6-15　食谱中各餐次供能营养素和能量分配情况统计表**

	早餐	中餐	晚餐	总
蛋白质（%）	9.87	14.24	15.12	12.97
脂肪（%）	37.93	33.66	17.82	30.45
糖（%）	52.17	52.28	67.06	56.64
能量（%）	35.02	35.25	293.73	100

（四）灵敏、技巧项目

1. 灵敏、技巧项目运动的营养代谢特点

击剑、体操、乒乓球、跳水和跳高等灵敏、技巧项目为非周期性项目，运动员在训练中神经紧张，动作多变，对协调、速率和技巧性要求较高，同时也需要运动员具有良好的力量、爆发力、速度、耐力等方面的运动能力。

运动员为完成复杂的高难度动作，通常采取一定的饮食措施来控制体重和体脂水平，因此，这一类型运动员的膳食能量摄入量较低。

2. 灵敏、技巧项目运动员的营养措施

（1）供给充足的蛋白质。食物应提供充足的蛋白质、钙、磷等营养素，蛋白质占总能量的 12%~15%，以满足高度紧张的神经活动过程的需要。减体重期蛋白质的供给量要增加，可达总能量的 15%~20%，以保证机体的免疫功能和健康水平。

（2）适当控制脂肪的摄入量。灵敏、技巧项目的运动员能量供给量为 53~57 kcal/kg 体重，膳食能量的比例以糖占 60%~65%，蛋白质占 15%，脂肪占 20%~25% 为宜，即高糖、中等蛋白质和低脂肪膳食。食物的脂肪供给量不宜过高，尤其要减少饱和脂肪酸的摄取。

（3）保证充足的维生素和矿物质。灵敏、技巧项目的运动员由于需要保持适宜的体重，一般通过限制饮食来控制体重，但营养素搭配不当易导致维生素和矿物质的营养不平衡。因此，在平时的膳食中应注意选择含维生素和矿物质比较多的蔬菜、水果等食物，保证足够的维生素和矿物质的摄取，如维生素 B_1 的供给量应达到 4 mg/d，维生素 C 应达到 140 mg/d。此外，乒乓球、击剑等项目运动员对视力的要求高，眼睛易疲劳，应保证充足的维生素 A 的供给，每日要达到 1 800 μgRE（6 000 IU），除食用含维生素 A 或胡萝卜素丰富的食物外，必要时还可服用适量的维生素 A 制剂，如鱼肝油等。

表 6-16 是为身高 165 cm、体重 52 kg 的男子体操运动员制定的食谱，总能量为 2 818 kcal。

▶ 表 6-16 体操运动员训练时的食谱举例

餐次	食物名称	配料	重量（g 或 mL）
早餐	小米粥	小米粥	100
	油饼	油饼	50
	燕麦片	燕麦片	50

续表

餐次	食物名称	配料	重量（g 或 mL）
早餐	煎鸡蛋	鸡蛋	50
		花生油	3
	鲜蘑菇炒丝瓜	丝瓜	100
		蘑菇	50
		色拉油	3
		盐	1
	鲜牛奶	牛奶	200
早加餐	波罗蜜肉	波罗蜜	150
	运动饮料	运动饮料	250
午餐	米饭	米饭（蒸，粳米）	100
	面条	面条（标准粉）	100
	酱牛肉	酱牛肉	50
	清炒油菜	油菜	100
		花生油	5
		盐	1
	清炒荷兰豆	荷兰豆	100
		花生油	5
		盐	1
	鲜蘑菇鸡汤	母鸡（一年内）	50
		蘑菇	100
		花生油	2
		盐	1
下午加餐	芒果	芒果	100
	运动饮料	运动饮料	250

续表

餐次	食物名称	配料	重量（g 或 mL）
晚餐	米饭	米饭（籼米）	150
	馒头	馒头（富强粉）	100
	盐水河虾	河虾	50
		盐	0.5
	清炒莲藕片	莲藕	100
		花生油	5
		盐	1
	白菜油豆腐	白菜	50
		油豆腐	50
		花生油	3
		盐	1
	香蕉	香蕉	200

上述食谱中各餐次供能营养素和能量分配情况见表 6-17。

▶ 表 6-17 食谱中各餐次供能营养素和能量分配情况统计表

	早餐	中餐	晚餐	总
蛋白质（%）	11.47	18.36	15.10	15.00
脂肪（%）	29.58	27.44	20.70	26.05
糖（%）	58.78	54.08	64.41	58.95
能量（%）	33.78	34.44	31.78	100

（五）球类项目

1. 球类项目运动员的营养代谢特点

篮球、排球、足球和冰球等球类项目属集体团队合作性项目，要求运动员具备力量、耐力、灵敏、速度、技巧等多方面的素质，运动强度大，多变，有间歇，能量消耗大。运动员既要有良好的有氧氧化供能的能力，也要有良好的磷酸原系统和糖酵解系统的供能能力。

2. 球类项目运动员的营养措施

（1）增加糖的摄取，保证充足的能量供应。球类项目运动员能量消耗较高。一场篮球赛运动员消耗能量约 18 MJ，一场足球赛可高达 20 MJ，其膳食供给应根据运动量的大小，保证充足的能量。高糖膳食可提高运动中运动员的体能，增加跑动的距离和速度，还可以起到节约肌糖原、延缓疲劳发生的作用。因此，在三大能量营养素中，球类项目运动员的膳食提倡以高糖为中心。在运动前的 3~4 h 应摄入高糖饮食，运动中可将补糖与补液相结合。为了加速糖原储备的恢复，应在运动结束后尽快补充 50 g 糖，以后每隔 1~2 h 重复补充，直至下一餐。恢复期的 24 h 内，补糖总量应达到 10 g/kg 体重，并采用高血糖指数的食物。

（2）重视液体的补充。补液对球类项目具有良好的作用，可减轻自觉的疲劳感，改进运动耐力。在训练或比赛中，每隔 20 min 应补充配方科学的运动饮料 150 mL。运动后为取得充分的再水合，可采用含糖电解质饮料，补充量应达到运动后体重减轻量的 150%。

（3）适当增加蛋白质的摄入。蛋白质不仅有供能作用，还能调节人体生理功能，增强机体抵抗力，提高中枢神经系统的兴奋性，个别氨基酸如蛋氨酸及赖氨酸还有助于条件反射的建立。由于球类运动大多数是在神经高度紧张的情况下训练和比赛，故应注意蛋白质的营养需要。球类项目的运动员蛋白质的摄入量应占总能量的 12%~15% 或 1.2 g~2.0 g/kg 体重，以优质蛋白质为主。

表 6-18 是为身高 185 cm、体重 78 kg 的男子篮球运动员制定的食谱，总能量为 4 392 kcal。

▶ 表 6-18 篮球运动员训练时的食谱举例

餐次	食物名称	配料	重量（g 或 mL）
早餐	米粥	米粥	100
	油条	油条	150
	盐水鸭	盐水鸭	50
	凉拌莴苣	生菜（叶用莴苣）	100
		花生油	3
		盐	1

续表

餐次	食物名称	配料	重量（g或mL）
早餐	清炒茼蒿	茼蒿	100
		花生油	5
		盐	1
	酸奶	牛奶	200
	芒果	芒果	120
早加餐	苏打饼干	苏打饼干	50
	运动饮料	运动饮料	500
午餐	米饭	米饭（蒸，粳米）	200
	面条	面条（煮，富强粉）	200
	土豆烧牛肉	牛肉	100
		土豆	150
		色拉油	6
		盐	1
		酱油	3
	炒小白菜	青菜	100
		色拉油	4
		盐	1
	清蒸青鱼	青鱼	100
		色拉油	3
		盐	1
	凉拌甘蓝	卷心菜	100
		色拉油	2
		盐	1

续表

餐次	食物名称	配料	重量（g 或 mL）
下午加餐	波罗蜜肉	波罗蜜	200
	运动饮料	运动饮料	750
晚餐	米饭	米饭（蒸，粳米）	200
	面条	面条（煮，富强粉）	200
	清蒸小黄鱼	小黄鱼	200
		花生油	5
		盐	1
	清炒菜花	菜花	100
		花生油	5
		盐	1
	紫菜蛋汤	紫菜	20
		鸡蛋	60
		花生油	2
		盐	1
晚加餐	香蕉	香蕉	200
	酸奶	酸奶	300

上述食谱中各餐次供能营养素和能量分配情况见表 6-19。

▶ 表 6-19　食谱中各餐次供能营养素和能量分配情况统计表

	早餐	中餐	晚餐	总
蛋白质（%）	8.69	16.67	17.98	14.31
脂肪（%）	34.09	22.83	19.48	26.00
糖（%）	56.38	60.79	62.50	59.77
能量（%）	34.14	37.64	28.22	100

(六)冬季项目

1. 冬季项目运动员的代谢特点

不同冬季运动项目的速度、耐力、技术要求差异较大,这种差异决定了各单项能量代谢以及营养需求各不相同。例如,短道速滑要求运动员拥有最快的速度,因此是属于体能主导速度耐力项目,无氧代谢是该项目的主要代谢供能方式,该项目的训练多以短时间、高强度的间歇训练为主,机体糖原迅速消耗,导致机体能源物质耗竭,另外代谢产物堆积以及机械应力还会造成肌纤维损伤、红细胞破损、免疫低下等问题。冰球运动、花样滑冰、高山滑雪、雪橇运动对运动员的技术、力量、协调性、灵活技巧和心理素质要求较高,代谢类型以无氧代谢和有氧代谢为主的混合代谢类型为主要特点,此类项目的运动员具有机体承受较大负荷,能量物质消耗迅速,中枢疲劳产生较快等特点。越野滑雪和军事滑雪等项目主要特点是长距离,运动员需要具备良好的有氧耐力素质,代谢类型以有氧代谢为主,在训练中运动员容易产生能量物质迅速消耗导致能量物质储存不足,代谢产物堆积导致的中枢以及外周疲劳,水、维生素、矿物质流失过多导致的机体脱水、肌肉痉挛等问题。

2. 冬季运动项目的营养措施

(1)保证充足的能量供应。冬季项目运动员由于在寒冷环境中训练,受到低温寒冷环境以及运动训练的双重刺激,能量消耗巨大,因此,运动员的膳食应保证充足的能量供应和各种营养素的平衡。但运动员的食欲因寒冷刺激会受到较大的抑制,因此运动员膳食摄入要选择体积小、能量密度高的食物。对于冬季项目的能量摄入量为27~75 kcal/kg/d,其中每天糖的摄入量为5~12 g/kg。力量素质也是限制冬季项目运动员的运动成绩的关键因素之一,运动员为保证良好的肌肉力量水平必须摄入充足的蛋白质,其摄入量为0.8~2.0 g/kg/d,补充的形式以膳食补充为主,营养品补充为辅。脂肪是机体主要的储存能量的物质,合理的体脂百分比是运动员提高运动能力的关键因素之一,运动员的合理脂肪含量为8.6%±1.9%,运动员每天的脂肪摄入量为0.5~1.5 g/kg。但是,不同的冬季项目对能量和宏量营养素的需要也不相同(表6-20)。

▶ 表6-20 不同的冬季项目对能量和宏量营养素的需要量以及训练期和恢复期中水的补充量

项目	能量 (kcal/kg/d)	糖 (g/kg/d)	蛋白质 (g/kg/d)	脂类 (g/kg/d)	训练期	恢复期
跳台滑雪	27~37	5~6	0.8~1.0	0.5~1.0	按需补水	补水 递增重量训练后补糖0.5~1 g/kg 体重
越野滑雪	55~75	8~12	1.2~1.6	>0.8~1.5	含糖5%~8%热运动饮料 30~60 g/h 糖 300~700 mL/h 水	运动饮料+水 500~1 000 mL 糖1 g/kg 体重
北欧两项	45~55	7~10	1.2~1.4	0.8~1.0	含糖5%~8%热运动饮料 300~700 mL/h 含糖饼干比赛间隙	运动饮料+水 500~1 000 mL 糖1 g/kg 体重
高山滑雪，猫跳滑雪，高山自由式滑雪	45~55	7~10	1.5~1.8	1~1.2	含糖5%~8%热运动饮料 250~500 mL/h 15~30 g/h 糖 含糖饼干比赛间隙	运动饮料 500~750 mL 糖1 g/kg 体重 10~15 g 蛋白质
自由式滑雪空中技巧	35~43	5~7	1.0~1.4	0.8~1.0	夏季：凉运动饮料 冬季：热茶或热运动饮料 250~500 mL/h	水 500~750 mL 150~200 kcal 热量的饼干 冷环境下补糖1 g/kg 体重
速度滑冰	47~65	8~12	1.5~2.0	1.0~1.5	含糖5%~8%热运动饮料 250~500 mL/h 15~30 g/h 糖 超长时间额外补蛋白质	运动饮料 500~750 mL 糖1 g/kg 体重 10~15 g 蛋白质

（2）注意液体的正确补充。冬季项目运动员在如何正确补液方面存在一定的误区，表现为训练和比赛时感到口渴才喝水，此时机体已经处于2%以上的脱水状态。冬季项目的特点是训练环境温度很低，但运动员在运动中会出现体温升高而导致排汗量增多，引起脱水及体内维生素、电解质的流失。电解质的流失会导致神经肌肉的兴奋传递出现障碍，导致肌肉力量下降、控制能力下降从而导致运动能力下降。因此，训练和比赛中及时补液不仅能维持机体良好的水合状态，还可补充维生素和矿物质。推荐运动员在训练或者比赛前准备一杯维生素矿物质泡腾片饮料，训练中每隔15~20 min饮用200 mL。

（3）运动中和运动后及时补糖。冬季项目运动员在运动训练过程中的能量供应主要来源于机体储存糖的分解代谢。体内糖的储备非常有限，如冰球、越野滑雪等项目，能量消耗是安静状态的10倍之上，训练过程中可能因能量供应不足而导致运动能力下降，影响训练比赛，因此必须注意在运动训练中补糖。研究表明，补充低聚糖可以避免血糖的过度波动，增加机体糖原储备，提高运动能力。与此同时，运动员在训练过程中不仅仅会消耗大量的能量物质，还会产生大量的代谢产物堆积，另外，机械应力还会造成部分肌纤维产生微细损伤，而且运动员训练的特点需要其在尽可能短的时间内快速恢复，因此运动员在训练后的快速恢复成为影响运动员成绩好坏的关键因素之一。促进恢复最首要的任务是促进糖原的恢复和体液平衡。因此，训练后适量加餐和补液是非常重要的，尽量在训练比赛后30 min之内摄入。

（4）运动营养补充剂的合理使用。如果运动员的食欲偏差，建议运动员在运动后30 min内服用乳清蛋白粉30 g/d。另外，短道速滑项目运动员要着重发展磷酸原供能系统供能能力。因此，可以适当补充肌酸3~5 g/d，注意服用肌酸后要增加饮水。

因此，及时合理的营养补充对于运动员提高体能、保持良好的竞技状态以及取得优异运动成绩，具有重要作用。

表6-21是为身高160 cm、体重50 kg的女子滑冰运动员制定的食谱，总能量为2 813 kcal。

▶ 表6-21 滑冰运动员训练时的食谱举例

餐次	食物名称	配料	重量（g或mL）
早餐	玉米粥	玉米片（即食）	50
	面条	面条（富强粉）	100

续表

餐次	食物名称	配料	重量（g 或 mL）
早餐	盐水鸭	盐水鸭	60
	凉拌豇豆	豇豆	100
		色拉油	5
		盐	1
	牛奶	牛奶	200
	葡萄	葡萄	80
午餐	米饭	米饭（籼米）	100
	烧饼	烧饼	50
	青椒兔肉片	青椒	100
		兔肉	50
		花生油	6
		盐	1
		酱油	3
	盐水河虾	河虾	500
		盐	1
	清炒豆角	豆角	100
		花生油	5
		盐	1
	凉拌蘑菇	蘑菇	100
		花生油	2
		盐	1
	芒果	芒果	100

续表

餐次	食物名称	配料	重量（g 或 mL）
晚餐	米粥	米粥（粳米）	200
	烧饼	烧饼	100
	酱牛肉	酱牛肉	50
	凉拌茭白	茭白	150
		色拉油	4
		盐	1
	清炒小白菜	小白菜	150
		色拉油	5
		盐	1
	苹果	苹果	200

上述食谱中各餐次供能营养素和能量分配情况见表 6-22。

▶ 表 6-22　食谱中各餐次供能营养素和能量分配情况统计表

	早餐（%）	中餐（%）	晚餐（%）	总（%）
蛋白质	13.70	15.87	15.71	15.07
脂肪	26.08	24.44	30.78	26.95
糖	60.22	59.75	53.35	57.96
能量	34.64	34.80	30.56	100

第三节　运动员比赛期的营养

比赛是检验运动员平时训练成果的主要手段，运动员在临近比赛时，往往心理压力比较大，机体处于高度应激状态，需要有合理的营养补充作为良好体能的保证，否则运动员易出现赛前机能状态不佳、免疫力下降等现象，很容易影响比赛成绩。如果比赛周期较长，赛期更应注意合理营养，防止运动员在比赛的后阶段出现疲劳，影响运动水平的发挥。同时，赛后合理营养对运动员尽快消除疲劳、促进体力的尽早恢复也是非常重要的。因此，运动员比赛期的营养要从赛前调整期、赛前一餐、赛中及赛后4个方面，根据不同运动项目的特点合理补充。

一、赛前调整期

一般指比赛前10~14 d，这一阶段的营养安排，对运动员比赛时的体内营养状况和机能状态有很大影响。运动员赛前的营养原则就是利用有效的营养手段提高机体的能源物质储备，使机能状态达到最佳，为运动员比赛时发挥最高水平做好准备。

"赛前调整期营养"知识点精讲

（一）保持适宜的体重和体脂

运动员在赛前均不同程度地减少运动量，饮食中的能量供给应随着运动量的变化而减少。如果训练量减少而能量摄入量不变，就会导致体脂和体重增加，限制耐力、速度和力量的发挥。赛前的饮食和营养应使运动员获得适应最佳竞赛的体重和体脂水平。

（二）适当减少蛋白质和脂肪摄入

由于蛋白质和脂肪代谢的产物是酸性的，大量堆积会使体液偏酸，促使疲劳提前发生。因此，赛前切忌大量补充氨基酸，否则会使血氨浓度升高，一方面消耗大量的丙酮酸，从而影响有氧氧化代谢，另一方面使水分吸收减少。运动员赛前蛋白质的补充应适量，以占膳食能量的12%~15%为宜，同时以摄入优质蛋白质为主，提高蛋白质的利用率。

（三）增加碱储备

在膳食中增加蔬菜、水果的摄入，必要时在医生指导下应用碳酸氢钠。

（四）纠正体内维生素缺乏

注意增加富含维生素食物的摄取，必要时可补充维生素制剂。

（五）增加糖原储备

糖类是人体最重要的供能物质，无论是何种性质的运动，都要利用糖代谢供给能量，当可利用的糖耗竭时，才动用脂肪或蛋白质供给能量。运动中，肌肉摄取的糖量可达安静时的20倍或更多。糖类供能具有以下优点：易氧化、且氧化完全，代谢终产物二氧化碳和水不会增加体液的酸度；在缺氧条件下，可通过无氧酵解供能；氧化时耗氧量少，在消耗等量氧的条件下，糖类的产能效率比蛋白质、脂肪高；产生能量迅速，且易于消化吸收。因此，糖类被称为人体的第一营养素。在比赛之前，必须调整运动员的膳食和训练计划，以便达到最大的肌糖原储存。大量研究表明，采用糖原填充法可有效地增加机体的糖原储备，提高运动员的抗疲劳能力，明显延长运动时间。

知识拓展

糖原填充法

1. 经典的糖原填充法

经典的糖原填充法是让运动员在赛前一周时进行、一次力竭性运动，其后三天继续进行中等强度运动，膳食中的糖的供给量减至每日250～300 g，同时使用高蛋白和高脂肪膳食。机体由于运动和低糖膳食会尽可能耗尽体内糖原储备。赛前3天减少运动负荷，同时摄入高糖膳食（500～600 g/d），其他营养素作为高糖膳食的一部分予以保留，经过这种措施可使机体肌糖原增加2～4倍。但经典的糖原填充法具有一定的副作用，由于糖原储备时以水合形式存在，每1 g肌糖原储存时要结合2.7 g的水。因此，肌糖原储备太多时导致肌肉中水潴留过多，从而可降低肌肉的弹性，增加体重，而且会引起肌肉僵硬，出现肌肉疼痛的现象。同时高脂肪膳食可引起血脂升高，另外，运动员突然改变饮食习惯会引起心理不适。因此人们对经典的糖原填充法进行了改良。

2. 改良的糖原填充法

改良的糖原填充法就是在赛前一周内逐渐减少运动量，赛前一天休息，同时在赛前三天摄取高糖膳食使膳食中糖供能的百分比达到70%或相当于摄入糖8～10 g/kg体重，这样可以使肌糖原储备增加20%～40%。改良的糖原填充法具有以下三个优点：第一，由于避免了力竭性练习，改用逐渐减量，因而运动员受到伤害的可能性极小；第二，由于没有糖类耗空阶段，因此对运动员的生理和心理都不会产生副作用；第三，改良的糖原填充法比传统方法更易使肌糖原达到饱和状态。

糖原填充法主要在耐力性、大量消耗肌糖原的运动项目中使用较多，如超过 1 h 的亚极量强度的运动项目。马拉松和长距离竞走运动员由于运动时间比较长，机体能源物质消耗比较多，尤其要增加糖的储备。目前研究发现，赛前高糖膳食对短时间的力量或速度型项目运动员同样有意义，因为肌糖原储备的增加有利于糖酵解供能。但肌糖原储备增加过多会导致肌肉僵硬和体重增加，反而会影响运动成绩，因此运动员在赛前要注意正确使用。

（六）增加体内的抗氧化能力

增加富含抗氧化成分的食物，如进食适量的瘦肉类食物，以促进谷胱甘肽合成酶的生物合成，增加新鲜的蔬菜、水果，减少食物中的脂肪，保持平衡膳食，必要时可在医生的指导下补充抗氧化维生素或微量元素等。

（七）模拟比赛环境与赛期时间安排进食

针对比赛地点的海拔、温度与湿度等环境情况以及比赛时间，在赛前进行模拟饮食，减少适应时间与反应。

二、赛前一餐的营养

（一）赛前一餐应在比赛前 2~3 h 以前完成

赛前 30 min 内进餐，无论是固体或是液体均会产生胃肠部胀满感，从而影响比赛的正常发挥。

"赛前一餐的营养原则与措施"知识点精讲

（二）赛前一餐的食物体积要小、重量轻

根据不同项目的特点应提供 2.09~4.18 MJ（500~1 000 kcal）的能量，但是食物的体积必须要小，重量要轻，要容易消化吸收，不宜吃含粗纤维和易产气的食物，如芹菜、韭菜、大豆等。

（三）比赛当日不宜进食新的食物或改变已习惯的饮食

摄入新食物有发生过敏、胃肠不适或腹泻的可能，运动员应食用可口并富有营养的食品，不要强吃自己不爱吃的食物。

（四）大量出汗的比赛项目或在高温环境下比赛应注意补液

大量出汗的比赛项目或在高温环境下比赛时，应在赛前补液 500~700 mL。赛前一般不宜服用咖啡或浓茶，以免引起利尿作用；由于酒精会延缓反应时，产生乳酸而影响细微的协调能力，故赛前不可服用含酒精的饮料。

（五）耐力性项目应注意赛前补糖

比赛前补糖旨在优化肌肉和肝脏糖原储备，维持运动时血糖稳定，提高运动时抗疲劳能力，保障 1 h 内快速运动能力和长时间运动末期的冲刺力；同时避免引起运动中胃肠不适和血浆胰岛素浓度上升，有时会引起易感人群反射性低血糖。训练课或比赛前的补糖主要分为两种：

在比赛前的 3~4 h，运动员应摄入含糖丰富的高 GI 膳食。这一膳食应满足"三高五低"的要求，即高糖、高水、高维生素，低脂肪、低蛋白质、低盐、低纤维素、低体积。补充的糖类应以低聚糖和葡萄糖为主，量以 200~300 g 为宜，这可以显著增加运动员肌糖原和肝糖原的含量。

在比赛前的 15~30 min 内，运动员可与液体共同摄入高 GI 的低聚糖或次高 GI 的可溶性淀粉糖，量以 50~100 g 为宜，这对维持比赛中血糖的稳定具有非常重要的作用。

三、赛中营养

运动员赛中营养的目的就是要尽量延缓运动性疲劳的发生，降低疲劳的程度，把影响运动能力的限制因素降低到最低，使运动员的运动能力得到最大限度的发挥，能在比赛中获得好的成绩。

"赛中营养"知识点精讲

（一）赛中补液

运动员在剧烈的比赛中大量出汗会导致机体水和矿物质的丢失，出现不同程度的脱水，体液处于相对高渗状态，对机体体温调节、电解质平衡等都有破坏作用。因此，运动员，特别是长时间耐力运动，如马拉松、铁人三项、长距离自行车赛、超长距离竞走等项目运动员，在赛中要注意补液。在条件允许的情况下，赛中可补充等渗或低渗的运动饮料，每隔 15~30 min 补液 100~300 mL，或每跑 2~3 km 补液 100~200 mL，以每小时补液量不超过 800 mL 为宜。比赛中的补液量一般为出汗量的 1/3~1/2。能量消耗较大的项目，可在中途摄取一些容易消化吸收的液体型或质地柔软的半流质食品，但食物的体积要小，以免产生不适。

（二）赛中补糖

比赛中补糖的主要作用是保持血糖浓度，维持高的糖氧化速率，节省肝糖原，减少蛋白质消耗，有利于能量平衡和氮平衡。在持续中等强度的比赛中摄入糖、增加糖储备可以显著改善糖代谢环境，提高运动能力，延长运动至力竭的时间，使疲劳点出现时间后移。

赛中补糖应始于运动开始后的 0.5 h，每间隔 20~30 min 补充浓度小于 10% 的含糖饮料，每次 150~250 mL（15~25 g），糖的类型主要以低聚糖、葡萄糖、蔗糖、麦芽糊精、玉米糖浆为主。补糖量一般为 20~60 g/h，多的可达 40~102 g/h，或 1~2 g/kg 体重。若赛中无条件多次补充，可在疲劳点出现之前至少 30 min，一次性补充糖 100 g，浓度为 20%~75%。赛中补糖可与补液同时进行。

四、赛后营养

运动员在比赛时由于肌糖原的耗竭、乳酸堆积和自由基的生成会导致机体产生不同程度的运动性疲劳。因此，运动员赛前进行合理营养对迅速消除疲劳、保持运动能力是必要的，尤其是对那些次日仍要比赛或比赛持续数日的运动员。随着很多运动项目出现新赛制，在比赛越来越密集、周期间隔越来越短的情况下，赛后合理的营养补充就显得更为重要。

"赛后营养"知识点精讲

（一）赛后水、矿物质和维生素的补充

大多数运动员在比赛中大量出汗，导致机体丢失大量的水、矿物质和维生素，特别是水溶性维生素，因此赛后要及时补充水和矿物质，以维护机体正常的水和电解质的平衡状态。补液的量不能仅以使体重达到赛前水平为标准，必须补充达到丢失体液量的 150% 才能完全复水。补液的时间越早越好，运动后即刻就应补水，以少量多次为原则，不可一次大量饮水。因为一次大量饮水虽然会暂时抑制口渴的感觉，但会使血容量迅速增加，不仅会增加机体心脏、肾脏负担，而且促进排尿，反而增加机体的脱水程度。赛后以摄取含糖-电解质的运动饮料为好，不仅能补水，而且也能快速补充糖、矿物质以及维生素；也可饮用果汁，以获取维生素和矿物质。同时，选择维生素和矿物质比较丰富的新鲜蔬菜和水果，必要时可服用复合维生素。

（二）赛后补糖

比赛后补糖是为了帮助运动员尽快缓解疲劳和促进体力恢复，加强肝糖原和肌糖原的合成与储存，保证第二天训练课的训练质量或连续比赛的需要。由于机体肌糖原最大合成速率仅为肌糖原最大分解速率的 1%，因此运动后肌糖原的恢复需要较长的时间，而运动时糖的消耗程度，以及运动后补糖的种类、时间和速率是影响机体肌糖原恢复的重要因素。

比赛后的补糖越早越好。研究证明，肌糖原快速恢复阶段是在运动后 6 h 内，缓慢恢复阶段在运动后 6~48 h，在运动后的 1~2 h 内补糖最为重要，因为此时肌肉中糖原合成酶含量高，补糖效果佳。在快速恢复阶段，尤其在运动后即刻，服用 100~150 g 葡萄糖，或 2~3 片蛋氨酸与 50~100 g 葡萄糖，对补充运动员所消耗的能量、促进肝糖原储备、恢复血糖水平和减少血乳酸含量均有良好作用。以后可补充低脂肪、低蛋白、高水、高 GI 的膳食，主要以低聚糖、葡萄糖、麦芽糊精、玉米糖浆、可溶性淀粉糖为主；缓慢恢复阶段应补充中、低 GI 的膳食，主要以淀粉类食物和豆类为主。

以往人们普遍认为，运动引起糖原耗竭后，肌糖原和肝糖原储备恢复到正常水平需要 46 h 以上。现在研究证实，只要补充糖的时间和量合适，糖原的再合成可以在 24 h 内完成。

（三）赛后蛋白质、氨基酸的补充

运动后机体红细胞的生成，运动中消耗的组织蛋白质的恢复、损伤组织的恢复、肌肉蛋白质的生物合成都需要蛋白质作为原料，因此，运动员赛后补充蛋白质和氨基酸，对加快机体的恢复有着至关重要的作用。

赛后蛋白质的补充量与运动项目有关，一般耐力项目运动员蛋白质的需要量为 1.0~1.8 g/kg 体重，力量项目运动员需要 3.0 g/kg 体重。赛后蛋白质的补充以摄取优质蛋白质为主，乌鸡蛋、牛奶、牛肉等，必要时可以补充乳清蛋白、酪蛋白、大豆蛋白等。与此同时，游离氨基酸也是较好的蛋白质的补充形式，不受蛋白质中氨基酸成分的限制，可根据需要随时补充，如支链氨基酸、牛磺酸、谷氨酰胺等。研究证实，运动后适量补充谷氨酰胺能防止运动员免疫功能下降，且有促进胰岛素分泌的作用，能促进肌肉蛋白质的合成，对运动员保持和增进肌力有利。

运动员赛后的体能恢复关系到赛后训练计划的有效实施和效果。赛后及时而合理地摄入高糖、低脂肪、适量蛋白质和容易消化的食物，有助于消除疲劳和恢复体力，达到超量恢复的效果。同时，补液也非常重要，补液量应满足体重恢复到赛前水平。在体内能量储备物质的恢复方面，补充含糖食物或含糖饮料的时间越早越好，与此同时，适当摄入具有抗氧化性质的天然食物，如新鲜的蔬菜、水果，补充矿物质、维生素，可快速调节体内酸碱平衡，改善内环境。

第四节 过度训练综合征的营养干预

过度训练（over training）的全称是"过度训练综合征（overtraining syndrome）"，是指运动负荷与身体功能状况不相适应，疲劳长期积累而引起运动员各种身体机能紊乱和运动成绩下降的一种病理性的现象。在训练实践中过度训练一般被分为两种，即交感型过度训练和副交感型过度训练。交感型过度训练（也称为经典型或交亢型）是由基础代谢过分增加引起的交感神经系统活动占优所导致的，由无氧代谢功能为主的训练所引起，其发生更倾向于年轻运动员。副交感型过度训练在训练实践中更为常见，它是由迷走神经亢进引起的自主神经系统抑制过程占优势，并伴随神经内分泌系统的衰竭，由有氧代谢功能为主的耐力性训练所引起，更倾向于年龄大的运动员。

一、过度训练的产生原因

训练过程中过度训练的产生存在主客观因素，主要是由以下几种因素综合影响的结果：① 训练没有依照循序渐进和系统性的原则，造成训练不当。比较常见的现象是教练员为了追求运动员尽快出成绩，没有根据运动员，尤其是少年运动员的身体状况和训练水平循序渐进地增加运动负荷。有时，运动员为了急于出成绩，随意增加运动负荷而造成运动负荷增加过快。② 伤病或手术后身体没有完全康复或带病进行训练。③ 比赛、训练安排过于频繁，缺乏足够休息。④ 生活规律被破坏、休息睡眠不足、旅途劳累、营养不当、不良的环境以及心理因素等原因。一般来说，运动员在开始训练阶段是不会出现过度训练的，只有达到提高成绩阶段，特别是接近个人最高竞技成绩（所谓良好的竞技状态）时，出现过度训练的可能性才逐渐增加。这时，可能由于气候变化、旅途劳累、营养不良、精神创伤等，使机体功能下降，从而导致过度训练的发生。

二、过度训练的症状

过度训练的早期症状大多表现为疲倦，伴随有体能衰退、耐力下降、持续性的肌肉酸痛、食欲差、体重降低等症状。如不及时处理或处理不当，将会涉及多个系统和器官，并出现多种多样的症状和体征，主要表现为荷尔蒙失调、免疫力下降、基础代谢率上升等。生理上的异常也会对心理状态造成负面的影响，如忧郁、焦躁不安、缺乏自信、注意力下降及失眠。生理与心理上的障碍，使运动员很难提高运动成绩。

三、过度训练的营养干预

过度训练早期最好的治疗方法就是休息。初期症状产生后，如能采用高效、积极性的休息，2~3 d 后就能完全恢复。但如果已经出现严重症状，恢复则需要数个月的时间，此时除了休息以外，还需要适度营养、使用药物以及心理的调养等。

（一）加强膳食中供能营养素的摄取

当运动员出现过度训练时，营养调控的主要措施是加强膳食中供能营养素的摄取，主要是糖和优质蛋白质的摄取，维持机体的能量平衡。摄取的食物应易于消化并富含糖、维生素和微量元素。由于运动员是一个具有特殊摄入需要的群体，要满足训练期、比赛期和恢复期对能量的需求，必须注意训练后使肌糖原得到最大限度的恢复以增强训练的能力。运动员在训练和恢复期间当糖摄入不足时，会有"累"和"肌肉疲劳"的感觉。因此，运动员应多摄取糖来满足训练负荷中能量的消耗及恢复的需求。在日常训练时，应保证糖的摄入量每天达到 4~8 g/kg 体重，在大运动量训练时增加到 10 g/kg 体重，并注重运动前、运动中和运动后合理补糖。

（二）合理使用运动营养补充剂

运动员在过度训练时，必须进行适当的营养强化和补充，如针对过度训练时机体发生的神经—内分泌—免疫机能受到抑制的情况，可补充营养神经、调节内分泌和增强机体免疫功能的运动营养补充剂。

1. 提高抗氧化能力的运动营养补充剂

人体运动时不可避免地会产生大量的自由基，导致细胞膜脂质过氧化损伤，这是运动性疲劳发生的重要机理之一。过度训练时，体内自由基生成增多，引起骨骼肌、心肌、肝细胞等组织的广泛损伤。因此，在训练时必须设法增加机体清除自由基的能力，减少体内过多的自由基生成。

人体靠某些酶和抗氧化物质来清除自由基，它们有的是自身组织合成的，有的是从食物中摄入的。人类机体组织的抗氧化物质有过氧化氢酶、谷胱甘肽过氧化物酶、超氧化物歧化酶、谷胱甘肽、辅酶 Q_{10}、蛋白疏基基团、牛磺酸等。饮食中的抗氧化物质有花红素、维生素 E、维生素 C、β-胡萝卜素、生物类黄酮、姜黄素、蛋氨酸、植物酚酸、多酚类、维生素 E、硒、锌等。因此，补充抗氧化物质有利于运动机体减少自由基的产生或加速其清除，对抗自由基的副作用，可延缓运动性疲劳的发生和加快体能恢复。运动员在过度训练时，除了增加含抗氧化物质丰富的食物，如绿茶、海藻、石榴、山竹等，必要时还可补充维生素 E、维生素 C、β-胡萝卜素、辅酶 Q_{10}、番茄红素等运动营养补充剂。

2. 改善睾酮分泌的运动营养补充剂

睾酮是人体内重要的合成类激素，睾酮水平维持在正常范围内，不仅能为机体提供一个良好的合成代谢环境，对于运动员的正常生长发育也是有益的。在长时间耐力项目的训练中，运动员容易出现运动性低血睾酮。如果不及时调整状态，在低血睾酮状态下继续训练，就容易造成过度训练，这对运动员来说是非常危险的。国内外的研究表明，补充针对性的运动营养补充剂能促使运动员机体自身生成和分泌内源性睾酮，且不会影响机体本身的正常功能。

3. 提高免疫功能的运动营养补充剂

中长距离项目的运动员在长时间大强度训练中容易出现运动性免疫力低下，表现出对疾病的易感性增加，容易产生感冒、发热等疾病，影响运动能力的发挥。其中一个重要原因是在大强度训练期，机体消耗大量的谷氨酰胺，而谷氨酰胺是免疫系统的主要能源物质，谷氨酰胺的缺少会造成机体免疫力下降，所以合理补充谷氨酰胺可以维持和提高运动员的免疫功能，减少感染疾病的概率。另外，乳清蛋白、支链氨基酸和一些植物多糖，如灵芝多糖、猴头菇多糖、当归多糖、海藻多糖、人参皂苷等对维持运动员的免疫功能也有一定的作用。

4. 改善神经功能的运动营养补充剂

在过度训练时，运动员的中枢神经系统的兴奋与抑制容易失衡，导致运动员常产生睡眠不佳、多梦、易醒，从而影响休息质量。研究发现，补充神经递质磷脂酰丝氨酸（PS）能双向调节大脑的功能平衡，维持神经肌肉的协同收缩。因此，运动员可适当服用磷脂酰丝氨酸、褪黑素，对改善过度训练导致的神经功能失衡具有一定的功效。

女运动员三联征的营养干预

第五节 运动性贫血的营养干预

一、贫血概述

（一）贫血的概念和诊断标准

贫血是指血液单位容积内血红蛋白值、红细胞数和红细胞压积低于正常的病理状态。正常成人血红蛋白值：男性为120～160 g/L，女性为110～150 g/L；红细胞数：男性为400万～550万/mm^3，女性为350万～500万/mm^3；红细胞压积：男性为40%～50%，女性为37%～48%。

如果血红蛋白值，成年男性低于120 g/L，成年女性低于110 g/L；红细胞压积成年男子小于40.0%，女子小于35.0%，可诊断为贫血。

临床上根据血红蛋白减低的程度，将贫血分为轻度、中度、重度和极重度4级（表6-23）。

▶ 表6-23 贫血的分级及标准

贫血分级	血红蛋白值（g/L）
轻度	低限～90
中度	90～60
重度	60～30
极重度	＜30

（二）贫血的原因

贫血是一种症状，它可以由多种原因引起。

1. 红细胞生成减少

骨髓造血的微环境受到有害物质的侵害导致造血功能障碍，从而使红细胞生成减少，如再生障碍性贫血；缺乏造血原料，如蛋白质、铁质、叶酸和维生素B_{12}，影响血红蛋白的合成和红细胞的生成。

2. 红细胞寿命缩短或破坏增加

红细胞寿命为120 d，一个正常人每天约有1/120的红细胞死亡，大约有相等数量的红细胞生成，从而维持其平衡。当红细胞寿命缩短超过骨髓的造血能力时就会发生贫血。当细胞内外因素影响到红细胞膜的稳定性时，红细胞膜的可塑性下降，红细胞容易破裂引起溶血。错误血型输血、红细胞先天性异常等也会使红细胞破坏增加。

3. 失血

如创伤性出血、胃肠道出血等失血引起贫血。如果一次大量出血可引起急性贫血，长期少量出血可引起慢性贫血。

二、运动性贫血

（一）运动性贫血的概念和诊断标准

运动性贫血是指直接由运动训练所造成的贫血。运动员血红蛋白值低于临床标准称为运动员贫血，运动员贫血除有一般人的发病原因之外，也有部分是由运动训练所引起的。运动性贫血仅占运动员贫血的20%～30%。

近年来有学者提出，运动员在训练和比赛阶段，血红蛋白值不能满足氧气的运输需要就应该考虑为亚理想血红蛋白值。目前认为，理想的血红蛋白值男性为160 g/L，女性为140 g/L。因此，目前运动医学上对运动性贫血诊断的标准是：血红蛋白男性低于140 g/L，女性低于120 g/L。

（二）原因和机制

运动性贫血是一个复杂的生理与病理过程，其原因至今尚不完全清楚，根据近年研究结果，可作如下解释。

1. 血浆容量增加引起的相对性贫血

运动训练（尤其是耐力性）可引起血浆容积明显增加和血红蛋白总量轻度增加，但由于两者增加不成比例，出现相对的血液稀释，表现为血红蛋白浓度相对偏低，其结果可使运动员在耐受大量出汗等体力消耗后，仍能维持较好的循环量，又能降低血液的黏滞性，减小外周阻力，增加心脏每搏量和最大排血量，有利于血液的灌注，以保证在剧烈运动时能供给组织较充足的血液和氧气。因此，有学者认为，运动引起血浆容积的增加是机体一种良好的适应性反应。

2. 血红蛋白合成减少

运动员血红蛋白合成减少和红细胞生成减少可导致贫血的发生。血红蛋白合成需要充足的蛋白质、铁、维生素 B_{12} 和叶酸。运动员在大负荷训练时对蛋白质、铁等营养素的需求量增加，如果摄入不足，就可能导致血红蛋白合成减少。

耐力运动时大量出汗，铁随汗液大量丧失，如长跑、竞走、足球等运动项目的运动员，每天随汗液流失的铁约为 14 mg（正常成年人每天排泄铁为 0.5~2 mg）。女运动员每次月经丢失铁为 50~120 mg。另外，从事耐力运动时，若引起胃肠道出血、血尿、血红蛋白尿以及组织损伤等，都会造成铁的丧失。

3. 红细胞破坏增加

剧烈运动时，由于脾脏收缩释放较多溶血卵磷脂，使红细胞脆性增加，红细胞膜的抵抗力减弱，从而使红细胞破坏增多。与此同时，运动时血流加快，血管受挤压，红细胞与血管壁之间撞击和摩擦加剧以及儿茶酚胺分泌和氧自由基的生成增多等，均可导致红细胞膜的通透性和脆性增高，这也会加速红细胞的破坏。

三、运动性贫血的表现

运动性贫血发病缓慢，多数患者能坚持正常训练。主要症状有头晕、头痛、乏力、易倦、记忆力减退、食欲不振，运动时易出现气促、心跳加快，运动后出现心悸，运动成绩逐渐下降。主要体征是皮肤和黏膜苍白，安静时心率加快，心尖部可听到收缩期吹风样杂音。

实验室检查：① 血液中红细胞数量和血红蛋白值均低于正常值；当红细胞平均容积（MCV）、红细胞平均血红蛋白含量（MCH）和红细胞平均血红蛋白浓度（MCHC）均降低时，说明是缺铁性贫血。② 血清铁蛋白（SF）含量降低。SF 是最早反映铁耗竭的敏感指标。当 SF 低于 12 μg/L 时，表明机体储存铁开始消耗。③ 有氧运动能力下降，表现为最大摄氧量显著下降。

在确诊为运动性贫血前，应首先排除其他因素所引起的贫血。如果减少或停止运动训练约一个月，并供给充足的蛋白质和铁质，血红蛋白值仍无明显上升，则应排除运动性贫血，并到医院作详细检查，以确诊引起贫血的病因。

四、运动性贫血的营养干预

运动性贫血发生后，应适当减少运动负荷，必要时停止训练。一般来说，男运动员的血红蛋白在 100~120 g/L，女运动员在 90~110 g/L 时，可边治疗边训练，但要减小运动强度，避免耐力性运动；如果男性低于 100 g/L，女性低于 90 g/L 时，则应停止大中运动负荷训练，以治疗为主。

（一）膳食营养干预

在饮食中供给蛋白质、铁质和维生素较多的食物。在运动训练中，破坏红细胞的因素是无法克服的，但是在膳食中多摄入富含维生素 C、维生素 E、维生素 B_{12}、硒等营养素的食物，可以保护红细胞，减少运动对红细胞的破坏。运动后及时补充足够的蛋白质，为加快红细胞的生成提供充足的物质基础。同时，多摄入生物利用率高的含铁食物，如猪肝、猪血、瘦肉、鸡蛋黄、奶制品、豆类、大米、苹果、绿叶蔬菜等。另外，配合富含维生素 C 的食物，如橘子、橙子、西红柿、猕猴桃等可以促进铁的吸收利用。

（二）运动营养补充剂的合理使用

1. 铁制剂——比特铁的营养干预

铁是红细胞生成的必需原料，多数运动员的低血红蛋白或贫血与身体的铁储备不足有关，所以运动员要特别注重铁的补充。所有临床上使用的抗贫血的铁制剂（如硫酸亚铁、富马酸亚铁等）均可以使用，但是它们往往有吸收差和刺激胃肠道的副作用。比特铁以补铁为主，辅以促生血的多种营养素和中药活性成分，是专门为治疗运动员低血色素而设计的。比特铁采用的是 EDTA 络合铁，具有高效吸收、无铁锈味、无肠胃刺激、不影响其他矿物质元素吸收的优点。比特铁能为血色素的生成提供丰富的铁，一般在两周之内能矫正运动员贫血症状，起效迅速。

2. 红细胞保护剂——活性糖、番茄红素的营养干预

运动训练和运动中的缺氧会造成运动员红细胞的过氧化损伤，从而使红细胞过早衰老，表现为变形、脆性增高甚至溶血，很容易造成运动员低血红蛋白或贫血。所以，从事大运动量和高运动强度训练的运动员要特别注重红细胞保护剂的使用。

活性糖的主要成分是 1, 6- 二磷酸果糖，同时还配有帮助消除乳酸的柠檬酸等成分，其作用效果比单纯的 1, 6- 二磷酸果糖更好。它可以促进红细胞内 ATP、二磷酸甘油酸含量增加，对组织缺氧、缺血起保护作用，运动员服用后红细胞数目增加，红细胞膜韧性增强，酶活性明显提高。

番茄红素是一种强抗氧化剂，它的抗氧化能力是维生素 E 的 100 倍。服用番茄红素能够提高机体的抗氧化能力，保护细胞膜，防止红细胞遭到破坏，从而起到维持红细胞数量的作用。

案例分析

下面是一个体操运动员的一日食谱。

早餐：香蕉2根（300 g），豆浆一杯（黄豆12 g，200 mL）。

午餐：土豆炖牛肉1份（土豆100 g，牛肉100 g）、红烧带鱼1份（带鱼100 g）、蚝油生菜1份（生菜150 g）、米饭1碗（大米100 g）。

晚餐：蘑菇炖鸡1份（蘑菇50 g，鸡胸100 g）、炒青菜1份（青菜100 g）、盐水鸭1份（盐水鸭100 g）、玉米1根（鲜玉米200 g）、面包2片（面包100 g）。

夜宵：小馄饨1碗（虾仁馄饨50 g）、羊肉串4串（烤羊肉串100 g）。

零食、薯片1袋（70 g）、酸奶1杯（100 mL）。

炒菜用油：花生油，40 g。

通过对照食物成分表计算得出以下营养素含量。

能量：3 181 kcal，蛋白质：148 g，脂肪：141 g，糖：340 g，维生素A：607 μgRE，硫胺素：1.1 mg，核黄素：1.9 mg，维生素C：143 mg，维生素E：31 mg，钙：524 mg，铁：31 mg，锌：20 mg。

根据以上材料，请回答以下问题。

（1）结合所学知识，分析该运动员食谱的膳食结构是否合理，为什么？

（2）对该运动员的食谱提出你的建议。

复习思考题

1. 跑步和球类健身者的合理营养措施各有哪些特点？
2. 增肌健身者合理营养的措施有哪些？
3. 试述耐力项目运动员训练期间的供能特点与膳食措施。
4. 试述力量项目运动员训练期间的供能特点与膳食措施。
5. 运动员赛前、赛中、赛后的营养措施有哪些？
6. 运动员补糖为什么重要？怎样正确地补糖？
7. 当运动员发生过度训练时其营养干预措施有哪些？
8. 简述运动性贫血的营养干预措施。

扫一扫：本章核心知识点即测即练

第七章

特殊环境下运动的合理营养

> ▶ **本章导语**
>
> 　　体育运动是在一定环境条件下进行的,环境因素制约着体育运动的开展形式和内容,对运动员的训练效果和竞赛成绩有着不容忽视的影响。本章主要介绍了运动员在高原、高温和低温特殊环境条件下运动训练或比赛时的代谢特点,在此基础上阐述了运动员在高原、高温和低温环境下运动时的营养措施,同时介绍了运动员旅行时常见的问题和营养措施。
>
> ▶ **学习目标**
>
> 　　1. 了解高原、高温和低温的界定条件,熟悉三种特殊环境条件下运动员的代谢特点。
>
> 　　2. 掌握特殊环境条件下运动员合理营养的要求和措施,具有根据不同特殊环境条件为不同运动项目运动员制定食谱的能力。

第七章 特殊环境下运动的合理营养

▶ **本章思维导图**

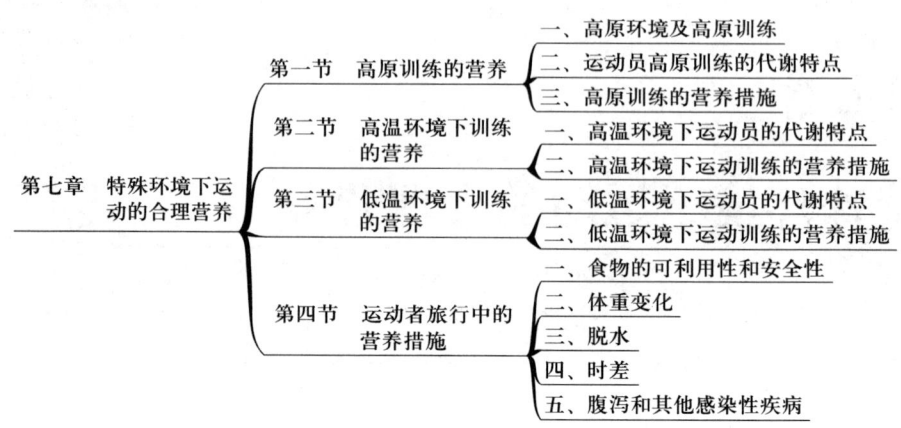

第一节 高原训练的营养

从高原训练角度出发，海拔 1 000~3 000 m 的大片的高地称为高原，世界上约有一半的高原训练基地位于海拔 2 000 m 以上。

高原训练被视为一种特殊环境下的强化训练，于 20 世纪 50 年代起步，90 年代以后进入快速发展阶段，逐渐由传统的耐力项目向其他项目扩展。利用高原地区低压低氧的环境进行训练，可以改善运动员机体对氧的摄取、运输和释放能力，可提高运动员的耐缺氧能力和有氧耐力，使运动员心肺功能增强，从而提高运动成绩。

一、高原环境及高原训练

▶"高原环境、高原训练与运动能力"知识点精讲

（一）高原环境的特点

随着海拔高度的增加，气压、氧分压、空气密度和含氧量逐渐降低，见表 7-1。

▶ 表7-1 不同海拔下的气压、氧分压、空气密度、含氧量、血氧饱和度和沸点温度

高度（m）	气压（mmHg）	氧分压（mmHg）	空气密度（kg/m³）	含氧量（kg/m³）	含氧量（%）	动脉血氧饱和度（%）	沸点（℃）
0	760.0	159	1.180	0.284	100	95	100
1 000	675.8	140	1.096	0.254	89	94	97
1 600	629.3	131	1.021	0.239	84	93	95
2 000	600.0	126	0.990	0.229	81	92	94
2 200	585.8	122	0.971	0.225	79	91	93
2 400	571.5	118	0.951	0.220	78	91	92
3 000	530.3	110	0.892	0.206	73	90	90

资料来源：曲绵域，于长隆. 实用运动医学［M］. 4版. 北京：北京大学医学出版社，2003.

高原环境具有大气压低、氧分压低、湿度低、寒冷、昼夜温差大和紫外线辐射强等特点。

大气压的降低易引起胃肠内气体膨胀，导致胃肠胀气。水沸点的下降，使食物不易煮熟，影响消化和吸收。氧分压的下降，易导致肺泡内氧分压以及动脉血氧饱和度的降低，从而影响机体的氧气供应，导致缺氧并引起运动能力下降。温度和湿度的降低，机体会消耗更多能量，同时更容易口渴，口腔黏膜干燥，加之运动训练大量出汗，运动员会更容易出现脱水。运动员在高原训练时还可能因太阳辐射引起雪盲、皮炎等。

（二）高原环境对运动能力的影响

人到高原以后，由于空气密度减小，呼吸时从鼻腔运送空气到肺泡过程中所遇阻力相应减小，十分有利于呼吸道中的气体流动。然而，由于空气成分的改变，人到高原以后呼吸效率会降低，最终造成体内缺氧。随着高度的增加，机体运输氧气的能力逐渐下降，即体内的缺氧程度不断加大，从而造成 $\dot{V}_{O_2max}$ 降低，影响机体的运动能力。

根据墨西哥奥运会各项项目成绩的统计表明，1 500 m跑以上项目的运动成绩均明显下降，并且跑距越长，成绩下降越明显。其原因与机体高原缺氧，$\dot{V}_{O_2max}$ 减少有关。而短于1 500 m的项目运动成绩没有变化，甚而有所提高，可能与高原地区空气密度小，运动时遇到的阻力小，而运动本身又不

需要大量氧气有关。

（三）高原训练

高原训练是利用高原低压、低氧环境的刺激激发运动员机体的代偿机制，通过增加训练的难度和负荷量，在体能、生理上充分调动运动员最大运动能力的过程，并刺激人体产生一系列抗缺氧反应的训练方法。

运动员在高原上进行运动训练受到两方面的缺氧刺激：一方面是大运动量训练所引起的缺氧，另一方面是由于高原气候条件而引起的低氧刺激。这些刺激必将使运动员产生强烈的应激反应，从而调动体内的机能潜力，并产生一系列有利于提高运动能力的抗缺氧性生理适应。

高原习服是指在高原环境停留一定时期，机体通过对低氧环境产生各种适应性反应，提高对缺氧的耐受能力的现象。高原习服是循序渐进的，到达 2 300 m 高度约需两周时间适应，之后每升高 610 m，需多一周的时间适应。

二、运动员高原训练的代谢特点

"高原训练的代谢特点"知识点精讲

代谢能力是指通过有氧或无氧代谢过程高效率或大量产生能量的过程。在高原训练过程中，由于海拔高度、上高原的次数、持续时间、训练负荷、训练项目、环境适应能力的个体差异，运动员的代谢有不同的反应和适应性变化。

（一）糖代谢

由于高原低氧，糖类物质相较于脂肪和蛋白质在消化吸收和利用方面有其明显的优点，因此糖类物质在高原训练的供能过程中有着非常重要的作用，这种作用是由高原低氧的应激引起机体内肾上腺素分泌增加和呼吸系统气体代谢变化所引起的。

在高原上，由于高原低氧导致机体食欲降低，食物摄入量减少，葡萄糖吸收减慢，血糖降低。同时，儿茶酚胺分泌增多，糖原分解加快，合成酶活性下降，糖异生和糖原合成受阻，糖原储备量减少。与此同时，高原环境下无论休息或者运动时，机体对血糖的利用都会增加。Brooks 证实，运动员刚到达 4 300 m 高原时，葡萄糖消耗量增加约 25%，21 d 后葡萄糖消耗量显著升高。

此外，高原低氧导致机体的有氧代谢下降，无氧酵解增强，因此，无论是安静时还是在极量运动后即刻血乳酸含量均比平原高。但在高原习服后，同样的运动负荷，血乳酸水平又逐渐下降，霍查克卡（Hoclhchka）称此为

"乳酸异常"现象。凯泽（Kayser）认为有三种原因导致此现象：首先由于高原的低氧状态使运动员$\dot{V}_{O_2max}$下降，从而减少糖有氧分解代谢时肌糖原的可用量，同时高原低氧肌糖原消耗比平原多，肌糖原储量减少，在习服过程中，β-肾上腺素对糖酵解的刺激降低，使肌肉中乳酸生成减少，同时在高原上肌肉、肝脏，尤其是心肌会增加对血乳酸的利用；第二，在高原训练时肌乳酸进入血液数量下降，肌肉的血流量减少都是造成乳酸异常的原因；第三，在习服过程中，调节细胞水平糖分解代谢的肾上腺素调节应答性反应能力下降。

（二）脂肪代谢

进入高原（4 300 m）的初期，脂肪摄入量虽然减少，但是由于儿茶酚胺和肾上腺皮质激素（糖皮质激素）分泌增多，使血清中游离脂肪酸（FFA）和甘油三酯含量明显增加。游离脂肪酸的增多会促进它的利用。由于高原上糖代谢旺盛，尤其在高原训练的条件下，脂肪代谢在能量代谢中不占主要地位。所以，运动时动静脉FFA差值变化不大（图7-1）。

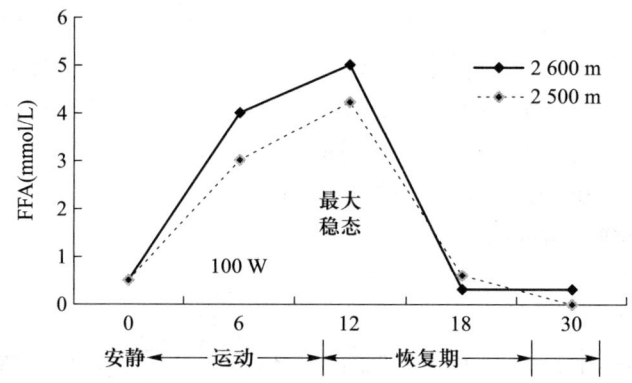

图7-1　不同海拔高度安静时，运动中和运动后的动静脉血FFA差值

也有研究发现，登山运动员在海拔2 500~3 800 m的高原上进行重复性耐力训练后，血浆FFA和甘油三酯的含量分别增加了147%和170%，这说明经过习服和耐力性运动训练，机体动用脂肪和分解脂肪的过程仍在增强，虽然耐力性运动员供能的主要营养素和平原一样，但开始逐步以脂肪为主。

（三）蛋白质代谢

高原低氧时蛋白质代谢主要表现为：① 蛋白质吸收率下降。② 蛋白质和氨基酸的分解代谢增强，氮的排出量增加。③蛋白质合成率降低。④血清必需氨基酸与非必需氨基酸比值下降等。由于食欲下降和食物吸收利用率降低，造成摄入和吸收的蛋白质减少，出现负氮平衡，从而使骨骼肌质量下降，体重减少。在习服过程中，体内蛋白质合成代谢逐步增强，一些与氧代谢有关的蛋白质如血液中的血红蛋白，心肌、骨骼肌中的肌红蛋白和能量代谢的蛋白酶等的合成幅度增加。

高原训练时，肌糖原的消耗增加，低的糖原储备会导致骨骼肌中支链氨基酸氧化增加，血液中支链氨基酸浓度降低。谷氨酰胺是体内一种重要的营养物质，具有预防肌肉分解，促进肠胃功能，增强免疫功能，延缓疲劳等作用。在肌肉中除消耗支链氨基酸外，谷氨酰胺也会被过多消耗引起肌肉分解，使肌肉萎缩。罗科顿（Rowcottom）把血浆谷氨酰胺浓度监测作为评定过度训练的指标，在高原训练过程中应当引起注意。

（四）水和矿物质

进入高原后，由于缺氧和低温，尿量可增多，这是一种适应性反应。高原空气干燥和氧分压低，使机体的通气量增大，从呼吸道丢失的水分也增多，运动员进行运动训练时，通气量更大，更容易从呼吸道丢失水分，从而导致机体发生脱水。与此同时，急性缺氧可使水代谢发生紊乱，体液从细胞外进入细胞内，致使细胞外液减少，细胞内液增多，出现细胞水肿，导致机体虽然失水，但无口渴感而不愿意喝水，使缺水情况加重。此外，由于缺氧使骨髓生成红细胞增多，铁的需要量增加，从而促进食物铁的吸收率增加，这是机体的一种代偿性反应。

（五）维生素

在高原训练中，由于能量代谢增加，机体 B 族维生素消耗增加，从尿中排出的维生素 B_1、维生素 B_2 和维生素 C 也增多。紫外线和缺氧的作用引起体内自由基增多，维生素 A、维生素 C、维生素 E 等抗氧化维生素的需要量增加。在低氧条件下，增加维生素的摄入量，可加速机体对高原低氧的适应。

高原缺氧训练的机制图

三、高原训练的营养措施

（一）运动员高原训练的能量和营养素需要

1. 能量

在高原环境中，人的基础代谢率升高，在相同运动训练的情况下，能量的消耗或能量的需要量高于平原。运动员的能量消耗量受运动量的影响很大，并与高原习服有关。虽然运动员在进入高原初期，能量消耗量增加，但在习服前，由于胃肠道的反应和食欲减退，增加能量摄入是很困难的。因此，应该适当减少运动量，降低运动员的能量消耗。习服后，逐渐增加能量摄入，同时增加运动量。通常，经过 5 d 的高原适应后，进行与平原同等量的运动训练，能量的需要量比平原要增高 3%~5%，适应 9 d 后，将增加 17%~35%。一般来说，高原训练的能量摄入量比平原增加 7%~25%。产能营养素中糖、脂肪和蛋白质三者之比为 60%~70%：20%~25%：13%~15%。在高原环境中训练，应以一日多餐制代替一日三餐制，同时要注意晚餐的摄入不宜过多。

"高原训练的营养措施"知识点精讲

2. 糖类

在三种产能营养素代谢中，糖代谢能最快速地适应高原代谢的变化，高糖膳食能使人的动脉血含氧量增加，能在低氧分压条件下增加换气作用。因此，有学者提出在 6 200 m 的高原膳食中应含有 80% 的糖、10% 的蛋白质和 10% 的脂肪，以便提高机体耐缺氧的能力。在高原训练时，由于高原缺氧和运动缺氧的双重刺激，能量的消耗量大量增加，要求运动员及时补充供能物质。由于糖类氧化分解时耗氧少，且大脑和红细胞必须依靠葡萄糖来提供能量。因此，在高原训练中，为了快速高效且低耗氧地供应能量，必须适当增加糖类物质的摄取量，减少高脂肪食物在膳食中的比例，这样既能保证能量供应，又能减轻消化系统的负担。在膳食上，应适当增加谷物类食物的比例，减少含脂肪比较多的动物性食物。

在运动训练过程中，及时高效地补糖也至关重要。运动中补糖，可维持血糖在较高水平，延缓运动性疲劳的发生。运动后及时补糖有利于肌糖原和肝糖原的快速再合成，提高机体的免疫功能，刺激胰岛素分泌，增强肌肉蛋白质的合成速率，有益于体能的恢复和运动能力的提高。补糖时应注意糖的种类、浓度以及最佳时间。高原训练期间，运动中补糖的浓度应在 5%~10%，且以低聚糖为主；训练后补糖的浓度在 10%~35% 之间，主要以淀粉类含糖食物为主，且补充的时间越早越好，有利于糖原的快速恢复。

3. 脂肪

在急性缺氧环境下，由于儿茶酚胺和肾上腺皮质激素（糖皮质激素）分泌增多，脂肪的分解增加，合成减少。如果膳食摄入的脂肪含量高，就会影响红细胞内血红蛋白与氧的结合和肺的弥散功能，导致动脉血氧含量和血氧容量下降。但是有研究发现，在高原低氧的情况下，机体利用脂肪的能力仍保持一定的水平，随着高原习服的产生，能量来源可能由糖类物质向脂类物质转化。因此，在进入高原的初期，应适当减少膳食脂肪的摄入量，其能量占总能量的20%~25%即可。由于多不饱和脂肪酸可维持红细胞的可变性，有利于红细胞流动，从而有益于释放氧，排出二氧化碳，因此不饱和脂肪的摄入量不但不能减少，反而应增加。

4. 蛋白质

在高原训练中，蛋白质虽然在供能中并不是主要的物质，但作为合成与修复肌肉组织的功能性营养素，可发挥至关重要的作用。由于高原环境下人体消化与吸收功能下降，且蛋白质氧化需要较多的氧气，如果膳食蛋白质含量较多，一方面会增加消化系统的负担，另一方面还会加重机体缺氧，不利于高原习服。因此，高原习服期间，运动员蛋白质的摄入量占总能量摄入的13%~15%即可，但要注意增大含量高、易消化吸收的优质蛋白质的比例，提高蛋白质的利用率。优质蛋白质主要来源于动物性食物中的瘦肉类、奶类、蛋类等和植物性食物中的大豆等。此外，在必要的条件下可适当选用蛋白类营养补剂。

5. 水和矿物质

高原环境下训练，呼吸频率增加、肺通气量增大，机体从呼吸系统丢失水分增多，同时尿量增加，机体很容易脱水。因此，与平原相比，在高原地区安静及运动时机体对水分的需求更大。如果不及时补液，会导致血液浓缩，血容量减少，心脏负担加重，影响机体运动能力和正常生理功能。因此，在高原训练时应注意水的补充。训练前、中、后均需补水，但要遵循少量多次的原则。运动前应注意适量补充，运动中和运动后每次100~150 mL，少量多次。要保持每天尿量在1~1.5 L，以排出体内的代谢废物，每天饮水需要3~4 L。如果要保持水的平衡，水的摄入量应达到5 L，并根据运动量适时调整。高原训练期间，为监测是否脱水，可每天记录体重的变化和尿比重。

在高原训练中，运动员的造血功能显著增强，红细胞和血红蛋白增加。因此，铁的吸收和储存非常重要，对合成血红蛋白、肌红蛋白和线粒体细胞色素酶有利。铁的缺乏可降低血红蛋白升高的幅度，制约机体摄氧和运氧能力，不利于最大摄氧量和运动能力的提高。因此，在高原训练期间，可通过膳食铁的摄入和补充铁制剂两种途径补充铁。动物内脏、蛋黄、豆类、鱼类、菠菜、木耳等含铁量较高。铁制剂对胃肠刺激反应较小，每日总量男子200~250 mg，女子100~150 mg，女运动员在月经期可适当增加。但也有部分研究认为，高原训练中补充铁制剂应有个体差异，在机体发生运动性贫血时补充铁剂才能有效改善铁代谢，提高运动机能水平，而中度缺铁时补铁并不能提高血红蛋白的水平。

铜是机体必需的重要的微量元素，铁需要铜的参与才可以进入血红蛋白分子，因此，尽管铁充足，但如果缺铜，也会导致贫血的发生。可适当选用诸如牡蛎、坚果、动物内脏、豆类、葡萄干等补充铜的摄入。

锌能够抑制自由基的产生，加快自由基的清除，刺激激素的合成代谢，修复损伤的免疫细胞等，因此对运动员的机能状态、运动能力有至关重要的作用，但运动员每天补锌不宜超过 15 mg。此外，还应注意对钾、钙的摄入，摄取含钾丰富的蔬菜水果（鲜蚕豆、山药、菠菜、苋菜、紫菜、海带、黑枣、香蕉、核桃等），摄入含钙丰富的食物（虾皮、芝麻酱、奶制品等）。但在进入高原初期，对低氧尚未适应的运动员应避免饮水过多，还要适当减少食盐的摄入量，防止肺水肿和脑水肿的发生，有助于预防急性高原反应。

6. 维生素

维生素是辅酶的构成成分，参与有氧代谢。低氧时，辅酶含量下降，呼吸酶活性降低，补充维生素后可促进有氧代谢，提高机体低氧耐力。在高原训练时，由于膳食中维生素难以满足需要，应补充复合维生素制剂，包括 B 族维生素、维生素 C、维生素 E、维生素 A 等。在高原从事体力活动时，维生素 A、维生素 C、维生素 B_1、维生素 B_2、烟酸应按正常供给量的 5 倍给予。B 族维生素参与辅酶和辅基的形成，从而增强酶的活性，还能促进红细胞的形成，提高氧的利用率和人体抗缺氧的能力；维生素 C 具有抗氧化特性，可以促进氧化还原反应，并有助于增强机体抵抗力；维生素 E 也可提高机体的抗氧化能力，同时减少血小板的聚集。

（二）运动员高原训练的膳食营养措施

（1）适当增加膳食中糖类占供给量的比例，可提高到 60%～70%。

表 7-2 为中长跑运动员高原训练时的推荐食谱，表 7-3 和表 7-4 分别为各餐次能量分配情况统计及各餐次三大营养素的供能比例。

▶ 表 7-2 中长跑运动员高原训练时的推荐食谱

餐别	食物名称	摄入量（g）	能量（kcal）
早餐	玉米饼	150	446
	蛋糕	200	640
	芹菜炒豆腐干	100	102.7

续表

餐别	食物名称	摄入量（g）	能量（kcal）
早餐	鸡蛋	100	226.5
	山药胡萝卜粥	200	106
加餐	香蕉	100	93
	酸奶	350	252
中餐	米饭	200	716
	牛肉包子	150	324
	椒盐虾	150	222
	菠菜炒猪肝	200	192
	醋拌甘蓝	100	29.4
	海带豆腐汤	100	29
加餐	苹果	100	54
	香米蛋糕	200	378
晚餐	培根香菇炒饭	200	268
	面包	120	376
	牛肉土豆泥	100	425
	蔬菜沙拉	100	40.3
	黄瓜鲜肉汤	100	38.3

▶ 表7-3 食谱中各餐次能量分配情况统计表

热量	早餐	中餐	晚餐	加餐	全日合计
能量（kcal）	1 521	1 512	1 148	777	4 958
百分比（%）	30.7	30.7	23.2	15.4	100

▶ 表 7-4 食谱中各餐次三大营养素的供能比例

营养素	早餐（g）	中餐（g）	晚餐（g）	加餐（g）	合计（g）	百分比（%）
糖	240.3	240	164	130.7	775	62.5
脂肪	35.2	32.5	37.8	19.1	124.6	22.6
蛋白质	61.6	68.9	35.5	21.2	187.2	15.1

（2）注意补充与氧代谢有关的营养素，如维生素 C、维生素 B_1、维生素 B_2、维生素 A、铁、锌等，补充量高于平原，是平原的 1.5~2 倍。

（3）加强优质蛋白质的补充，如大豆及其制品、鱼类及肉类、蛋类食品。

（4）适当补充水分，但初入高原补充水分要慎重，要注意预防脑水肿和肺水肿的发生。

（5）食物烹调的原则见表 7-5。

▶ 表 7-5 食物烹调及饮食原则

饮食原则	食物选择及烹调要点
增加食欲	膳食品种多样化
少量多餐	色、香、味俱全
减少烹调用油，清淡少盐	主食以大米为主
	使用高压锅
	适当选用咖啡

（三）运动营养补充剂的使用

1. 促进肌肉蛋白质的合成

高原环境下训练，最需要解决的问题之一是肌肉体积和力量的下降，目前比较认可的原因主要有：① 自由基的增加，促进了肌肉的分解。② 睾酮水平的下降，不利于肌肉的合成。③ 胃肠道消化、吸收功能下降，导致蛋白质、氨基酸等利于肌肉合成的营养素利用率下降。④ 力量训练强度要小于平原训练。所以，对于高原训练中出现的肌肉质量下降问题，应从多方面进行综合考虑。除了摄入有利于促进肌肉生长的营养因子，补充抗氧化物之外，还应进行抗肌肉分解营养素的补充，其中具有代表性的营养素是 β-羟基-β-甲基丁酸（HMβ）。Nissen 等通过实验研究受试者在阻力运动的同时补充 HMβ，结果显示肌肉体积和力量明显增加，机体内氮储备也有一定提高。Almada 等报道提示，肌酸和 HMβ 同时使用，可提高骨骼肌重量和去脂体重，同时运动员的无氧代谢能力和肌肉力量均有所提高。

在高原环境下，除了在膳食中摄入优质蛋白质外，还应选用合适的蛋白类补充剂，国内主要集中于乳清蛋白以及活性肽等成分。乳清蛋白生物价高，消化、吸收利用率好，且富含赖氨酸和精氨酸，可刺激激素的合成和分泌，也有利于肌肉生长因子的分泌和释放。有研究证实，抗阻训练后补充乳清蛋白 20 g，可促进肌肉的合成，使其主动脉血氨基酸明显增加，并且机体由负氮转为正氮平衡。肽作为蛋白质的中间分解物质，因其是生物活性物质，而在运动训练中得到使用，其中包括大豆多肽以及小麦多肽等。研究表明，大豆多肽对于高强度运动后肌肉的损伤具有较好的促恢复作用，使用大豆多肽组运动员比对照组表现出体重、瘦体重较好的维持率，较高的睾酮水平以及运动后较低的肌酸激酶水平。另外一项研究指出，高原训练会引起大鼠骨骼肌中的蛋白质含量降低，补充小麦多肽有一定的减缓效果。

2. 抗氧化剂

高原环境下机体内自由基生成增多，清除能力下降，从而使机体产生氧化应激反应，引起消化系统、血液系统以及骨骼肌系统机能下降。在高原训练过程中，合理使用抗氧化剂不仅能提高机体的自由基清除能力，保护机体免受自由基的侵害，而且能够快速消除疲劳。维生素 E、维生素 C、维生素 A 和硒是常用的抗氧化剂，硫辛酸、辅酶 Q_{10}、类黄酮、微量元素（铜、铁、锌、锰等）也具有一定的抗氧化能力。

高原训练时，常用一些具有抗氧化作用的中药，如红景天、枸杞子、当归、白术、党参等，对适应高原低氧环境、提高训练水平和效果具有一定的意义。另外，一些食物中也含有一定的抗氧化成分，如蔬菜类（大蒜和洋葱、胡萝卜、荷兰芹、卷心菜、花椰菜、甘蓝），水果类（葡萄、苹果、柠檬、草莓、西瓜等）。

3. 促进能量代谢类

二磷酸果糖（FDP）的优点是可以作为能量供应物质，增强糖的无氧糖酵解，加速 ATP 的再合成。通过补充外源性 FDP，可提高红细胞释放氧气的效率，减少心肌耗氧量，进一步增强心肌血供，促进能量代谢；促进缺血性组织和器官活动，并保持细胞内液中的钾离子浓度，以进一步改善细胞膜的极化状态。

表 7-6 综合了高原训练中运动员可应用的运动营养补充剂。

▶ **表 7-6　高原训练中的运动营养补充剂**

主要功能	运动营养补充剂
促进肌肉合成	HMβ、牛磺酸、精氨酸、鸟氨酸、甘氨酸、谷氨酰胺、α-酮戊二酸、卵磷脂、BCAAS、CLA、硫酸矾和植物皂苷类物质 乳清蛋白、多肽（大豆多肽、小麦多肽）等
抗氧化	维生素 E、维生素 C、维生素 A、α-硫辛酸、辅酶 Q_{10}、类黄酮、微量元素（铜、铁、锌、硒、锰等）
促进能量代谢	肌酸、1,6-二磷酸果糖（FDP）
其他	多不饱和脂肪酸、左旋肉碱、丙酮酸盐

综上所述，高原训练的营养补充有其特殊性，所以在制订营养计划时，可综合考虑以下几方面的因素：① 结合项目特点和运动员的身体状况。② 与训练计划和环境特点相结合。③ 对运动员机能状态进行适时监测和评定，并及时调整膳食或补剂的服用计划。④ 高原训练前、中、后都要注意营养的补充。

第二节　高温环境下训练的营养

通常把 32 ℃以上的生产劳动环境及 35 ℃以上的生活环境称为高温环境，将相对空气湿度在 60% 以上的环境称为高湿环境。在高温环境下训练时，由于热梯度差不断减小，机体散热效率降低，且机体产热增加，容易引起体温升高，甚至会引发中暑。此时，机体大量出汗，容易导致水和矿物质代谢紊乱，引起血浆容量的降低，从而导致骨骼肌供血不足，很容易引起运动性疲劳的产生（图 7-2）。因此，机体必须通过一系列的生理适应改变来维持体温的相对恒定。运动员在长期反复的高温和热辐射刺激下逐渐适应的过程被称为热习服，又称热适应。热习服能有效改善机体在体温调节、汗腺分泌、水盐代谢、神经内分泌和心血管功能方面的适应性，从而提高机体运动能力，但高效的热习服离不开合理的训练和膳食补充，因此，积极开展高温环境运动营养学研究，对于运动员提高运动能力，减少高温环境引起的体能下降，延缓运动性疲劳的发生具有重要的指导意义。

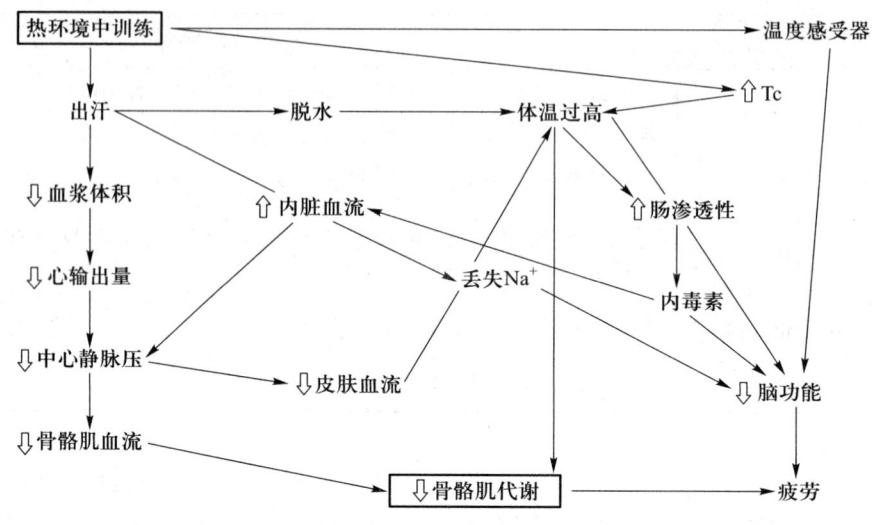

机体水平衡的机制

图 7-2　高温环境中限制运动能力的因素

一、高温环境下运动员的代谢特点

"高温环境下运动员的代谢特点"知识点精讲

热习服下运动员的主要代谢特点包括高温环境对能量代谢、水和矿物质、糖类、脂肪和蛋白质等能源物质的影响。

（一）能量代谢

机体在高温环境下运动时，能量代谢受高温环境和运动训练的双重影响。机体在炎热环境中的耗能增加，环境温度在 21.2 ℃~29.4 ℃ 之间时，机体能量消耗无明显变化，但当外界环境升至 30 ℃~40 ℃ 之间时，温度每升高 1 ℃，能量消耗增加 0.5%。40 ℃ 高温环境中，基础代谢率较 24 ℃~35 ℃ 增加 15%，环境温度 45 ℃ 时则增至 55%。在热环境下进行运动训练时，机体产热增加，虽然皮肤血管扩张，血流量增加，汗腺活动增强，但高温环境和皮肤温度的梯度差较小，散热受阻，体内热蓄积增加，体温升高，能量代谢增加。在高温环境下运动时，运动量和运动强度越大，耗能越多。如果热环境下机体摄入能量不能满足耗能需要，就会加速机体运动疲劳的出现，影响运动员运动能力和训练效果。高温环境下机体胃肠消化吸收功能减弱，胃酸分泌减少，食欲下降。因此，在补充能源物质时应循序渐进，能量增加不宜过高，以 10% 为宜。

（二）水和矿物质

在高温环境中运动训练，蒸发出汗成为机体散热的唯一方式。运动时排汗率不仅与运动强度密切相关，而且受到环境温度、运动时间、适应程度、衣着等多种因素的影响，机体为散发运动产生的热量而排出的汗液可达到 4 L/h。虽然汗液的水分占 99% 以上，但其中的钠、钾、钙、镁、锌、铜、铁等矿物质，也占汗液的 0.3%（表 7-7）。大量出汗不仅造成机体水分的大量丢失，而且也造成体内无机盐不同程度的丢失，其中以氯化钠为主。有研究报告，在高温环境下劳动或运动，汗液中钠、钾、镁的丢失量可分别达到每日膳食推荐供给量的 130%~216%、72%~80% 和 22%~31%。大量出汗时，每日丢失的氯化钠可达 25 g。因此，在高温环境中进行运动训练对水和矿物质的影响最为明显。

汗液成分的易变性

▶ 表 7-7 汗液中电解质和其他物质的浓度

物质	浓度
钠	43.48（mmol/L）
钾	8.31（mmol/L）
钙	2.55（mmol/L）
镁	0.54（mmol/L）
锌	12.20（μmol/L）
铁	10.70（μmol/L）
铜	4.70（μmol/L）
氨	3.5（mmol/L）
尿素	8.6（mmol/L）

资料来源：陈吉棣. 运动营养学［M］. 北京：北京医科大学出版社，2002.

在高温环境下训练，体内的矿物质和微量元素随汗液蒸发，引发体内水分和电解质的大量丢失，导致运动能力下降。大量失水会使血液黏稠度增高，循环血量减少，抗利尿激素释放增加，尿量和细胞外液减少，体温升高等一系列生理变化，致使运动能力显著降低。严重失水引发的电解质紊乱是机体发生中暑、热痉挛、热衰竭、低钠血症等病症的重要因素。轻度体液丢失可显著降低运动能力，当体液丢失达自身体重的6%~10%时，水和电解质紊乱引发的热痉挛和热衰竭可能危及运动员的生命。

（三）糖类

机体长时间在热环境下运动会使糖的有氧氧化增强，肌糖原分解加速，乳酸清除速率减慢，机体对糖的需求增加，糖类物质的耗竭常常是引起运动性疲劳发生的重要原因。

（四）蛋白质

在高温环境下，机体的代谢率明显增高。在热应激期间，组织蛋白质分解代谢加速，从而使总游离氨基酸（TAA）、必需氨基酸（EAA）、支链氨基酸（BCAA）以及芳香族氨基酸（AAA）均显著升高，汗氮和尿氮排出量显著增多；在热适应过程中，多数游离氨基酸趋于正常，但必需氨基酸和芳香族氨基酸总量显著降低，汗氮浓度有所降低。这说明，在热应激期机体蛋白质处于高分解状态，热适应后机体发生了适应性变化，蛋白质分解与合成趋向平衡。但由于出汗量的大幅增加，汗氮丢失也会明显增多，仍可引起负氮平衡。因此，在高温环境下运动时，体温升高和失水促使组织蛋白分解加快，体氮随尿液和汗液大量流失，致使机体对蛋白质需求量增加。高温环境下运动还可导致汗液中的尿素氮、氨氮、肌酐氮和多种氨基酸含量显著升高。机体汗氮排出量与环境温度、个体对环境的热适应程度有关，未适应热环境者汗氮排出量在一定程度内与环境温度成正比。研究显示，25 ℃时汗液排氮量约为125 mg/h，当外界环境升至35 ℃~40 ℃时，汗液排氮量可增至200~230 mg/h。另外，在热环境中消化吸收功能的减弱使粪氮排出量增加。在热环境下运动时，氨的主要生成途径是5-磷酸肌苷的脱氨基作用和支链氨基酸在骨骼肌内的氧化，Mittleman等人证实热环境下补充支链氨基酸可显著提高运动员的耐力。

另外，生物细胞受到热刺激后，多数蛋白质合成受到抑制，但某些特殊的基因被激活，mRNA表达增加，合成一些新的特殊蛋白质，同时部分原有的蛋白质合成增加。人体受热后，热应激蛋白合成增加，这种蛋白可能与机体对热暴露的适应和耐受有关。

（五）脂肪

研究表明，个体体脂含量与机体储热能力呈负相关关系，体脂较多者对热应激的耐受性较差。而且在高温环境下，外界温度和体内热蓄积的共同作用使胃酸分泌减少，胃肠蠕动减慢，消化吸收功能减弱，运动员食欲降低，此时若摄入高脂肪食物，会抑制胃肠功能，甚至诱发运动员厌食。因此，在高温环境下运动时，运动员的脂肪摄入不宜太多。

（六）维生素

汗液中几乎含有所有的水溶性维生素。在高温环境下，汗液的大量排出不仅带走大量水分和矿物质，体内水溶性维生素也随汗液流失。其中，维生素 C 丢失最多，B 族维生素（如维生素 B_2、维生素 PP）也会相应丢失。若以日排汗 5 L 计算，汗液中维生素 C 和维生素 B_1 的损失量可达 50 mg 和 0.7 mg。同时，高温引起的能量消耗增加使维生素 B_1、维生素 B_2 和烟酸消耗增加。因此，运动员在高温环境下运动时，机体不仅对水分、矿物质、糖、蛋白质等物质的需求量增加，而且对硫胺素、核黄素、维生素 B_6、烟酸等维生素的需求也会增加，因此，应增加维生素 B_1、维生素 B_2、烟酸和维生素 C 的摄入量。

二、高温环境下运动训练的营养措施

在高温下进行运动训练，机体会发生一系列的热应激反应，因此，运动员和教练员需要更加密切监测运动过程中的身体反应，除对运动员的膳食进行调整以外，训练前、中、后还需采取有针对性的营养干预措施，保证充足的营养摄入，适时补充水、矿物质、糖类和蛋白质等物质，将获得更好的训练效果、优异的成绩以及运动后机体的快速恢复。

▶"高温环境下运动训练的营养措施"知识点精讲

（一）高温环境下运动员的能量和营养素需求

1. 能量

当环境温度在 30 ℃~40 ℃时，应在中国营养学会修订的中国居民膳食能量推荐摄入量的基础上，按环境温度每增加 1 ℃，增加能量 0.5% 作为高温作业者的推荐摄入量，即在热环境中作业人员推荐摄入量应比温带环境增加 5% 为宜。

2. 水和矿物质

在高温环境中进行运动训练，由于大量出汗，机体对水和矿物质的需求量增多。

大量出汗可引起钠离子大量丢失，如果只是大量补水而不补钠盐，可造成骨骼肌细胞外渗透压下降，细胞水肿，细胞膜电位改变，引起神经肌肉兴奋性增高，出现肌肉痉挛。此外，钠离子的大量流失会导致血浆缓冲对比例失调，血液 pH 下降，严重者可出现酸中毒。因此，钠盐的摄入显得尤为重要，及时补充随汗液流失的钠离子，能有效防止低钠血症的发生，提高血浆容量，维持并提高胃肠道对葡萄糖和水的吸收能力。

体内钾盐随汗液和尿液的双重流失可引起体内酸碱平衡的紊乱及心脏收缩和心率的紊乱。因此，补充水和钠盐的同时还应注意钾盐的补充，以防止因大量出汗引起的机体脱水和电解质代谢紊乱，防止出现疲劳、运动能力下降、热病的发生以及抵抗力下降（表 7-8）。

▶ 表 7-8 推荐我国运动员每日矿物质的摄入量（mg/d）

电解质	7~11 岁	12~17 岁	≥ 18 岁	
			常温下训练	高温下训练
钠	1 000~3 000	2 000~4 000	< 5 000	< 8 000
钾	2 000~3 000	3 000~4 000	3 000~4 000	3 000~4 000
钙	800~1 000	1 000~1 200	1 000~1 200	1 000~1 200
镁	300~400	400~500	400~500	400~500
铁			20（男）	25（男）
			25（女）	30（女）
锌			20	25
硒			0.05~0.10	0.05~0.10

资料来源：陈吉棣等. 推荐的中国运动员膳食营养素和食物适宜摄入量［J］. 中国运动医学杂志，2001，20（4）.

3. 糖类

在运动和热应激暴露期间，糖代谢增强，肌糖原的消耗和乳酸生成速率增加，机体对糖的需求量增加。因此，糖的补充应贯穿运动前、运动中和运动后。时间营养学认为，运动前补糖可使机体糖原储备维持在较高水平，延缓运动疲劳的出现；运动中补糖，可以有效节省体内糖原的消耗，增加肌肉耐力，提升训练效果；运动后及时补糖可加速机体疲劳的恢复。研究发现，体重丢失达 4% 时，按每千克体重 1 g 糖的量及时补糖可以将血糖维持在较高水平。

在高温环境中训练和比赛时，为保证能量摄入总量，糖所提供的能量占总能量的比例在60%左右比较合适。因此，运动员在吃正餐和甜点时，应保证足够的糖类摄入。高糖膳食包括水果干、谷物（米饭、面条和意大利面）、能量棒、水果沙拉、牛奶饮料、冰激凌、运动糖胶和含糖运动饮料等。

4. 蛋白质

在高温环境下运动，由于机体蛋白质分解代谢增强、体氮排泄增多，从而引起机体出现负氮平衡。因此，运动员对蛋白质的需求量增多，在膳食中应该提高蛋白质的摄入量。但是由于蛋白质的食物生热效应较强，可达到膳食总能量的30%，如果摄入较多的蛋白质食物，机体因食物的生热效应产生较多的热，使机体对水分的需要量增加，加重机体在热环境下散热的负担。因此，重要的是改善摄入蛋白质的质量，增加优质蛋白质的摄入比例，以期提高蛋白质的吸收利用率。在高温环境下运动训练的运动员蛋白质的摄入量不宜超过总能量的12%，但最好有50%的蛋白质来源于鱼、肉、蛋、奶和大豆食品。

5. 脂肪

在高温环境中，运动员食欲降低，胃肠道的消化和吸收功能降低，高脂肪食物不易被消化吸收。因此，运动员的膳食脂肪量最好占总能量摄入的25%~30%，不要超过30%。

6. 维生素

在高温环境下运动时，水溶性维生素因大量出汗损失增多，且维生素的利用量也明显增多。因此，运动员应增加维生素 B_1、维生素 B_2、烟酸和维生素 C 等水溶性维生素的摄入量。运动员在热环境条件下运动训练推荐的维生素每日供给量为：维生素 B_1 和维生素 B_2 3~5 mg，烟酸 30~50 mg，维生素 C 80~100 mg。

（二）高温环境下运动员的营养措施

1. 膳食营养原则

（1）适当增加糖和蛋白质的摄入。膳食供应的蛋白质不宜超过总摄入能量的12%，并适当注意优质蛋白质的摄入，如肉、鱼、豆、奶等。脂肪占总能量的25%~30%即可，适当的脂肪可增加菜肴香味，促进食欲，但不宜过多。

表7-9为某网球运动员在高温环境下运动训练制定的食谱，表7-10和表7-11分别为各餐次能量分配情况统计及各餐次三大营养素的供能比例，能量摄入为 3 500 kcal。

▶ 表7-9　网球运动员在高温环境下运动训练时的食谱举例

餐别	食物名称	摄入量（g）	能量（kcal）
早餐	烙饼	200	518
	全麦面包	100	246
	凉拌三丝	100	61.3
	鸡蛋	50	72
	牛奶	250	135
加餐	香蕉	100	93
	运动饮料	500 mL	
中餐	馒头	150	335
	红薯	100	99
	清蒸鲫鱼	150	239
	酸辣土豆丝	150	182
	豆腐干	100	401
	西红柿蛋花汤	100	14.2
加餐	鲜果汁	500 mL	250
晚餐	肉丝炒饼	200	329.4
	花卷	100	214
	黄花菜炒木耳	150	227
	鲜蘑丝瓜汤	100	18.5
	苹果	150	81

▶ 表7-10　食谱中各餐次能量分配情况统计表

热量	早餐	中餐	晚餐	加餐	全日合计
能量（kcal）	1 032	1 270	870	343	3 515
百分比（%）	29.4	36.1	24.8	9.7	100

▶ 表 7-11　食谱中各餐次三大营养素的供能比例

营养素	早餐（g）	中餐（g）	晚餐（g）	加餐（g）	合计（g）	百分比（%）
糖	173.4	210.6	122	75.8	581.8	66.2
脂肪	20	29.3	27	0.7	77	19.7
蛋白质	38.7	42.5	28	1.9	111.1	14.1

（2）注意补充矿物质。通过调整膳食结构补充钠、钾、钙、镁等，如蔬菜含有丰富的钾和钙，米面、豆类和肉类含有丰富的钾和镁等。

（3）供给充足的维生素。在高温下运动训练时，机体对维生素 B_1、维生素 B_2、维生素 C 和维生素 A 的需要量增加，因此，为保证电解质和维生素摄入，应选用富含钾、钠、钙、镁和水溶性维生素的食物，如绿叶蔬菜、水果和豆类，必要时，可根据具体情况给以维生素制剂或强化饮料。

（4）注意及时补水。由于通过膳食给予水盐的补充比较容易被运动员接受，因此，在膳食供应中，可以通过鲜美的菜汤、鱼汤、肉汤补充水分和盐分，这既能增加食欲，也能补充矿物质。当出汗量比较大时，可在运动现场及时补充含盐饮料。

（5）合理搭配，精心烹调。在高温环境下，运动员的食欲减退。为保证运动员的能量摄入，应经常变换膳食的花色品种，讲究色、味、香，适当用凉拌菜、酸味或辛辣味调味品。

（6）严格注意食品卫生。凉拌菜特别是熟肉制品要严防细菌污染和繁殖，注意消毒，避免发生食源性胃肠炎或食物中毒。

2. 补液

在热环境中运动时出汗率升高，脱水速度加快，运动引起的脱水会增加机体的核心温度，降低心血管功能，损害运动能力。因此，补液的重要性随之提高。补液不仅可以延缓核心温度的升高，预防高热的发生，而且还可以减少长时间活动时肌糖原的消耗，可能的机制是补液降低了肌肉温度和血液肾上腺素水平，钝化交感神经对肾上腺素的反应，而肌肉温度和肾上腺素水平会影响糖原的利用。在糖储备耗竭之前，内源产热和高温环境共同导致疲劳的情况下，补充糖溶液可以延缓甚至预防这些不良影响，还可提高运动能力。

高温环境下，运动的前、中、后都要补液。运动前补液可使体内水分达到平衡，运动中补充含糖和电解质的饮料可有效提高运动能力，一般来说，运动中补液量应该跟上汗液丢失的量；运动后可补充含糖和钠盐较高的饮料。

当出汗量在3 L以下时，补充凉开水或一般市售饮料即可，不需要额外补盐，但当汗量流失大于3 L时，可采用低渗即含低盐和低糖的运动饮料。研究证明，含糖和无机盐的饮料可促进水在小肠的吸收，提升口感。糖浓度为4.2%、7%的糖溶液对机体血浆容量和运动能力无明显影响，但当糖溶液的浓度提升至14%时，机体血浆容量减少，核心温度升高，运动能力下降，因此，补液中糖浓度一般以小于10%为宜。与此同时，钠含量为18 mmol/L和39 mmol/L的运动饮料可使血浆钠和渗透压保持在正常水平，运动时血压升高的幅度小，恢复快。因此，低钠低糖的运动饮料可含有0.2%的氯化钠、0.1%的氯化钾、2%的葡萄糖、4%的蔗糖以及适量的水溶性维生素等。

补液应遵循少量多次的原则，禁止暴饮。大运动量训练前，可适当补液500 mL左右，运动训练中每次100~150 mL，次数不限，由于在运动中补充的液体量往往小于丢失的体液量，因此运动后也应补充，使进出机体的液体量达到平衡。补液量的多少可根据体重、尿液的颜色和量的变化来确定，通常补液量以体重丢失的1~1.5倍为宜。当体重下降4%~6%时，需减少运动量并及时补液。如果尿液颜色深，机体需多摄入3~5 mL/kg体重的液体。补充的液体温度以13 ℃~20 ℃为宜，不宜低于10 ℃，以免引发胃肠道痉挛。

3. 高温环境下运动的特殊营养策略

由于在高温环境下运动时，机体因大量排汗导致的脱水和体温升高，会严重影响运动员运动能力的发挥。因此，运动前的超水合对机体补水具有一定的作用。研究指出，甘油的脂溶性特征可使其被动扩散至肾脏近曲小管并改变其渗透压，从而调节水的重吸收，减少尿液排出，而摄入含甘油的水可以增加水潴留，降低汗腺分泌兴奋性，从而达到调节体温的目的。运动前补充加入甘油的水可显著增加机体储水能力，延缓运动疲劳的发生，延长运动时间，提高运动能力。运动前120 min内摄入大约2 L含有1 g/kg体重甘油的液体对随后的运动有积极作用。

第三节　低温环境下训练的营养

我国北方地区冬季气候干燥、温度低下，机体的物质与能量代谢、免疫机能、营养摄取等方面会产生一系列变化。尤其当运动员在低温环境中进行训练或比赛时，机体的散热增多，能量消耗明显增加等因素，对机体运动能力的发挥将会产生一定影响。因此，研究低温环境下运动员机体代谢特点以及低温环境训练的营养支持策略，对运动员在低温环境下进行更加高效的训练具有重要意义。

一、低温环境下运动员的代谢特点

（一）能量消耗增加

在低温环境下训练时，机体消耗的热能增加。这主要是因为机体在冷刺激下为抵御寒冷，引起甲状腺素分泌和交感－肾上腺系统的活动增加，其中甲状腺素分泌的增加，使体内物质氧化所释放的能量不能以 ATP 的形式储存，而以热的形式向体外放散。交感－肾上腺系统的活动增加，会提高体内三羧酸循环的工作效率，从而导致能量代谢过程中氧化酶的活性增加，进一步加快热的产生。由于在低温环境下训练对热能需求量较高，如果热能摄入量长期低于消耗量，会加重运动员的疲劳累积，使运动员的竞技水平下降。

（二）糖代谢

刚开始在低温环境中训练时，低温刺激肝糖原、肌糖原氧化分解，糖原消耗增快、心肌和骨骼肌的血糖利用效率增加。但因为糖原的储存量有限，如继续运动，机体便会动用脂肪氧化来提供能量，同时机体糖异生作用增强，参与糖代谢的酶活性也降低。所以在低温环境下运动，若糖原储备不充分，易致身体疲劳，影响训练效率。因此，运动员在还未适应低温环境时，补充糖类食物和增加糖储备显得格外重要。

（三）蛋白质代谢

在低温条件下，运动员体内蛋白质代谢速率会升高，尿中氮排出量增加并出现负氮平衡。有实验表明，机体随着温度的下降，蛋白质代谢产热的量会增加，但因蛋白质不是供能的主要来源，因此机体在适应低温环境时蛋白质代谢不会像糖和脂肪一样明显升高，故有学者认为，在低温环境中应该提高蛋白质的质量而非数量。有些氨基酸如蛋氨酸还可帮助机体更快适应低温环境，所以补充优质蛋白显得格外重要。

（四）脂肪代谢

冷适应产生后，机体为了更好地适应低温环境，脂肪分解供能增加，参与脂肪代谢的酶活性也明显上升，脂肪动员速度也随之提高，组织细胞脂肪氧化速率加快，这一系列调整可节省大量糖原，这对人体保持良好的运动机能十分关键。

（五）水和矿物质

运动员在低温环境下训练会发生脱水现象，在低温环境中的汗、尿排出量增多，必然会引起钾、钙、钠、镁等矿物质的流失量增多。

（六）维生素

低温能够引起机体产热增强，继而维生素 B_1、维生素 B_2 和烟酸的消耗量也会随之增加，这时尿中的维生素 B_1、维生素 B_2 的排出量也会相应减少。有关研究表明，在低温下可导致血液中的维生素 C 含量减少，尿中维生素 C 的排出量也随之减少。机体在低温条件下，维生素会加强氧化磷酸化过程。维生素 B_6、烟酸和泛酸，可提高机体在低温环境下的御寒能力。寒冷季节的日照时间和光照强度都下降，而人们穿衣多且厚，皮肤接收紫外线的面积减少，导致维生素 D 缺乏，从而不利于人体对钙的吸收。

二、低温环境下运动训练的营养措施

（一）低温环境运动训练时的能量和营养素需要

1. 能量

"低温环境下运动训练的营养措施"知识点精讲

由于在低温环境下运动员的热能消耗量较大，总能量供给也应适当增多，一般应提高 10%~20%。因此，要保证每天摄入充足的糖、蛋白质、维生素和矿物质，运动员在长期寒冷环境训练产生冷适应后，脂肪分解代谢加强，可适量增加脂类的摄入，同时应结合项目本身的特点，合理搭配餐饮，做到个性化的适时调整。运动员可每天高于三餐，达到四餐五餐以保证能量摄入，但要适量增加，避免每天摄入过多导致体重增加从而影响竞技水平。

2. 糖类和脂肪

充足的糖类是运动员精力保持充沛的前提，是防止运动员疲劳、体内蛋白质分解、运动能力下降的重要保障。糖供能时输出功率大，能够保证运动的强度。同时，糖类可以刺激机体分泌胰岛素，有利于促进肌肉蛋白质的合成，从而增强机体免疫力。因此，当运动员在低温环境下进行训练的初期，应提高膳食中糖类的比例，保持充足的糖储备，同时满足抗寒与运动的需要。但当运动员对低温环境产生适应后，由于脂肪代谢增强，其膳食中脂肪的比例可适当增加。同时，不同项目的运动员，其膳食中糖类和脂肪的比例应有所不同。从事水中项目的运动员应该摄入能量密度较大的食物，如脂肪含量较高的动物性食物，适当增加烹调用油，脂肪量可占摄入膳食能量的35%；从事陆上运动项目的运动员，脂肪摄入量则可比前者适当减少。

3. 蛋白质

研究表明，在低温环境下训练应提高蛋白质的质量而不是数量，故运动员要多补充优质蛋白，可以多选用蛋白含量高、质量好的动物性食物和大豆蛋白，增强蛋白质的利用率，通常要求优质蛋白要占总摄入蛋白量的30%以上，再加上蛋白质中甲硫氨酸可以帮助人体更快地适应低温环境，所以运动员要多摄入富含甲硫氨酸的食物，如鱼、蛋、奶制品、坚果等。

在低温环境下进行运动训练，蛋白质的代谢水平增加，特别是谷氨酰胺的消耗量增多，谷氨酰胺是肌肉中最丰富的游离氨基酸，占人体游离氨基酸总量的60%。在高强度训练或疾病、营养状态不佳等情况下，人体对谷氨酰胺的需求量增多，但人体自身合成的量又无法满足此需求，故补充谷氨酰胺显得尤为重要。谷氨酰胺能抑制肌肉中蛋白质的分解，有助于减轻肌肉酸痛和修复肌肉损伤，能更好地促进肌肉的合成。同时，由于保证了免疫细胞L-谷氨酰胺的供给，从而能够维持免疫细胞的功能，提高人体运动能力和免疫力，减少感染性疾病的发生率。另外，运动后即刻补充L-谷氨酰胺与糖类对于肌糖原的恢复也十分有利。

补充蛋白质要适度，过量补充会适得其反，肌肉生长需通过规律训练和重体力工作而不单依靠摄入蛋白质来实现。过多的蛋白质摄入会加重肾脏负担，造成脱水、钙的丢失等问题，从而危害身体健康。

4. 水和矿物质

在低温环境下进行运动训练，由于代谢增强、出汗增多以及尿量增多等原因，导致水和矿物质的丢失增多。较易丢失的矿物质是钠和钙，因此，在适当增加食盐摄入的同时，应注意多摄入含钙丰富的食物，如奶制品、虾皮等。蔬菜、水果也应该适当供给，以补充钾和其他矿物质。大量出汗的运动员应注意在运动前、中和后及时补液，使用含有维生素、矿物质等的运动饮料，运动饮料的温度应保持在25 ℃~30 ℃，并遵循少量多次的原则。在运动前2 h内，补充运动饮料500 mL，并分为2次饮用，运动中每隔15~20 min补充120~240 mL，运动后一般情况下体重每下降1 kg，补液1 500 mL。

5. 维生素

低温环境下体内维生素代谢也会增强，所以维生素的供给量一般在运动员平时供给量的基础上增加 30%～50%。维生素 B_1、维生素 B_2 可参与能量代谢，维生素 C、维生素 A、维生素 D 等可抵御严寒。新鲜蔬菜和水果都是维生素 C 的来源，粗粮、花生、核桃、芝麻内含有丰富的维生素 B_1，动物内脏含有丰富的维生素 B_2，必要时可供给复合维生素制剂。

（二）低温环境运动训练的营养保障措施

（1）能量的供给量应比常温环境有所增加，一般比运动员常温下运动训练能量推荐摄入量增加 10%～20%。

（2）调整蛋白质、脂肪和糖的供给比例。一般而言，在低温环境下运动训练，蛋白质、脂肪和糖三者的供给应占一日总能量的 13%～15%、30%～35%、50%～55% 为宜。

表 7-12 为某花样滑冰运动员低温环境下运动训练时制定的食谱，表 7-13 和表 7-14 分别为各餐次能量分配情况统计及各餐次三大营养素的比例。

▶ 表 7-12 某花样滑冰运动员低温环境下运动训练时的食谱举例

餐别	食物名称	摄入量（g）	能量（kcal）
早餐	油条	120	466
	全麦面包	100	246
	芹菜炒豆腐干	100	102.7
	煎鸡蛋	50	100
	牛奶燕麦粥	250	303
加餐	香蕉	100	93
	核桃	10	61.2
中餐	花卷	200	428
	红薯	100	99
	番茄烩牛腩	170	235
	炖羊肉	100	196
	粉蒸排骨	100	298
	南瓜粥	100	53

续表

餐别	食物名称	摄入量（g）	能量（kcal）
加餐	橘子	100	44
	奶酪蛋糕	50	175
晚餐	肉丝炒饼	200	329.4
	面包	100	313
	松仁玉米	100	256
	紫米粥	100	32.2
	苹果	150	81

▶ 表7-13 食谱中各餐次能量分配情况统计表

热量	早餐	中餐	晚餐	加餐	全日合计
热量（kcal）	1 218	1 309	1 012	373	3 912
百分比（%）	31.1	33.5	25.9	9.5	100

▶ 表7-14 食谱中各餐次三大营养素的供能比例

营养素	早餐（g）	中餐（g）	晚餐（g）	加餐（g）	合计（g）	百分比（%）
糖	163.1	151	140	43.6	497.7	51.5
脂肪	40.4	53.8	35.2	16.4	145.8	33.9
蛋白质	45.5	54.4	29.2	11.8	140.9	14.6

（3）保证蛋白质的需要量。在调配膳食时，应注意肉类、蛋类、鱼类、豆类及其制品的供应，选择高蛋白、高脂肪的食物，如坚果类。

（4）提供富含维生素C、胡萝卜素以及钙、钾等矿物质的新鲜蔬菜和水果，同时还应适当增加动物肝脏、蛋类、瘦肉的供给量，以保证机体对维生素A、维生素B_1、维生素B_2等物质的需要。

（5）食盐的推荐摄入量每人为15~20 g/d。

（6）合理安排训练和进食时间。在低温环境的刺激下，人体自主神经功能会发生紊乱，胃肠蠕动受到干扰。因此，大强度训练加上饮食不规律，则极易导致运动员胃肠不适，从而影响训练效果。所以要合理安排进食时间，建议进餐安排在剧烈运动之前的两小时前，要适量，切忌暴食；训练后可服用姜汤红糖水等增加热能，以免训练后体温骤降导致出现异常反应，还有利于增强机体抵抗力。

（7）合理安排三餐比例并注意早餐的摄入。在低温环境下训练，日常早餐更应该营养全面，高质量充足的营养可以保证运动员上午训练的状态和效率。值得一提的是，西式早餐从体积、营养素种类、营养素密度等多个方面都要优于中式早餐。但由于运动员吃不惯西餐，使西餐不能被充分利用。因此，运动员早餐可以选择食用中西结合、搭配多样化的食物。晚餐宜少宜清淡，对运动员控制体重很有必要。

第四节 运动者旅行中的营养措施

"运动员旅行中的营养措施"知识点精讲

竞技体育的发展使国际和国内赛事越来越多，为了参加这些体育比赛以及集训的需要，运动员经常不断地从一个地区到另一个地区。这种因训练和比赛的需要而不定地进行旅行的生活虽然令人激动和兴奋，但旅行本身由于疲劳、时差、不适应、水土不服等问题常常会削弱运动员的运动能力。因此，运动员、教练员和科研人员在安排集训和比赛日程时，必须考虑旅行途中的一些医学问题。运动员旅行途中常见的营养问题主要包括食物的供应和食品安全、体重变化、脱水、时差和食物过敏或不耐受等。

一、食物的可利用性和安全性

运动员旅行所遇到的第一个问题是途中、训练基地或比赛目的地有没有自己所需要的食物，能不能吃到自己所熟悉的可口饭菜和饮料。长途旅行途中或某些训练基地食物供应条件比较差、食谱单调，因此，如何选择高糖、低脂和适量蛋白质的食物是运动员必须解决的问题。

运动员必须根据运动营养学的知识来选择食物，以满足各种营养素的需要。负责伙食的管理人员或运动员自己应该做一些特殊准备，安排随身携带可以在旅行途中食用的食物。所选择的每一种食物应当容易打包、冷藏，如脱脂奶、预先烹调好的瘦肉、麦片、水果和蔬菜、运动饮料、高糖点心等。准备的食物应针对赛前或赛后的营养需要，这种方法对于只有一天的短途旅行非常有效，也可以用于长途旅行途中的食物补充。我国运动员到欧美国家去时，常常喜欢自带一些方便面、罐头（鱼和肉）、运动饮料、咸菜、巧克力等食品，在选择具体的食品时，应注意膳食平衡和食物的多样化，避免因食物种类单调导致营养不平衡。

旅行中，喜欢自带食品的运动员不仅要考虑到食品的种类和保存期限，还要考虑到航空公司对行李重量和件数的限制。国际旅行应重点考虑携带食品的种类限制，许多国家海关法律禁止新鲜水果、蔬菜和肉制品进口，对违反进口条例的处罚是很严重的，因此应预先计划好，防止这类事件的发生。

旅行途中和到达目的地后，可以选择进餐的地方很多，如饭店、食堂、快餐店、超市等，进餐方式可以是点菜、自助餐或盒饭、快餐等，进餐的原则是应选择卫生、高糖、低脂肪、适量蛋白质、充足水分的膳食。

二、体重变化

防止旅行途中体重意外地增加或减轻是运动员应当重视的。如果运动员在旅行途中吃不到充足可口的饭菜和饮料，就会导致体重减轻，即使在食物供应充足的情况下发生体重减轻也并不稀罕，尤其是第一次出国的运动员，由于吃不到自己所熟悉的食物或不喜欢吃自己不熟悉的食物，很容易导致能量摄入不足和体重丢失。然而，即使有经验的运动员，由于当地的饮食条件、水土不服、时差的影响以及旅途疲劳等问题，也常常会出现饮食紊乱，体重下降。

另一方面，如果膳食可口，运动员食欲大增，进食过量则可引起体重增加。尤其是在大型比赛期间，如奥运村的食堂每天 24 h 免费提供品种繁多的优质食品，很容易导致运动员进食过量。因此，对于参加按体重级别进行比赛的运动员，在训练负荷减轻、训练时间减少的情况下，要控制体重不增加，自我限制饮食是非常重要的。

因此，运动员必须定期测量体重以合理安排膳食摄入。但要注意体重下降可能是能量摄入不足，也可能是由于脱水引起的，尤其是在气候炎热的环境中。在训练基地或比赛时，如果运动负荷大于正常训练水平，运动员也可能出现体重减轻。体重增加可能是由于进食过量引起的，但也有可能是由于比赛前几天的运动量减少而引起的。此外，膳食改变引起的便秘等，也会引起体重轻微增加。

三、脱水

旅行时，由于水分摄入不足，尤其是长时间乘飞机旅行时，由于机舱内干燥会导致水分从呼吸道和皮肤丢失的量增加，运动员发生脱水的危险性也随之增加。因此，在旅行前、中、后补充充足的液体是必要的，特别是去气候炎热的地方时，尤其应该注意预先摄入充足的液体，以便在到达机场、海关等地方办理入境手续期间保持体内有足够的水储备。其中，运动饮料、果汁或其他饮料既便于提供水分又能补糖。

四、时差

时差是运动员跨时区旅行时经常遇到的问题。由于身体生物节律和生物钟周期的紊乱，常常使运动员产生疲劳、睡眠颠倒、注意力减弱、消化功能不良、容易激动等现象。研究显示，运动员在跨越一个或两个时区的旅行后，容易丧失比赛优势，不能正常发挥最佳的运动能力。通常从西向东旅行时，出现的时差反应比从东向西旅行严重。虽然运动员出现时差反应的症状比无训练者要轻，但对运动能力的良好发挥仍有一定的影响。一般情况下，每跨越一个时区到达目的地后需要一天的时间来调整时差，但调整速度有较大的个体差异。

虽然昼夜周期可能是调节身体内部生物钟最重要的标志，但是就餐方式和时间安排对帮助身体适应时区转换很重要，膳食组成和进食量也有一些影响。研究显示，高蛋白质膳食，如肉、鱼、禽、豆腐和奶酪可以通过刺激肾上腺素的途径增加觉醒。高糖食物，如面食、米饭、面包和水果等可增加胰岛素分泌，促进色氨酸摄入，色氨酸在体内可转化为5-羟色胺，但如果膳食中糖类物质摄入过多则可引起昏昏欲睡的感觉。由于运动员摄入的食物种类和进餐时间直接影响时差引起症状的严重程度和持久时间，因此，建议早餐应摄入高蛋白食物，晚餐摄入高糖食物。在到达新地方后，上午可摄入对中枢神经系统有刺激作用的食物，如咖啡和茶，也有助于时差的恢复，但在后半天最好避免饮用这些刺激性饮料。脱水也会加重疲劳和时差反应，应适当增加液体摄入量，但要注意避免含咖啡因和酒精的饮料，因为这些成分具有利尿作用。

进行长途旅行前应做好日程安排，运动员在出发前三天就应该按照要到达目的地时间进行运动训练、睡眠和进餐。

近年来，某些运动员如果发生严重的睡眠障碍，可以服用褪黑素来诱导睡眠。睡前 1 h 口服褪黑素 0.5~3.0 mg 既安全又有效。

五、腹泻和其他感染性疾病

运动员到了一个新的陌生的地方，在比赛前或比赛中生病是最令人担忧的问题。据统计，跨国旅行的运动员有 60% 出现胃肠功能紊乱。由食物或其他原因引起的胃肠功能紊乱可能会使运动员丧失参加比赛的能力或削弱运动能力。

水土不服和食用被细菌、病毒和寄生虫污染的食物和水是造成运动员腹泻的主要原因。引起腹泻的常见细菌为大肠杆菌和沙门氏菌，占 80%。另外，运动员在旅行途中还可能发生感冒、上呼吸道感染、牙龈炎等一般感染性疾病，这也会影响运动能力，妨碍运动员参加比赛。

因此，运动员在旅行途中必须采取各种预防措施来预防这些疾病的发生。

（1）制定严格的作息和就餐制度。保证充分的睡眠和休息，保持体内良好的水合状态，合理膳食营养均有助于预防腹泻和感染。运动员要养成勤洗手的习惯，尤其在饭前便后要用肥皂水洗手。

（2）选择安全、卫生的就餐地点。

（3）选择清洁、卫生、安全的食物。常见的安全和可能不安全的食物具体见表 7-15。

▶ 表 7-15 常见的安全或可能不安全的食物和饮料

安全的食物和饮料	可能不安全的食物和饮料
蒸煮过的、热的食物	常温潮湿的食物，如色拉、自助餐
干的食物，如面包、饼干	生的或未经热烹调的肉、鱼等
含糖量高的食物，如蜜饯和果脯	不能去皮的蔬菜和水果，如葡萄、草莓
可以去皮的水果，如香蕉、橘子	所有乳制品
原装密封的瓶装饮料，如运动饮料、矿泉水	自来水
用开水沏的咖啡和茶	冰块

（4）预防性使用抗生素。需要强调的是，不可依赖预防性用药，避免摄入污染的食品和饮料才是预防腹泻的根本措施。

案例分析

训练情况：张新，高水平男子长跑运动员，21岁，身高176 cm，体重67.2 kg。在夏季训练周期的大运动训练阶段，周一至周六每天早晨早餐前进行约2.5 h的训练，下午3时以后进行第二次训练，持续2~3 h。周日上午进行轻微活动后全天休息。下午训练时，室外气温可达30 ℃~35 ℃，天气晴朗时可达33 ℃~36 ℃，雨后湿度大时，排汗量明显增多。

遇到的问题：他在下午训练课后会出现疲劳感，在每周进行模拟比赛强度的训练时，疲劳感加剧，偶尔有一侧脚趾出现抽筋的情况。这种疲劳限制了他的训练强度，训练成绩提高不明显，教练认为给张新安排的运动负荷适中，不存在过度训练的情况，生理生化监测指标也无异常情况。他咨询是否可以通过改变食物结构和补液，改善其营养状态，以帮助他能精力充沛地去适应高强度的训练和比赛。

当前的饮食状况：张新吃运动员灶，餐厅中食物种类丰富。他喜欢吃的食物包括鱼肉、鸡肉（约500 g），每日2个煮鸡蛋；只吃自己喜欢的水果（约500 g）和蔬菜（约750 g）。三餐中喜欢喝谷物粥（约1 200 mL），4~5个馒头，2份面条，喜欢略咸一些的食物，不喝牛奶类饮料，口渴时喝水，训练期间补液。

营养评估：张新体重相对稳定，蛋白质摄取量基本满足身体需求，糖类食物摄取量为6 g/kg体重，脂肪摄入量也偏低。他每顿饭之间不喝饮料，仅仅在口渴时才喝水，嘴唇发干，询问得知其尿液颜色通常较深。

根据以上材料，请回答以下问题。

（1）导致张新产生运动性疲劳的主要原因是什么？

（2）根据你所学的知识，帮他制定一个科学、合理的营养干预方案。

复习思考题

1. 高原、高温和低温是怎样界定的？高原环境的特点有哪些？
2. 试述运动员高原训练的代谢特点和营养措施。
3. 在高温和低温环境下运动分别有哪些营养措施？
4. 运动员旅行途中常见的营养问题有哪些？如何应对？
5. 任选一个特殊环境运动项目制定运动员的食谱。

扫一扫：本章核心知识点即测即练

第八章
人体营养评价与食品安全

▶ 本章导语

人体营养状况与健康水平、运动能力密切相关,对保证和提高训练效果,维持竞技能力非常重要。营养状况的评定以膳食调查为基础,通过人体测量和营养状况的生化检测进行综合评价,目的是全面了解膳食的合理性和存在的问题。本章介绍了膳食营养调查的概念,通过实例讲解了膳食营养调查的具体方法,同时阐述了人体营养状况的测量、生化测定的方法及其标价标准,并介绍了运动员食品安全的重要性及其保障措施。

▶ 学习目标

1. 掌握膳食营养调查与评价的方法和技能。
2. 了解营养状况的人体测量和营养缺乏的临床评定方法。
3. 熟悉营养状况的生化测定和评价方法。
4. 掌握运动员食品安全的常见问题及其保障措施。

第八章 人体营养评价与食品安全

▶ 本章思维导图

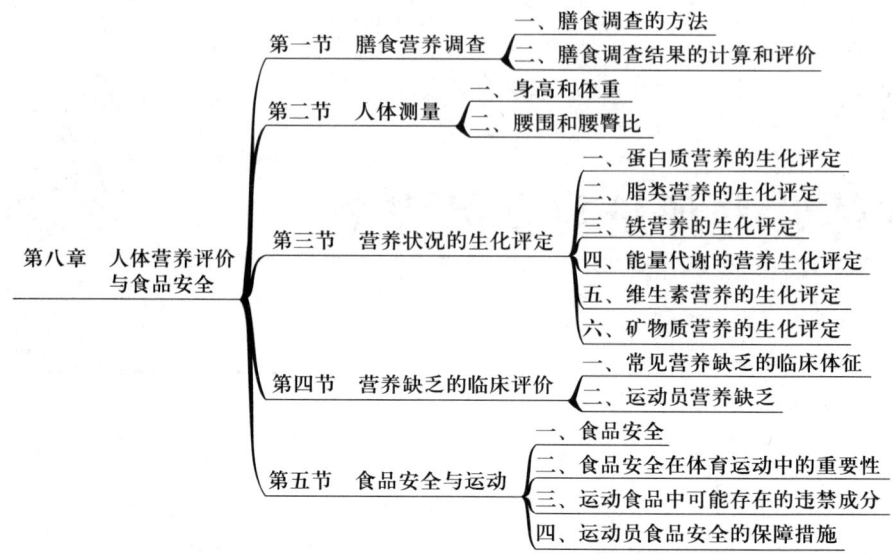

为了更好地指导运动者合理营养，发现在运动过程中存在的营养问题，提高运动者的健康水平和运动能力，需要经常了解运动者的营养状况，并对其进行评价。人体营养状况可根据膳食调查、人体测量及其生化检测等方面进行全面分析和综合评定。

第一节 膳食营养调查

"膳食营养调查及常用方法"知识点精讲

膳食营养调查（dietary nutrition survey）是运用科学手段对某一个体或群体进行膳食状况和营养水平进行的调查。通过膳食营养调查可以判断调查对象的膳食结构是否合理、营养状况是否良好、是否存在营养不良和营养过剩等情况。

膳食营养调查的对象可以是某一群体，如我国曾经在1959年、1982年、1992年、2002年和2012年分别进行了5次全国范围内的营养调查。调查对象也可以是一个较小的群体，如某省艺术体操队队员的膳食营养调查。调查对象还可以是个人，如对某个肥胖中学生的膳食营养调查。

膳食营养调查的目的是了解在一定时间内调查对象通过膳食所摄取的能

量和各种营养素的数量和质量,以此来评定正常营养需要的满足程度。膳食调查是营养调查工作中的一个基本组成部分,其结果可成为对所调查的群体或个人改善营养和进行咨询、指导的主要工作依据。

一、膳食调查的方法

膳食调查通常采用称量法、查账法、询问法和化学分析法4种方法。

(一)称量法(或称重法)

称量法是对某一伙食单位(集体食堂或家庭)或个人一日三餐(包括零食)中每餐各种食物的食用量进行称重,并计算出每人每天能量的各种营养素的平均摄入量,调查时间通常为3~7 d。

称重时,需要准确掌握两方面的情况:一是厨房每餐中所用各种食品的生重和经烹调后熟食的重量,由此计算出与每单位重量熟食品相当的生食品数量,即求出各种熟食品与其生食品原料间的重量比,即生熟比例;二是如果进行抽查,则根据抽查需要,从进餐人员中,选取一部分活动性质、年龄和性别等方面有代表性的人员,将每人每餐实际摄取的熟食称重,然后按生熟比例计算每人每日各种生食品平均摄入量。

称量法的优点是能准确反映被调查对象的食物摄取情况,能看出一日三餐食物分配情况,适用于团体、个人和家庭的膳食调查。缺点是花费人力和时间较多,不适合大规模的营养调查。

(二)查账法(记账法)

查账法是对建有伙食账目的集体食堂,查阅过去一定时期食堂的食品消费总量,并根据同一时期的进餐人数,粗略计算每人每日各种食品的摄取量,再按照食物成分表计算这些食物所供给的能量和营养素数量。查账法适用于有详细伙食账目的机关、学校、部队、幼儿园及运动员食堂等,也可用于家庭膳食调查。查账法简便、快速,但不够精确。

(三)询问法

询问法是通过问答方式来回顾性地了解调查对象的膳食营养状况,通常在无法用称重法和查账法的情况下使用。询问法的缺点是不太准确,优点是方便,可用于家庭或个人膳食的调查。

调查开始前,应向调查对象说明调查的意义和方法,然后填写姓名、年龄、性别、职业和饮食习惯等。询问膳食主要组成部分、数量、每日进餐次数、时间、食物种类、数量、主食、副食、水果及点心等。由于成人在 24 h 内对所摄入的食物有较好的记忆，因此，24 h 膳食的回顾调查容易取得可靠的资料。经过询问获得由调查单位或对象提供的 24 h 内的膳食组成情况，据此进行估计评价。询问有困难或有疑问时，应用称重法核实，以提高调查结果的准确性。

（四）化学分析法

化学分析法是收集所调查对象一日膳食中要摄入的所有食品，通过实验室的化学分析方法来测定其能量和营养素的数量和质量。化学分析法要求高，分析过程复杂，除非特殊需要，一般不采用这种方法。

二、膳食调查结果的计算和评价

"如何进行膳食调查结果评价"知识点精讲

（一）计算平均每日食物摄入量

1. 计算就餐人日数

就餐人日数表示的是被调查者用餐的天数。1 个人吃完整的早餐、中餐和晚餐则为 1 人日。在实际调查中，不一定能收集到全体被调查者所有一日三餐的情况，如果只吃了其中两餐或一餐则需要打折。通常可以按照早餐 25%、午餐 40% 和晚餐 35% 来进行折算。

例如，某家庭中的某一个成员，只在家里进食早餐和晚餐，那么人日数为：$1 \times 25\% + 1 \times 35\% = 0.6$（人日）。

再如，某运动员食堂就餐的人数早餐有 16 人，午餐有 15 人，晚餐有 20 人，那么就餐人日数就是：$16 \times 25\% + 15 \times 40\% + 20 \times 35\% = 17$（人日）。

2. 计算平均每日食物摄入量

将调查团体所消耗的实际食物量除以人日数，就是平均每日食物摄入量，即：

平均每日食物摄入量 = [（前日食物存量 + 今日食物购进量）− （今日食物废弃量 + 今日剩余总量）] / 人日数

例如，某食堂前日剩余大米 50 kg，今日购进 100 kg，今日废弃的剩饭折合大米约 2 kg，尚剩余 131 kg。那么按照 17 人日数就餐，则平均每人日消耗大米的量为：$[(50+100) - (2+131)] / 17 = 1$。

即每人日消耗大米 1 kg。在此过程中，需要注意的是需要计算食物的实际消耗数量，而非购买数量。

针对个人的计算只要记录一日所有实际摄入的食物量即可，但在计算个人每日食物摄入量时，除了不含糖的饮料可以不参与计算外，零食和含糖饮料必须计算进去。如自泡的绿茶可不参与计算，但饮用市售的绿茶饮料，由于其中含糖，则需要进行计算。

在进行食物分量的记录时，有时需要对食物的重量加以估计，用厨房秤（图8-1）进行准确测量较为理想；如果没有厨房秤，也可以通过手量法对食物重量进行估算。例如，双手一捧蔬菜大约100 g，一块手掌心大小的肉大约50 g，一把黄豆大约20 g等。

图8-1　厨房秤

（二）食物组成的计算

对摄入食物组成的计算可以按照餐次、食物名称、食物分量、食物重量、食物组成以及各组分的重量进行制表（表8-1）。其中，餐次包括早餐、午餐、晚餐和各种加餐，如零食、夜宵等。食物名称是指所进食的各类食物的名称。因此，在调查时需要同时调查该食物的组成和各组分的分量。

▶ 表8-1　大学男生一天的食物摄取情况

餐次	食物名称	食物分量	食物重量（g）	食物组成	组分分量（g）
早餐	菜包子	1个	100	面粉 青菜	50 20
	肉包子	1个	100	面粉 猪肉	50 20

续表

餐次	食物名称	食物分量	食物重量（g）	食物组成	组分分量（g）
早餐	大米粥	1碗	100	大米	15
	鸡蛋	1个	50	鸡蛋	50
午餐	米饭	1碗	200	大米	100
	包菜炒肉丝	1份	150	包菜	125
				肉丝	25
	土豆炖牛肉	1份	150	土豆	100
				牛肉	50
	清炒菠菜	1份	150	菠菜	150
晚餐	花卷	2个	200	面粉	130
	鸡腿	1个	150	鸡腿	150
	白菜粉丝汤	1碗	250	白菜	100
				粉丝	50
零食	西瓜	半个	250	西瓜	250
	酸奶	1瓶	200	酸奶	200
	紫菜卷	1袋	50	紫菜	50
	薯片	1袋	50	薯片	50
	瓜子	1袋	25	葵花子	25
	可乐	1瓶	500	可乐	500

但在表8-1中没有进行油、盐、糖等调料的计算，如需准确计算，则需要额外考虑各种调料的使用情况。

根据中国居民平衡膳食宝塔（2016）将食物分成谷薯类、蔬菜类、水果类、禽畜肉、水产、蛋类、奶类及其制品、大豆及坚果类和其他类（图8-2）。在记录了一天摄入的全部食物后，参考上述分类方法将食物进行归类

（图 8-3）。

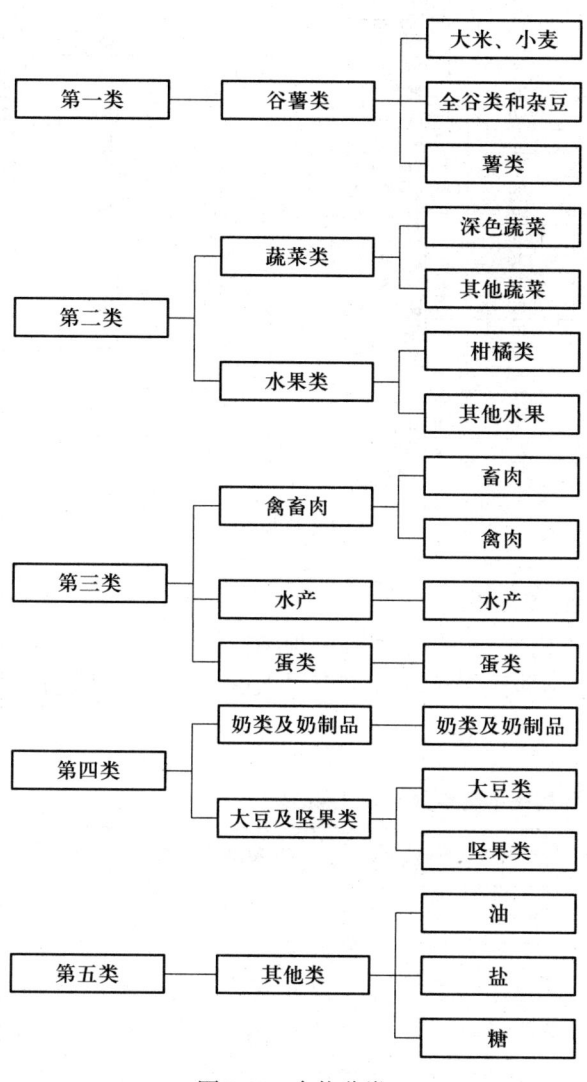

图 8-2 食物分类

餐次	食物组成	组分分量(g)	分类
早餐	面粉	50	1 谷薯类
	青菜	20	2 蔬菜
	面粉	50	1 谷薯类
	猪肉	20	4 禽畜肉
	大米	15	1 谷薯类
	鸡蛋	50	6 蛋类
午餐	大米	100	1 谷薯类
	包菜	125	2 蔬菜
	猪肉	25	4 禽畜肉
	土豆	100	1 谷薯类
	牛肉	50	4 禽畜肉
	菠菜	150	2 蔬菜
晚餐	面粉	130	1 谷薯类
	鸡腿	150	4 禽畜肉
	白菜	100	2 蔬菜
	粉丝	50	1 谷薯类
零食	西瓜	250	3 水果
	酸奶	200	7 奶类
	紫菜	50	2 蔬菜
	薯片	70	9 其他
	葵花子	25	8 坚果
	可乐	500	9 其他

食物组成	组分分量(g)	分类	总量(g)
大米	15	1 谷薯类	495
大米	100	1 谷薯类	
粉丝	50	1 谷薯类	
面粉	50	1 谷薯类	
面粉	50	1 谷薯类	
面粉	130	1 谷薯类	
土豆	100	1 谷薯类	
白菜	100	2 蔬菜	445
包菜	125	2 蔬菜	
菠菜	150	2 蔬菜	
青菜	20	2 蔬菜	
紫菜	50	2 蔬菜	
西瓜	250	3 水果	250
鸡腿	150	4 禽畜肉	245
牛肉	50	4 禽畜肉	
猪肉	25	4 禽畜肉	
猪肉	20	4 禽畜肉	
鸡蛋	50	6 蛋类	50
酸奶	200	7 奶类	200
葵花子	25	8 坚果	25
可乐	500	9 其他	—
薯片	70	9 其他	

图 8-3 食物归类

(三) 膳食模式分析

由于中国居民平衡膳食宝塔 (2016) 给出了一个比较理想的膳食模式,可以根据中国居民平衡膳食宝塔对人群的膳食模式进行分析和评价 (表 8-2)。

▶ 表 8-2 摄入食物组成与中国居民平衡膳食宝塔对照结果

分类	推荐量(g)	摄入量(g)	评价
谷薯类	250~400	495	超标
蔬菜	300~500	445	合适
水果	200~350	250	合适
禽畜肉	40~75	245	超标
水产	40~75	0	不足
蛋类	40~50	50	合适
奶类	300	200	不足
大豆及坚果	25~35	25	合适

续表

分类	推荐量（g）	摄入量（g）	评价
盐	<6	未统计	未评价
油	25~30	未统计	未评价

从表8-2的对照可以得出以下结论：谷薯类和肉类超标，而水产和奶类不足，其他基本符合标准。如果不包括可乐和薯片，一天共进食了16种食物，食物种类超过每天12种的要求，整体较为丰富。但需要注意的是：第一，可乐、薯片中的各种营养成分未参与计算，特别是其中的糖和脂肪。实际上500 g可乐含糖量50 g以上，70 g薯片脂肪含量也有10 g左右，这些在进行计算时需要额外注意。第二，膳食宝塔中的推荐量是食物的生重，可食部分未必是100%，算成熟重有可能需要有一定的减少。

（四）膳食营养素的计算与评价

2013年中国营养学会制定了最新一版的"中国居民膳食营养素参考摄入量（DRIs）"，是膳食营养的重要标准。通过将一天所有食物所含的各种膳食营养素与DRIs做比较，可以较为精确地评价个体的膳食营养状况。对膳食营养的评价关键点是将各类营养素与DRIs进行比较，也就是实际摄入量与个体需要量的比较。通常情况下，个体真正的膳食营养素需要量会随着年龄、性别、日常活动量、身体状况、心理状态、外界环境等各种因素的变化而变化。因此，正确地计算膳食营养素的摄入量，并根据年龄、性别、日常活动量选择合适的参考值同样重要。同时，对评价结果的解读也需要谨慎，不能因为在某次评价中某种营养素的不足或超标就断定其饮食一定有问题，还要结合个体其他方面的资料，如身体指标的测量、生物化学的测试，以及是否存在营养素缺乏或过量的症状与体征等。

首先，根据表8-2计算出各种食物及其分量，如表8-3所示。

▶ 表8-3 食物组成的计算结果

食物组成	组分分量（g）
大米	115
面粉	230

续表

食物组成	组分分量（g）
粉丝	50
土豆	100
白菜	100
包菜	125
菠菜	150
青菜	20
紫菜	50
西瓜	250
鸡腿	150
牛肉	50
猪肉	45
鸡蛋	50
酸奶	200
葵花子	25
可乐	500
薯片	70

然后，从中国疾病预防控制中心营养与食品安全所编著的《中国食物成分表（第2版）（第一册）》《中国食物成分表（第二册）》和《中国食物成分表标准版（第6版）（第一册）》上查询各种食物的营养组成，如表8-4。

▶ 表 8-4 食物膳食营养素的计算结果

食物组成	可食部（%）	能量（kcal）	蛋白质（g）	脂肪（g）	糖（g）	维生素 A（μgRE）	硫胺素（mg）	核黄素（mg）	维生素 C（mg）	维生素 E（mg）	钙（mg）	铁（mg）	锌（mg）
稻米	100	347	7.4	0.8	77.9	0	0.11	0.05	0	0.46	13	2.3	1.7
小麦粉（标准粉）	100	349	11.2	1.5	73.6	0	0.28	0.08	0	1.8	31	3.5	1.64
粉丝	100	338	0.8	0.2	83.7	0	0.03	0.02	0	0	31	6.4	0.27
马铃薯	94	77	2	0.2	17.2	5	0.08	0.04	27	0.34	8	0.8	0.37
大白菜	87	18	1.5	0.1	3.2	20	0.04	0.05	31	0.76	50	0.7	0.38
圆白菜	86	24	1.5	0.2	4.6	12	0.03	0.03	40	0.5	49	0.6	0.25
菠菜	89	28	2.6	0.3	4.5	487	0.04	0.11	32	1.74	66	2.9	0.85
小白菜	81	17	1.5	0.3	2.7	280	0.02	0.09	28	0.7	90	1.9	0.51
紫菜（干）	100	250	26.7	1.1	44.1	228	0.27	1.02	2	1.82	264	54.9	2.47
西瓜	56	26	0.6	0.1	5.8	75	0.02	0.03	6	0.1	8	0.3	0.1

续表

食物组成	可食部(%)	能量(kcal)	蛋白质(g)	脂肪(g)	糖(g)	维生素A(μgRE)	硫胺素(mg)	核黄素(mg)	维生素C(mg)	维生素E(mg)	钙(mg)	铁(mg)	锌(mg)
鸡腿	69	181	16	13	0	44	0.02	0.14	0	0.03	6	1.5	1.12
牛肉（肥瘦）	99	125	19.9	4.2	2	7	0.04	0.14	0	0.65	23	3.3	4.73
猪肉（肥瘦）	100	395	13.2	37	2.4	18	0.22	0.16	0	0.35	6	1.6	2.06
鸡蛋	88	144	13.3	8.8	2.8	234	0.11	0.27	0	1.84	56	2	1.1
酸奶	100	72	2.5	2.7	9.3	26	0.03	0.15	1	0.12	118	0.4	0.53
葵花子（炒）	52	625	22.6	52.8	17.3	5	0.43	0.26	0	26.46	72	6.1	5.91
可乐	100	43	0.1	0	10.8	0	0	0	0	0	3	0	0.01
薯片	100	615	4	48.4	41.9	8	0.09	0.05	0	5.22	11	1.2	1.42

资料来源：杨月欣. 中国食物成分表（第一册）[M]. 2版. 北京：北京大学医学出版社，2009.
杨月欣. 中国食物成分表（第二册）[M]. 北京：北京大学医学出版社，2004.

需要注意的是，食物成分表是以每 100 g 食物的可食部为基础进行计算的，那么在计算营养素的时候要乘以食物原料可食部的比例。例如，上述案例中 150 g 鸡腿，如果是指 150 g 鸡腿原料，那么在计算营养素时要乘以鸡腿的可食部，即 69%；如果 150 g 全部是鸡腿肉，那么就不必再乘以可食部的比例。

按照这个原则，上述案例中膳食营养素的计算结果如表 8-5。

▶ 表 8-5　食物膳食营养素计算（生重）

食物组成	能量（kcal）	蛋白质（g）	脂肪（g）	糖（g）	维生素 A（μgRE）	硫胺素（mg）
大米	399.05	8.51	0.92	89.585	0	0.126 5
面粉	802.7	25.76	3.45	169.28	0	0.644
粉丝	169	0.4	0.1	41.85	0	0.015
土豆	72.38	1.88	0.188	16.168	4.7	0.075 2
白菜	15.66	1.305	0.087	2.784	17.4	0.034 8
包菜	25.8	1.612 5	0.215	4.945	12.9	0.032 25
菠菜	37.38	3.471	0.400 5	6.007 5	650.145	0.053 4
青菜	2.754	0.243	0.048 6	0.437 4	45.36	0.003 24
紫菜	125	13.35	0.55	22.05	114	0.135
西瓜	36.4	0.84	0.14	8.12	105	0.028
鸡腿	187.335	16.56	13.455	0	45.54	0.020 7
牛肉	61.875	9.850 5	2.079	0.99	3.465	0.019 8
猪肉	177.75	5.94	16.65	1.08	8.1	0.099
鸡蛋	63.36	5.852	3.872	1.232	102.96	0.048 4
酸奶	144	5	5.4	18.6	52	0.06
葵花子	81.25	2.938	6.864	2.249	0.65	0.055 9
可乐	215	0.5	0	54	0	0
薯片	430.5	2.8	33.88	29.33	5.6	0.063
合计	3 047.194	106.812	88.299 1	468.707 9	1 167.82	1.514 19

续表

食物组成	核黄素（mg）	维生素C（mg）	维生素E（mg）	钙（mg）	铁（mg）	锌（mg）
大米	0.057 5	0	0.529	14.95	2.645	1.955
面粉	0.184	0	4.14	71.3	8.05	3.772
粉丝	0.01	0	0	15.5	3.2	0.135
土豆	0.037 6	25.38	0.319 6	7.52	0.752	0.347 8
白菜	0.043 5	26.97	0.661 2	43.5	0.609	0.330 6
包菜	0.032 25	43	0.537 5	52.675	0.645	0.268 75
菠菜	0.146 85	42.72	2.322 9	88.11	3.871 5	1.134 75
青菜	0.014 58	4.536	0.113 4	14.58	0.307 8	0.082 62
紫菜	0.51	1	0.91	132	27.45	1.235
西瓜	0.042	8.4	0.14	11.2	0.42	0.14
鸡腿	0.144 9	0	0.031 05	6.21	1.552 5	1.159 2
牛肉	0.069 3	0	0.321 75	11.385	1.633 5	2.341 35
猪肉	0.072	0	0.157 5	2.7	0.72	0.927
鸡蛋	0.118 8	0	0.809 6	24.64	0.88	0.484
酸奶	0.3	2	0.24	236	0.8	1.06
葵花子	0.033 8	0	3.439 8	9.36	0.793	0.768 3
可乐	0	0	0	15	0	0.05
薯片	0.035	0	3.654	7.7	0.84	0.994
合计	1.852 08	154.006	18.327 3	764.33	55.169 3	17.185 37

把表 8-5 中营养素的摄入量和 DRIs 进行比较，见表 8-6。

▶ 表 8-6 食物营养组成与 DRIs 比较

营养素	DRIs	实际摄入量
能量（kcal）	2 600	3 047.194
蛋白质（g）	60	106.812
脂肪（g）	20%~30%（总热量百分比）	88.299 1
糖（g）	55%~65%（总热量百分比）	468.707 9
维生素 A（μgRE）	800	1167.82
硫胺素（mg）	1.4	1.514 19
核黄素（mg）	1.4	1.852 08
维生素 C（mg）	100	154.006
维生素 E（mg）	14	18.327 3
钙（mg）	800	764.33
铁（mg）	12	55.169 3
锌（mg）	12.5	17.185 37

在 DRIs 中，脂肪和糖是以能量百分比的形式确立的，对此可按照 1 g 脂肪 9.3 kcal 和 1 g 糖 4.1 kcal 的食物热价进行折算。

脂肪占：(88.229 1×9.3)/3 047.194 = 26.08%

糖占：(468.707 9×4.1)/3 047.194 = 63.06%

按照脂肪占总能量的 20%~30%，糖类占 55%~65% 的标准，脂肪和糖的摄入比例是合适的，但由于总能量超标，所以脂肪和糖实际上也均超标。除钙摄入略有不足外，其他各类营养素的摄入量均超过标准，从而反映了该同学整体的食物摄入量较大。

通过以上计算，可以比较准确地了解各种营养素的摄入情况，但是由于计算过程烦琐，所以这一过程通常由专业营养师利用营养软件进行计算。

第二节 人体测量

人体测量的结果是评价运动员群体或个体营养状况的重要指标，常采用身高、体重、腰围、身体质量指数等数据。

一、身高和体重

"身体形态与营养素不足或过剩"知识点精讲

（一）身高和体重的测量

身高的测量一般用身高坐高计。测试时赤足，脚跟并拢，脚尖分开约 60°，以立正姿势背靠垂直的墙壁或立柱站好，要求上肢自然下垂，躯干挺直，头部摆正，双眼平视前方，缓慢移动身高计上的滑板至头顶时，即为身高，一般单位用米，精确到 0.005 m（5 mm）。

体重一般用体重计进行测量。在测试体重时，要求被测者空腹、赤足，只穿轻薄贴身的衣服，轻轻站立在台秤上，读数，一般单位用 kg，精确到 0.1 kg。在进行体重评价时需要注意，如果体重处于较高水平，也不能据此判断为营养状况优良，因为很有可能存在超重或者肥胖的可能性。

（二）评价方法

1. 体格营养指数

根据身高和体重计算出体格营养指数，来评价体格营养状况。

（1）Kaup 指数

Kaup 指数 = [体重（kg）÷ 身高^2（cm）] × 10^4，适用于学龄前儿童。

评价标准：Kaup 指数 < 10：消耗性疾病；10~13：营养不良；13~15：消瘦，15~19：正常，19~22：良好，> 22：肥胖。

（2）Rohrer 指数

Rohrer 指数 = [体重（kg）÷ 身高^3（cm）] × 10^7，适用于学龄期儿童。

评价标准：Rohrer 指数 < 92：过度消瘦；92~109：消瘦，109~139：中等，140~156：肥胖，> 156：过度肥胖。

2. 身体质量指数（Body Mass Index，BMI）

$$BMI = 体重（kg）/ 身高^2（m^2）$$

对于成年人，18.5 以下为体重过轻；18.5~23.9 为正常体重；24~27.9 为超重；28 及以上为肥胖。儿童依据性别和年龄有不一样的判定标准，具体见表 8-7。

▶ 表 8-7　6~17 岁 BMI 的体重诊断标准

性别	年龄（岁）	消瘦	正常	超重	肥胖
男	6~	≤ 13.4	13.5~16.7	16.8~18.4	≥ 18.5
	7~	≤ 13.9	14.0~17.3	17.4~19.1	≥ 19.2
	8~	≤ 14.0	14.1~18.0	18.1~20.2	≥ 20.3
	9~	≤ 14.1	14.2~18.8	18.9~21.3	≥ 21.4
	10~	≤ 14.4	14.5~19.5	19.6~22.4	≥ 22.5
	11~	≤ 14.9	15.0~20.2	20.3~23.5	≥ 23.6
	12~	≤ 15.4	15.5~20.9	21.0~24.6	≥ 24.7
	13~	≤ 15.9	16.0~21.8	21.9~25.6	≥ 25.7
	14~	≤ 16.4	16.5~22.5	22.6~26.3	≥ 26.4
	15~	≤ 16.9	17.0~23.0	23.1~26.8	≥ 26.9
	16~	≤ 17.3	17.4~23.4	23.5~27.3	≥ 27.4
	17~	≤ 17.7	17.8~23.7	23.8~27.7	≥ 27.8
女	6~	≤ 13.1	12.2~16.9	17.0~19.1	≥ 19.2
	7~	≤ 13.4	13.5~17.1	17.2~18.8	≥ 18.9
	8~	≤ 13.6	13.7~18.0	18.1~19.8	≥ 19.9
	9~	≤ 13.8	13.9~18.9	19.0~20.9	≥ 21.0
	10~	≤ 14.0	14.1~19.9	20.0~22.0	≥ 22.1
	11~	≤ 14.3	14.4~21.0	21.1~23.3	≥ 23.3
	12~	≤ 14.7	14.8~21.8	21.9~24.4	≥ 24.5
	13~	≤ 15.3	15.4~22.5	22.6~25.5	≥ 25.6
	14~	≤ 16.0	16.1~22.9	23~26.2	≥ 26.3
	15~	≤ 16.6	16.7~23.3	23.4~26.8	≥ 26.9
	16~	≤ 17.0	17.1~23.6	23.7~27.3	≥ 27.4
	17~	≤ 17.2	17.3~23.7	23.8~27.6	≥ 27.7

资料来源：学生健康检查技术规范（GB/T 26343-2010）

用 BMI 来评价肥胖程度主要适合一般人群，并不适用于运动员。如某举重运动员虽然 BMI 到达 29，但由于其肌肉含量很高，所以仍然不能算作肥胖。

二、腰围和腰臀比

膳食营养不均衡导致的超重肥胖有时不一定能够体现在体重和 BMI 上。很多中国人容易在体重和 BMI 正常的情况下出现腹型肥胖，所以腰围和腰臀比（Waist-hip ratio，WHR）也是很重要的评价指标。

（一）腰围和臀围的测量及腰臀比的计算

腰围和臀围用没有弹性的软尺进行测量。

测量腰围时，被测者站立，双脚分开 30 cm 左右，测量时将软尺放在脐上 0.5~1.0 cm 处（精确的位置为右侧腋中线胯骨上缘与第 12 肋连线的中点），水平绕腰一圈，这个位置通常也是腰围最窄的部位；但是对于肥胖的人来说，测量时要围绕腰部最粗的部位水平绕一周进行测量。皮尺要紧贴皮肤而不要产生压迫，在正常呼吸的呼气末进行测量，测量精确到 0.1 cm。

测量臀围时，被测者两腿并拢直立，两臂自然下垂，皮尺水平围绕臀部最粗的一圈（精确的位置是耻骨联合和背后臀大肌最凸处）进行测量。

腰臀比是腰围和臀围的比例，为腰围（W）/臀围（H），即：

$$WHR = W/H$$

（二）评价方法

正常男性的腰围应该在 85 cm 以下，腰臀比在 0.9 以下；正常女性的腰围应该在 80 cm 以下，腰臀比在 0.85 以下。

结合中国人的肥胖状况，可以联合应用 BMI 和腰围来反映身体的肥胖程度，见表 8-8。

▶ 表 8-8 联合应用 BMI 和腰围判断身体肥胖程度的标准

分类	BMI（kg/m²）	腰围（cm）	
		男	女
体重过低	< 18.5	—	—

续表

分类	BMI（kg/m²）	腰围（cm）	
		男	女
体重正常	18.5~23.9	< 85.0	< 80.0
超重	24.0~27.9	85.0~94.9	80.0~89.9
肥胖	≥ 28	≥ 95	≥ 90

资料来源：中国肥胖问题工作组数据汇总分析协作组. 我国成人体重指数和腰围对相关疾病危险因素异常的预测价值：适宜体重指数和腰围切点的研究 [J]. 中华流行病学杂志，2002，23（1）：5-10.

例如，某女身高 1.62 m，体重 62.4 kg，腰围 83 cm，其 BMI 为 23.8，虽然体重在正常范围内，但是因为其腰围超标，所以和肥胖相关疾病（如高血压、糖尿病、高血脂等）的发病风险仍然会增加。

第三节　营养状况的生化评定

人体营养状况的生化评定是在膳食营养调查和体格检查的基础上，进行实验室营养化指标的检测，了解膳食营养是否满足运动员身体健康和运动训练的需要，为改善膳食提供依据。营养状况的生化评定是通过测定人体体液（血液、尿液或汗液）或其他成分（如头发）中所含有的营养素、营养素代谢物或其他化学成分的含量，以评价膳食中的营养素水平、吸收、利用与储存情况，从而评价人体的营养水平和机能状态。

一、蛋白质营养的生化评定

运动过程中蛋白质分解代谢增强，同时运动后蛋白质合成能力也增强，因此运动员对蛋白质的营养需求相应增加。运动员因训练负荷增加、能量或蛋白质摄取减少、消化机能下降等因素，可能会引起蛋白质营养不良，表现为肌肉蛋白质减少，血浆蛋白水平降低，加快运动性疲劳的发生。一般可以通过血清蛋白含量、血尿素的含量来进行评价。

血清中白蛋白、前白蛋白和球蛋白可以反映蛋白质的营养水平，这三种蛋白质均在肝脏合成，当血液中浓度降低时，可以认为是脏器蛋白缺乏和生物合成减少的缘故。其中白蛋白是血浆中最多的蛋白质，正常男性含量为 42±3.5 g/L，女性为 38±4 g/L。血浆白蛋白下降会引起血浆渗透压下降，是因营养不良而引起浮肿的原因之一。但当运动员血浆中的白蛋白含量下降时，能源物质和固醇类激素的运输受影响，从而影响运动能力。白蛋白的生物半衰期比较长（20 d），早期缺乏时不易测出，主要用于群体蛋白质营养状况调查，是反映蛋白质总体状态的一个良好指标。而前白蛋白可参与集体维生素 A 和甲状腺素的转运及调节，其半衰期为 1.9 d，它的转化速率快，能及时地反映蛋白质的营养状况，对运动员在不同训练期蛋白质营养的生化监控更为灵敏。因此，血浆白蛋白和前白蛋白可作为蛋白质营养的评价指标，它们的评价标准见表 8-9。

▶ 表 8-9 白蛋白和前白蛋白的评价标准

状况	白蛋白（g/L）	前白蛋白（mg/L）
正常	35~55	157~296
轻度缺乏	28~34	100~150
中度缺乏	21~27	50~100
严重缺乏	<21	<50

资料来源：史仍飞，袁海平. 运动营养学 [M]. 北京：北京体育大学出版社，2015.

二、脂类营养的生化评定

血脂是评价脂类营养状况的生化指标，主要包括甘油三酯、胆固醇和脂蛋白等，其正常参考值见表 8-10，当血清总甘油三酯、总胆固醇和低密度脂蛋白胆固醇含量显著升高，血清高密度脂蛋白胆固醇含量降低时，说明机体有高脂血症，容易导致动脉粥样硬化的发生。

▶ 表 8-10 血脂的正常参考值

生化指标	正常范围
血清总甘油三酯（mmol/L）	0.56~1.7
血清总胆固醇（mmol/L）	2.84~5.68

续表

生化指标	正常范围
血清高密度脂蛋白胆固醇（mmol/L）	1.14~1.76（男），1.22~1.91（女）
血清低密度脂蛋白胆固醇（mmol/L）	2.07~3.12
血清极低密度脂蛋白胆固醇（mmol/L）	< 0.78
血清载脂蛋白 AI（g/L）	0.96~1.76（男），1.03~2.03（女）
血清载脂蛋白 B（g/L）	0.43~1.28（男），0.42~1.12（女）
载脂蛋白 AI/载脂蛋白 B	1.0~2.5

三、铁营养的生化评定

铁是人体必需的微量元素，人体内铁绝大部分与蛋白质结合而存在，正常成年男子体内含铁量为 3~5 g，女子体内铁含量稍低于男子。运动能增强铁代谢，易发生铁的丢失和吸收下降，引起铁储备下降。当运动员铁缺乏时，血红蛋白合成减少，有氧代谢能力下降，易产生疲劳和免疫功能下降。因此，经常监测和评定运动员的铁代谢状况，对于保护运动员的身体健康和提高运动能力均有重要意义。目前常采用测定血红蛋白、血清铁、转铁蛋白、铁蛋白和血清转铁蛋白饱和度等指标评价铁代谢的状况（表 8-11）。

▶ 表 8-11　铁营养状况的评价指标及标准

指标	正常值	储铁减少期	储铁耗竭期	缺铁性贫血期
血清铁（μmol/L）	11.6~31.3（男） 9.0~30.4（女）	低于正常值低限		
血清铁蛋白（μg/L）	12~300	< 12	< 12	< 12
转铁蛋白饱和度（%）	35	30	< 16	< 16
Hb（g/L）	> 130	> 130	> 130	< 130
WHO 标准	> 120	> 120	> 120	< 120

资料来源：乔德才等. 运动人体科学研究进展与应用［M］. 北京：人民体育出版社，2008.

其中，血清铁蛋白是反映体内铁储备最敏感的指标之一，一般缺铁时，血清铁蛋白降低，也反映了蛋白质的营养水平。当运动员血清铁蛋白＜60 μg/L时，表示体内可能缺铁；当血清铁蛋白＜40 μg/L时，表示体内储存铁缺乏；当血清铁蛋白＜20 μg/L时，表示体内肯定缺铁，并常伴随骨髓铁不足。

四、能量代谢的营养生化评定

运动时骨骼肌的能量代谢增强，对能源物质的需求增加，能量消耗可达到安静时的2~3倍甚至上百倍。能量代谢的评定能够反映运动员能源物质的储备情况，也能反映其运动水平和骨骼肌的机能状态。反映能量代谢的营养指标主要有血糖、血尿素、尿酮体、尿肌酐等。

（一）血糖

血糖是血液中的葡萄糖，运动员血糖的正常范围与正常健康人相同，为3.89~6.11 mmol/L，血糖的变化可以反映体内糖代谢的状况，正常肌糖原储量的肌肉工作时，肌内燃料充足，对血糖的依赖性较低；而在低糖原储量的肌肉中，运动时对血糖的依赖性较高。一般在长时间亚极量强度运动时，血糖参与供能的比例随着运动时间的延长而增加。当血糖摄取速度大于肝糖原分解速度时，会引起血糖水平下降。由此诱发的运动性低血糖会严重影响以糖为主要燃料的脑细胞的功能，造成中枢疲劳和运动能力下降。因此，运动训练期间，血糖常用于反映训练期间运动员体能、糖的补充以及机体糖原储备的状况。

（二）血尿素

尿素是蛋白质代谢的产物，也是评价运动负荷的敏感指标。一般情况下，当膳食蛋白质增加时，尿素排泄量也增加，运动训练也会使蛋白质代谢增强，所以运动员的血尿素水平略高于普通人。在运动情况下，血尿素的变化主要与运动负荷有关。长时间大强度运动时，特别是在糖储备不足的情况下运动，蛋白质和氨基酸分解代谢增强，血尿素水平增加，且训练负荷越大，血尿素也越高，恢复也越慢。当运动员训练后次日晨血尿素持续处于较高水平时，有可能是对训练不适应，出现过度疲劳。因此，血尿素可以作为运动员机能和营养监控的重要指标。

（三）血肌酸和尿肌酸

运动员服用肌酸可以增加肌肉力量，使短时间、大强度、重复性和间歇性的运动做功量增加，完成目标的速度加快，运动后的血乳酸降低。

血肌酸和尿肌酸含量是服用肌酸期间的营养监控指标。口服肌酸后，血液中肌酸含量显著提高。当补充过多肌酸时，多余的肌酸就会从尿液中排出。有研究报道，服用肌酸的受试者血清肌酸含量在 10~100 μmol/L 之间；而非肌酸组在 70~80 μmol/L，运动前后变化不大；尿肌酸在肌酸组为 3~5 μmol/L，非肌酸组仅在 0.2 μmol/L 左右。因此，血肌酸和尿肌酸反映机体对肌酸的吸收和排泄的状况。

（四）尿酮体

尿中酮体含量甚微，一般难以检出。当体内在缺氧或糖原被大量消耗的情况下，脂肪酸动员加强，则酮体生成增加，可代替血糖提供能源供人体所需。当酮体生成超过组织所能利用时，在尿中会出现酮体。因此，测定尿酮体，可以了解糖原消耗情况和脂肪供能能力的大小，这对了解运动员能量物质代谢特别是脂肪代谢情况以及训练程度都有帮助。

五、维生素营养的生化评定

维生素是人体维持正常生理功能的一类物质，包括脂溶性维生素（维生素 A、维生素 D、维生素 E、维生素 K）和水溶性维生素（B 族维生素、维生素 C、叶酸及生物素等）。运动员的维生素供给量必须充足，才能保持良好的运动能力。

（一）维生素 A

维生素 A 对维持正常的视觉功能、上皮的正常生长与分化及机体的免疫功能有重要作用，对要求视力集中的项目如射击、乒乓球、击剑等项目的运动员，维生素 A 不足会影响运动能力。

维生素 A 营养状况的评定见表 8-12。由于维生素 A 缺乏患者暗适应能力下降。现场调查时可采用暗适应计测定，暗适应时间一般在 30 s 以下。

▶ 表 8-12 血清维生素 A 的评价标准

	血清维生素 A 含量	
正常	20~50 μg/dL	0.70~1.75 μmol/L
边缘缺乏	10~20 μg/dL	0.35~0.70 μmol/L
缺乏	< 10 μg/dL	< 0.35 μmol/L

资料来源：葛可佑. 中国营养科学全书（下册）[M]. 北京：人民卫生出版社，2004.

（二）维生素 B_1

维生素 B_1 与机体的能量代谢有密切关系，它们的需要量与机体热能总摄入量成正比。维生素 B_1 充足时，有利于运动时糖的有氧氧化，提高耐力。近年来的营养调查发现，运动员维生素 B_1 营养状况处于低水平较为普遍，已引起重视。

硫胺素营养状况的评价方法常用负荷试验，即以口服 5 mg（少年运动员减半）维生素 B_1 后，4 h 内从尿中排出维生素 B_1：> 200 μg 者为正常，100~200 μg 者为不足，< 100 μg 为缺乏。

（三）维生素 B_2

维生素 B_2 以黄素辅酶形式参与多种物质的氧化还原反应，也是呼吸酶的辅酶，缺乏维生素 B_2 时，运动员的有氧供能明显受影响，导致机体耐力下降，表现为全身疲倦、乏力，眼睛瘙痒继而出现口角炎、阴囊炎等，补充核黄素后可以缓解。

维生素 B_2 的营养状况一般可用 24 h 尿和负荷尿（口服核黄素 5 mg，收集 4 小时尿）中核黄素的实际排出量来评价（表 8-13）。

▶ 表 8-13 维生素 B_2 营养状况评价标准

评价指标	充足	正常	不足	严重缺乏
24 h 尿中核黄素（μg/d）	> 400	120~400	< 120	< 40
尿中核黄素（μg/g 肌酐）	> 270	80~270	< 80	< 27
4 h 负荷尿中核黄素（μg）	> 1 300	800~1 300	< 800	< 400

资料来源：乔德才等. 运动人体科学研究进展与应用[M]. 北京：人民体育出版社，2008.

(四）维生素 C

维生素 C 在机体中具有许多重要的功能，可作为酶的辅助因子参与多种物质的生物合成，是体内重要的抗氧化剂，能促进铁的吸收等。运动员膳食营养调查结果发现，运动员中存在维生素 C 的摄入不足。

机体维生素 C 在饱和状况下，血浆维生素 C 浓度可达 10~14 mg/L。但是，此指标只能显示近期摄入情况，不能反映机体储备水平。白细胞维生素 C 是反映体内维生素 C 储存的良好指标。

另外，还可以用负荷试验检测运动员体内维生素 C 的营养水平，即让运动员口服 500 mg 维生素 C 后收集 4 h 尿液，测定其中维生素 C 含量，进行评价（表 8-14）。

▶ 表 8-14 维生素 C 营养状况生化评价指标及标准

评价指标	饱和	正常	不足	严重缺乏
血浆维生素 C（mg/L）	10~14	>5	4~5	<4
白细胞维生素 C（μmol/L）	1 140~1 700	>114		
24 h 尿中维生素 C（mg/d）	>40	>25	10~25	<10
4 h 尿负荷（mg）		>10	3~10	<3

资料来源：乔德才等. 运动人体科学研究进展与应用 [M]. 北京：人民体育出版社，2008.

（五）维生素 E

在运动员的维生素营养中，由于维生素 E 是重要的抗氧化剂，对维持骨骼肌、心肌、平滑肌及外周血管系统的结构和功能十分重要，对加速运动后恢复和提高运动能力都有良好的效果。因此，有人建议运动员每日服用 1 mg/kg 体重维生素 E。

在有条件的运动队或运动员中，必要时可进行维生素 E 的监测。正常时血清维生素 E 应大于 17 μmol/L，在 12~17 μmol/L 之间为不足，< 12 μmol/L 为缺乏。在口服肌酸时，维生素 E 可以促进肌酸的吸收，尿中肌酸和肌酸酐（肌酸脱水产物）减少。

六、矿物质营养的生化评定

（一）血清钙

钙是构成骨组织的重要成分，血清钙浓度保持恒定，对维持肌肉正常的收缩与舒张活动以及神经的兴奋性有重要作用。一般来说，血清总钙浓度低于 2.25 mmol/L，血清游离钙离子浓度低于 1.1~1.2 mmol/L 时为缺乏。血清钙、磷（mg/dl）乘积 < 40 或血清碱性磷酸酶活性增高为钙缺乏。

（二）血清锌

锌是人体必需的一种微量元素，人体的含锌量为 1.4~2.3 g，在肌肉中占 50% 以上，对肌肉的生长发育十分重要。另外，肌肉中的乳酸脱氢酶、过氧化物歧化酶等活性也和锌有关。因此，在运动训练中适量补充锌可以提高肌肉力量。血清锌正常范围为 7.65~22.95 mol/L，如果运动员血清锌 < 13.77 mol/L 为低水平，如果 < 11.48 mol/L 为缺锌。

第四节 营养缺乏的临床评价

营养缺乏是由于机体内长期缺乏某一种或数种营养素引起的一系列临床症状，而临床检查是运用感官或借助于传统的检查手段了解运动员的营养状况以及健康水平的常见方法，目的是观察和检查运动员是否有与营养缺乏有关的症状、体征等，从而做出营养正常或缺乏的临床诊断。

一、常见营养缺乏的临床体征

常见的临床缺乏病主要有能量-蛋白质营养不良、干眼症（维生素 A 缺乏）、佝偻病（维生素 D 缺乏）、脚气病（维生素 B_1 缺乏）、癞皮病（烟酸缺乏）、坏血病（维生素 C 缺乏）、贫血（铁缺乏）、地方性甲状腺肿（碘缺乏）。

知识拓展

常见营养缺乏的临床症状和体征

常见营养缺乏的临床症状和体征见表 8-15，症状、体征与营养素缺乏之间的关系见表 8-16。

▶ 表 8-15 常见营养素缺乏的临床症状和体征

营养缺乏	临床体征
蛋白质 – 能量营养不良	皮下脂肪减少或消失、体重降低、颧骨凸起、浮肿
维生素 A 缺乏	结膜、角膜干燥，夜盲，皮肤干燥，毛囊角化
维生素 B_1 缺乏	外周神经炎、皮肤感觉异常或迟钝、体弱、疲倦、失眠、心动过速，甚至出现心衰、水肿
维生素 B_2 缺乏	口腔 – 生殖系统综合征：口角炎、唇炎、舌炎、口腔黏膜溃疡、脂溢性皮炎、阴囊炎及会阴炎
烟酸缺乏	皮炎、舌炎、舌裂、胃肠症状、失眠、头痛、精神不集中、肌肉震颤、三 D 症状（皮炎、腹泻、痴呆）
维生素 C 缺乏	齿龈炎、齿龈肿痛出血、全身点状出血、黏膜出血，重者皮下、肌肉和关节出血
维生素 D 缺乏	骨质软化、骨痛、肌无力和骨压痛、骨质疏松
碘缺乏	甲状腺增生肥大
锌缺乏	生长延迟、食欲不振、皮肤创伤不易愈合、性成熟延迟、第二性征发育障碍、性功能减退、精子产生减少
硒缺乏	心脏扩大、急性心源性休克及严重心律失常

资料来源：王琳，方子龙. 运动膳食与营养 [M]. 北京：北京体育大学出版社，2016.

▶ 表 8-16 症状、体征与营养素缺乏的关系

部位	症状、体征	营养素缺乏
全身	体重过轻	能量、蛋白质、钙、磷、维生素
	食欲不振、易疲倦	维生素 B_1、维生素 B_2、维生素 C、烟酸
	膝反射亢进或消失	维生素 B_1
	下肢浮肿	蛋白质、维生素 B_1
头发	缺少光泽、少、易脱发	能量、蛋白质
脸	面色苍白、缺油脂	铁
	满月脸	蛋白质

续表

部位	症状、体征	营养素缺乏
眼	结膜苍白	铁
	毕脱氏斑、结膜干燥、角膜软化畏光、睑缘炎、角膜血管新生、角膜周围充血	维生素 A、维生素 B_2
唇	唇炎、口角炎、瘢痕	维生素 B_2
舌	猩红、赤裸露肉	烟酸
	慢性舌炎	维生素 B_2
牙龈	肿胀、海绵状出血	维生素 C
腺体	甲状腺、腮腺肿大	碘、能量
皮肤	干燥、毛囊角化过度、粉刺	维生素 A、维生素 B_2
	瘀点、瘀斑、糙皮性皮炎	维生素 C、烟酸
	阴囊炎	维生素 B_2
指甲	凹型甲、匙状甲	铁
皮下组织	水肿、皮下脂肪减少	蛋白质、能量
肌肉、骨	肌肉萎缩、颅骨软化、骨骺增大、前囟门持久不闭合、弯腿、串珠肋	蛋白质、能量、维生素 D
肝脏	肿大	蛋白质、能量
神经系统	多发性神经炎、活动减弱	B 族维生素
心脏	肥大、心动过速	维生素 B_1

资料来源：王琳，方子龙. 运动膳食与营养［M］. 北京：北京体育大学出版社，2016.

二、运动员营养缺乏

（一）运动员营养缺乏的特点

（1）营养缺乏（营养不足），以亚临床表现为主。

（2）多见于高强度大运动量训练和比赛期，因生理负荷和应激增加所致。

（3）最常见的是某些维生素（B 族维生素和维生素 A）和矿物质（铁和钙）缺乏。

（4）由于运动时大量出汗，容易造成水和电解质不足或缺乏。
（5）由于蛋白质和脂肪摄入量过多，造成糖摄入相对不足。

（二）运动员营养缺乏的早期表现

由于运动员中多见的是营养摄入不足或边缘缺乏状态，很少见到严重的营养缺乏症，因此应警惕营养缺乏的早期表现。在发现有下列症状而又找不到其他原因时，应考虑某些营养素缺乏（表 8-17）。

▶ 表 8-17　常见各种营养素缺乏的早期表现

缺乏的营养素	早期表现
维生素 A	生理盲点扩大、暗适应能力降低
维生素 D	腰背部和腿部不定位疼痛，时好时坏，通常活动时加重
维生素 B_1	下肢软弱无力、沉重感、体重下降、消化不良和便秘，可伴有头痛、失眠、易怒和健忘等
维生素 B_2	疲倦、乏力、口腔疼痛、眼睛瘙痒、烧灼感
烟酸	食欲不振、失眠、头痛、体重减轻、记忆力减退
维生素 C	轻度疲劳、皮肤小瘀点、瘀斑
铁	工作能力明显下降，包括运动能力下降，行为、智力和认知功能受损
钙	腿容易抽筋、运动能力下降
水和矿物质	轻中度脱水症状：运动能力下降、尿量减少、口渴、心率加快、体温升高、感觉疲劳、血压可能下降

资料来源：王琳，方子龙. 运动膳食与营养 [M]. 北京：北京体育大学出版社，2016.

第五节　食品安全与运动

食品安全与人类的健康密切相关，运动员的食品安全不仅与自身健康有关，而且影响到训练水平以及比赛成绩，尤其与杜绝食源性兴奋剂事件有着密切的关系。

一、食品安全

"食品安全"
知识点精讲

食品是人类生存和发展的基本物质基础，随着人类物质文明和精神文明的发展，食品也蕴含了人类的进步与文明。所谓食品是指各种供人食用或者饮用的成品和原料，以及按照传统既是食品又是药品的物品，但是不包括以治疗为目的的物品。在现代社会，各种化工技术、生物技术和基因工程技术运用到食品生产中，"仿生食品""细菌食品""转基因食品""保健食品""无公害食品""绿色食品""有机食品"等各种融合现代科技和人类健康需求的食品使人眼花缭乱，这些食品在带来食品多样化、营养多元化和口味丰富化的同时，也给人类带来了安全性的担忧。

我国在1995年《中华人民共和国食品卫生法》第六条确定了食品的基本要求："食品应当无毒、无害，符合应当有的营养要求，具有相应的色、香、味等感官性状。""食品应当无毒、无害"就是基于食品的安全性考虑。所谓食品安全（food safety）是指食品本身对消费者的安全性，即食品中不应含有有毒有害物质，人或动物摄食后不会对机体健康造成直接或间接的不良影响。因此，食品（食物）的种植、养殖、加工、包装、贮藏、运输、销售、消费等活动必须符合国家强制标准和要求，不能存在可能损害或威胁人体健康的有毒有害物质。

（一）食品安全的危害因素

食品安全的危害因素包括生物性、化学性和物理性三大类。

1. 生物性因素

污染食品的微生物、寄生虫及虫卵都可引起人类食源性疾病，如沙门菌属、大肠埃希菌、蛔虫、绦虫等。一些有毒动物、植物及其毒素，如河豚、果仁、豆角等也可以引起食物中毒。

2. 化学性因素

化学性因素主要指食物上残留的农药、抗生素等；不符合卫生要求的食物包装材料及添加剂；有害的化学物质（重金属等）、加工过程中产生的有害化学物质（油脂聚合物、多环芳烃类和亚硝酸盐等）。

3. 放射性因素

放射性物质主要来源于放射性物质的开采、冶炼、国防以及放射性核素在生产活动和科学实验中使用时其废物的不合理排放及意外性泄漏，通过食物链中的各个环节污染食物。其中半衰期较长的放射性核素 ^{131}碘、^{90}锶、^{89}锶、^{137}铯是可能污染食品的放射性物质。

（二）影响食品安全的途径

1. 食品固有

一方面，自然界中的动植物中，有的天然成分就包含有毒、有害的物质，如河豚含河豚毒素，有些贝类含有神经毒素等；另一方面，由于畜禽自身存在感染，使其肉制品携带病原体，如患有疯牛病、炭疽的牛肉，患有结核、布氏杆菌病的奶牛生产的奶等。

2. 食品污染

食品污染（food contamination）是指人们摄入的各种食品在生产、加工、包装、贮存、运输、销售等环节中被有毒有害物质污染。食品污染可根据其性质分为三类。食品的生物性污染是指食品被有害的细菌、病毒、寄生虫和真菌污染。食品的化学性污染来源复杂，种类繁多，主要包括农药、兽药、饲料添加剂的滥用，含有铅、镉、汞、砷等有害物质的"工业三废"污染，烘烤、熏制、腌制、腊制及高温烹调不当等产生的亚硝胺、多环芳烃、杂环类、丙烯酰胺等有毒致癌物，加工食品的机械、食品包装材料等造成的污染。食品放射性污染主要是食品吸收或吸附了外来的放射性核素。

3. 食品变质

食品变质是指食品在正常、自然状况下，某些成分发生了一定变化，对人体带来一定的健康危害。如油脂酸败引起的食物中毒等。

4. 人工添加

人工添加一方面是为了改善食品品质、色、香、味以及防腐和加工工艺的需要而加入食品添加剂；另一方面是为了牟取暴利，利欲熏心的不法之徒人为恶意掺杂使假、制假、售假的恶性事件时有发生，社会影响恶劣。再者，错加错用、投毒、误食造成的食品安全问题往往会酿成十分严重的后果，如将亚硝酸盐当作食盐使用等。

5. 非法生产经营

非法生产经营主要是中小城市、乡镇以及农村的一些无照企业、个体商贩及家庭式作坊，具有规模小、隐蔽性强、分散、流动、经营方式灵活等特点，往往躲避卫生监管，未经卫生行政部门许可。由于大多生产条件简陋，难以达到食品生产经营的卫生要求，是造成食品安全问题的重要隐患和源头。

6. 食品新原料、新工艺的应用

转基因食品、益生菌和酶制剂等食品新原料、新工艺的应用带来了新的食品安全问题。随着科学技术的不断发展，检测水平的不断提高，对食品中的有害因素会有新的认识，同时，新的食品安全问题也会不断出现。

二、食品安全在体育运动中的重要性

为了维护体育界公正公平的原则，运动员在比赛期间和训练期间，任何地方、任何时候都有可能被选中接受兴奋剂检查。世界反兴奋剂机构有严格规定，一旦在运动员的检查中发现有违禁物质的样本，经检测报告呈阳性，这些队员将受到惩罚。

运动员是以专业竞技为职业的特殊群体，他们在运动方面的好成绩，除依靠专业的锻炼和训练外，更需要从食物上补充营养，来提高他们的身体体能。因此，根据运动员运动训练的物质要求提供合理的营养膳食，才能保障运动员的体内代谢过程顺利进行，对其维持体力和功能状态、促进运动后的恢复以及预防伤病的发生都具有非常重要的作用。食物必须在确保安全的前提下，才能为运动员迅速补充热量，恢复体力，帮助运动员发挥最佳的训练效果和竞技能力。

食用被污染食物而引起的食物中毒或兴奋剂检测阳性的事件，尤其是含有瘦肉精的食品，像一颗定时炸弹，不仅严重影响运动员的健康，也危害运动员个人的利益以及国家的声誉和形象，给公平竞争的竞技体育也带来极大的威胁。食品安全不但关乎人民的健康问题，在体育运动中，尤其是竞技体育中，食品安全更是重中之重。

三、运动食品中可能存在的违禁成分

"食物中的违禁成分"知识点精讲

2019年兴奋剂目录

食物中的违禁成分是指食品非法添加剂。为严厉打击食品生产经营中违法添加非食用物质、滥用食品添加剂以及饲料、水产养殖中使用违禁药物，国家卫生健康委员会、农业农村部等部门根据风险监测和监督检查中发现的问题，不断地更新非法使用物质的名单。目前，我国已公布151种食品和饲料中非法添加名单，包括47种可能在食品中"违法添加的非食用物质"、22种"易滥用食品添加剂"和82种"禁止在饲料、动物饮用水和畜禽水产养殖过程中使用的药物和物质"的名单。而对于运动员来说，食物中的违禁成分主要指兴奋剂类，即国际反兴奋剂清单中的物质及可能代谢为这些物质的前体物质。

食物中的违禁成分来源很广，主要来源有肉类、水果、运动营养补充剂、功能性饮料，尤其是中药（其成分复杂，很可能含有不明违禁成分）等。

（一）肉类

肉类食品中可能含有的违禁成分常见的是克伦特罗、泽仑诺等蛋白同化类制剂。克伦特罗是一种支气管扩张剂，临床上主要用于治疗慢性阻塞性肺炎以及缓解支气管哮喘急性发作时的支气管痉挛。在使用剂量达到正常治疗量的5到10倍时，还有促进蛋白质合成的作用。在饲料中添加克伦特罗，可使猪、牛、羊等动物快速生长、提高瘦肉率及减少脂肪，因此俗称"瘦肉精"。与瘦肉精不同的是，泽仑诺在人体内十几个小时就会被代谢，所以很容易让运动员掉以轻心。

动物性来源的食品，如牛奶、鸡蛋、蜂蜜等，被检测出兴奋剂主要是因为可能存在多种抗生素。由于，目前在农业饲养和渔业养殖方面为了预防和治疗感染性疾病滥用抗生素，从而导致抗生素会部分残留在动物体内。当人们直接食用其肉类或者副产品时，就会导致抗生素进入人体内，使人体产生抗药性。

（二）水果

水果在自然成熟过程中，自然会释放出少量乙烯使香蕉、柿子、苹果等成熟。为便于水果储藏、运输，将接近成熟期的果品提前采摘，上市销售前用乙烯催熟是常用的方法。此方法催熟所使用的乙烯是微量的，一般不会对人体造成危害，如果为了使水果提前上市卖好价钱，将成熟期较远的青果催熟，则需要大量乙烯，这样的水果吃了后对人体有害。有些反季节水果，如草莓、西瓜等为了使颜色、个头等看起来好看，可能使用了膨大剂、增红剂和催熟剂等化学激素。膨大剂的化学名称叫细胞集动素，属于激素类化学物质。使用膨大剂后的果蔬味道变淡，吃起来口感不好；其次，这类果蔬不便于长时间储藏，更不利于人体健康。目前使用催熟剂、膨大剂等激素来催熟水果是普遍现象，只要使用量适度对人体基本不会造成太大伤害。但对于运动员来说，激素类物质是明令禁止的违禁成分，食用这样的水果就有可能导致药检不合格。

（三）运动营养补充剂

部分运动员为提高训练效果和比赛成绩，往往会使用一些运动营养补充剂，然而很多研究发现某些运动营养补充剂并非是完全安全可靠的。安全的保健食品为人体补充营养物质或者调节机体功能，对人体没有伤害。一些保健食品生产企业为突出产品的功效，违法在保健食品中添加化学药物，如在减肥类产品中非法添加氢氯噻嗪、西布曲明、酚酞等，在抗疲劳产品中非法添

世界反兴奋剂机构（WADA）在营养补充剂中禁止的物质/代谢物/标记物污染的研究资料表

加枸橼酸西地那非、他达那非等；在辅助降血糖产品中非法添加苯乙双胍、格列本脲等，不但对消费者身体健康构成严重威胁，还会导致运动员因为误食产生兴奋剂问题。经过调查研究分析，有一些运动营养补充剂中含有被世界反兴奋剂组织（WADA）禁用的物质。当然这些营养补充剂中的违禁成分有些是无意掺杂的，可能在加工过程中被污染，还有些没有明确标识等。因此，运动员需谨慎使用运动营养补充剂。

（四）功能性饮料

由于咖啡具有强力作用，可以提高耐力能力和运动成绩。因此，在竞技体育中咖啡因属于被严格控制使用的物质。当尿中咖啡因浓度大于 12 μg/mL，即被认定为非法。由于一杯黑咖啡含有 80~180 mg 的咖啡因，要达到尿检被验出过量咖啡因，需要喝 1 000 mL 以上的咖啡，一般很少有运动员会因为喝咖啡被验出阳性，更多的是使用了含大量咖啡因的片剂。另外，功能性饮料，如可乐等饮料也含有大量咖啡因。

（五）药食同源食物

如丁香（香料）、甘草、莲子等药食两用食物，可能含有某些兴奋剂成分。尤其是在一些餐馆食物加工过程中，为了强化食物的风味等，会添加一些香料等，这些调味品中也可能含有兴奋剂成分。

四、运动员食品安全的保障措施

"运动员食品安全的保障措施"知识点精讲

（一）加强运动员食品安全知识的宣传与教育

对运动员加强食品安全知识的宣传与教育，告知运动员食品安全的重要性，告知运动员部分肉制品、食品、营养品、化妆品、减肥产品存在兴奋剂风险。

（二）制定和实施运动员食品安全标准

制定运动员食品安全国家标准，并保证其切实执行，是运动员食品安全监督的重要任务。这些标准的制定依据是运动员食品风险评估结果，并参照相关的国际标准和国际食品风险评估结果，广泛听取运动员和运动员食品生产经营者的意见完成。运动食品生产企业还可制定严于运动食品安全国家标准的企业标准。

（三）加强运动员食品的安全监测

加强对运动食品中的有害物质，特别是禁用物质进行监测的工作。基于 HACCP（Hazard Analysis Critical Control Point）构建的运动员饮食安全体系，能在关键控制点采集、饮食流程控制环节上增强运动员的饮食安全保证。运动员食品安全管理不仅要依赖于建立蔬菜、养殖专供基地，从长远角度来看，还要实施从"从农场到餐桌"的全过程监督。运动员食品安全监测和评价的结果对于及时掌握运动员食品安全动态，及时处理发现的问题，指导运动食品生产经营者有针对性的整改，提高食品安全质量都具有重要的意义。

（四）严格制定运动员的膳食制度

运动员必须对进入自己体内的任何食物负责任，即使不小心误食含有兴奋剂的食品或饮料，也要承担兴奋剂违规的后果。运动员应严格按照要求集中食宿，不在外就餐，不吃来源不明的食物。有意识地调整饮食结构，不吃动物内脏，不吃容易残留兴奋剂的食物，优先选用蔬菜、海鱼、鸡蛋、禽肉和水果。不要上网或在商店随意购买食品，特别是肉制品食用。防止误服误用兴奋剂。运动营养补充剂也必须在医生和教练员的指导下有对针对性的使用。

误服误用兴奋剂案例

案例分析

［案例1］对某耐力项目的运动员进行膳食调查一周，采用称重法记录所摄取的食物，通过生熟比计算得到平均每天的食物量，并归类如下表8-18。

▶ 表8-18 平均每日膳食食物来源及其所含热源营养素、钙、铁含量

营养素		热量食物									
		粮谷类	蔬菜类	豆类	动物性食品类	奶类	蛋类	水果类	纯热量食品	其他	合计
蛋白质	重量（g）	43.4	11.0	2.8	67.4	3.3	15.9	4.9	0.2	2.5	151.0
	百分比（%）	28.7	7.2	1.7	44.4	3.5	10.5	3.3	0.1	1.6	100.0
脂肪	重量（g）	6.2	1.1	1.1	78.1	5.0	11.0	4.0	43.5	0.2	150.2
	百分比（%）	28.7	0.7	0.7	52.0	3.3	7.4	2.7	29.0	0.1	100.0
碳水化合物	重量（g）	374.8	48.8	2.5	5.8	5.5	1.8	67.6	25.4	5.6	538.0
	百分比（%）	69.7	9.1	0.4	1.1	1.0	0.3	12.8	4.7	1.0	100.0

续表

营养素		热量食物									合计
		粮谷类	蔬菜类	豆类	动物性食品类	奶类	蛋类	水果类	纯热量食品	其他	
热量	重量（kcal）	1 728	249.1	31.1	995.7	88.2	173.7	326.0	493.5	32.2	4 117.5
	百分比（%）	42.0	6.0	0.8	24.2	2.1	4.2	7.9	12.0	0.8	100.0
钙	重量（mg）	109.5	174.0	35.6	69.2	183.1	64.6	118.2	8.0	20.7	782.8
	百分比（%）	14.0	22.2	4.5	8.8	23.4	8.2	15.2	1.0	2.6	100.0
铁	重量（mg）	13.6	4.9	0.9	7.4	0.9	2.8	5.4	1.5	2.1	39.5
	百分比（%）	54.4	12.4	2.3	18.8	2.0	7.1	13.7	3.8	5.3	100.0

根据以上材料，请回答以下问题。

（1）试分析该运动员膳食中能量物质以及钙、铁的营养特点。

（2）对该运动员膳食调查的结果提出改善意见。

［案例2］运动员赵某，在某次飞行药检中，被查出兴奋剂阳性。但本人及教练组团队均表示从未有过违规使用兴奋剂的行为。后进一步调查发现，赵某经常违反规定偷偷出去吃羊肉串等夜宵，而他常去的那家小饭店亦被食品安全监督管理部门查出长期违规使用添加了"瘦肉精"的羊肉。至此，真相大白，赵某属于较为典型的"误服"兴奋剂，但仍被处以禁赛一年的处罚。

根据以上材料，请回答以下问题。

（1）既然属于误服含有违禁成分的营养品，为什么涉事运动员必须接受处罚？如何避免此类事故的发生？

（2）运动员日常膳食中还应注意哪些食品可能含有违禁成分？

复习思考题

1. 人体营养状况的评价方法有哪些？
2. 常用的膳食调查方法有哪些？比较各方法的优缺点。
3. 如何通过人体测量的方法评价运动员的营养状况？
4. 运动员营养缺乏的特点有哪些？
5. 人体营养状况生化评定的常用指标有哪些？
6. 何为食品安全？运动员食品安全保障措施有哪些？

扫一扫：本章核心知识点即测即练

主要参考文献

[1] 张蕴琨. 运动营养学 [M]. 2版. 广西：广西师范大学出版社，2014.

[2] 张钧，张蕴琨. 运动营养学 [M]. 2版. 北京：高等教育出版社，2010.

[3] 陈吉棣. 运动营养学 [M]. 北京：北京医科大学出版社，2002.

[4] 史仍飞，袁海平. 运动营养学 [M]. 北京：北京体育大学出版社，2015.

[5] 王广兰，汪学红. 运动营养学 [M]. 武汉：华中科技大学出版社，2017.

[6] 常翠青. 运动与营养 [M]. 北京：新华出版社，2009.

[7] 运动膳食与营养编写组. 运动膳食与营养 [M]. 北京：北京体育大学出版社，2016.

[8] 孙长颢. 营养与食品卫生学 [M]. 7版. 北京：人民卫生出版社，2012.

[9] 孙长颢. 营养与食品卫生学 [M]. 8版. 北京：人民卫生出版社，2017.

[10] 吴坤. 营养与食品卫生学 [M]. 5版. 北京：人民卫生出版社，2006.

[11] 赵士辉，李家祥. 食品安全 [M]. 天津：天津古籍出版社，2012.

[12] 翁庆章，钟伯光. 高原训练的理论与实践 [M]. 北京：人民体育出版社，2002.

[13] 张文栋，杨则宜. 实用体能训练营养学 [M]. 北京：人民体育出版社，2014.

[14] 余君. 竞技运动实用营养指南 [M]. 武汉：湖北人民出版社，2012.

[15] 郭勇力，刘霞. 实用营养学 [M]. 北京：北京体育大学出版社，2013.

[16] 葛可佑. 中国营养科学全书（上下册）[M]. 北京：人民卫生出

版社，2004．

[17] 葛可佑．中国营养师培训教材［M］．北京：人民卫生出版社，2005．

[18] 中国营养学会．中国居民膳食指南2016［M］．北京：人民卫生出版社，2016．

[19] 中国营养学会．中国居民膳食营养素参考摄入量（2013版）［M］．北京：科学出版社，2014．

[20] 杨月欣．中国食物成分表（第一册）［M］．2版．北京：北京医科大学出版社，2009．

[21] 中国学生体质与健康研究组．2014年中国学生体质与健康调研报告［M］．北京：高等教育出版社，2016．

[22]［美］William D. McArdle, FrankI. Katch, VictorL. Katch. 运动与营养［M］．3版．荫士安，译．北京：人民卫生出版社，2011．

[23]［英］Ronald J. Maughan, Louise M. Burke．运动营养［M］．吴昊，译．北京：北京体育大学出版社，2017．

[24]［澳］Louise Burke, Vicki Deakin．临床运动营养学［M］．王启荣，主译．西安：世界地图出版社，2011．

[25]［美］丹·贝纳多特．高级运动营养学［M］．安江红，等译．北京：人民体育出版社，2011．

[26]［英］阿斯克·约肯德鲁普．运动营养实践指南：运动员提高成绩和快速恢复的营养饮食指导［M］．北京：人民邮电出版社，2017．

[27]［美］弗朗西斯·显凯维奇·赛泽，［美］埃莉诺·诺斯·惠特尼．营养学——概念与争论［M］．13版．王希成，王蕾，主译．北京：清华大学出版社，2017．

[28] Brian J. Sharkey. Fitness & Health（The Fifth Edition）［M］．USA: Human Kinetics, 2002．

[29] Lori A. Smolin, Grosvenor. Nutrition science and applications［M］．USA: Wiley, 2013．

[30] Heidi Skolnik, Andrea Chernus. Nutrient timing for peak performance［M］．USA: Human Kinetics, 2011．

[31] Heidi Skolnik, Andrea Chernus. Nutrient timing for peak performance［M］．USA: Human Kinetics, 2011．

[32] 李强．高原训练的运动营养补剂研究［J］．高原医学杂志，2006，16（3）．

［33］冯连世．高原训练过程中运动员营养与补充［J］．体育科学，2002，22（4）．

［34］赵杰修，冯连世．高温高湿环境与运动性疲劳［J］．中国运动医学杂志，2008，27（2）．

［35］何聪．运动员冬训时的营养特点与膳食安排［J］．中国体育教练员，2008，16（4）．

［36］Yarnell AM, Deuster PA. Caffeine and Performance. J Spec Oper Med. Winter, 2016, 16（4）.

［37］Jäger R, Kerksick CM, Campbell BI, et al. International Society of Sports Nutrition Position Stand: Protein and exercise. J Int Soc Sports Nutrk 2017, 14.

［38］Maughan RJ, Burke LM, Dvorak J, et al. IOC consensus statement: Dietary supplements and the high-performance athlete. Int J Sport Nutr Exerc Metab, 2018, 28.

［39］Van Thuyne W, Van Eenoo P, Delbeke FT. Nutritional supplements: Prevalence of use and contamination with doping agents. Nutr Res Rev, 2006, 19.

［40］Wolfgang Gunzer, Manuela Konrad, Elisabeth Pail. Exercise-Induced Immunodepression in Endurance Athletes and Nutritional Intervention with Carbohydrate, Protein and Fat—What Is Possible, What Is Not? Nutrients, 2012, 4（9）.

［41］Wendt D, van Loon LJ, Lichtenbelt WD. Thermoregulation during exercise in the heat: strategies for maintaining health and performance［J］. Sports Med, 2007, 37（8）.

［42］Van ThuyneW, Van EenooP, DelbekeFT. Nutritional supplements: Prevalence of use and contamination with doping agents［J］. NutrResRev, 2006, 19.

［43］AbbateV, KicmanAT, Evans-BrownM, et al. Anabolic steroids detected in bodybuilding dietary supplements-A significant risk to public health［J］. Drug Test Anal, 2015, 7（7）.

［44］Martínez-Sanz JM, Sospedra I, Ortiz CM, et al. Intended or Unintended Doping? A Review of the Presence of Doping Substances in Dietary Supplements Used in Sports［J］. Nutrients, 2017, 9（10）.

郑重声明

高等教育出版社依法对本书享有专有出版权。任何未经许可的复制、销售行为均违反《中华人民共和国著作权法》，其行为人将承担相应的民事责任和行政责任；构成犯罪的，将被依法追究刑事责任。为了维护市场秩序，保护读者的合法权益，避免读者误用盗版书造成不良后果，我社将配合行政执法部门和司法机关对违法犯罪的单位和个人进行严厉打击。社会各界人士如发现上述侵权行为，希望及时举报，我社将奖励举报有功人员。

反盗版举报电话　　（010）58581999　58582371
反盗版举报邮箱　　dd@hep.com.cn
通信地址　　北京市西城区德外大街4号　高等教育出版社法律事务部
邮政编码　　100120

读者意见反馈

为收集对教材的意见建议，进一步完善教材编写并做好服务工作，读者可将对本教材的意见建议通过如下渠道反馈至我社。

咨询电话　　400-810-0598
反馈邮箱　　gjdzfwb@pub.hep.cn
通信地址　　北京市朝阳区惠新东街4号富盛大厦1座
　　　　　　高等教育出版社总编辑办公室
邮政编码　　100029

防伪查询说明

用户购书后刮开封底防伪涂层，使用手机微信等软件扫描二维码，会跳转至防伪查询网页，获得所购图书详细信息。

防伪客服电话　　（010）58582300